PSYCHANALYSE

PSYCHANALYSE

Métapsychologie, concepts et dissidences

Textes réunis et présentés par
V. Aucouturier et F. Parot

Traductions par
Valérie Aucouturier, Charlotte Gauvry,
Perrine Marthelot, Jeanne-Marie Roux, Sébastien Schick

PARIS
LIBRAIRIE PHILOSOPHIQUE J. VRIN
6, place de la Sorbonne, V^e
2014

© *Librairie Philosophique J. VRIN*, 2014
Imprimé en France
ISSN 1639-4216
ISBN 978-2-7116-2549-9
www.vrin.fr

NOTE SUR LA TRADUCTION

Nous publions quelques textes de l'œuvre très étendue de Freud et des textes de ceux qui, après avoir été proches de son œuvre, s'en sont écartés d'une manière ou d'une autre. Notre souci n'a pas été de perfectionner ces textes en les traduisant bien sûr mais de les rendre compréhensibles par ceux qui, malgré une familiarité inévitable avec les concepts psychanalytiques, ne sont pas des spécialistes de cette discipline. Ces traductions ne sont donc pas strictement littérales de manière à ne pas produire, par l'usage de termes inusités, un sentiment d'étrangeté qui prendrait plus d'importance que la volonté de comprendre. Nous sommes philosophes et historiennes des sciences et c'est depuis cette position disciplinaire que nous avons choisi et traduit les textes qui suivent, c'est-à-dire avec distance et neutralité.

Une partie des traductions de ce volume a été rendue possible grâce au soutien du projet *Philosophie, Histoire et Sociologie de la Médecine mentale* (PHS2M), dirigé par Pierre-Henri Castel et soutenu par l'Agence Nationale pour la Recherche (A.N.R.). Charlotte Gauvry a, par ailleurs, bénéficié du soutien de la Fondation des Treilles.

INTRODUCTION GÉNÉRALE

Comment prendre pour objet la psychanalyse ? Est-elle une *science* de l'esprit ou du psychisme, dont la philosophie ferait une étude critique et épistémologique « à la française », en se penchant sur l'histoire et l'évolution de ses concepts, de sa naissance, de ses origines théoriques et sociologiques ? Ou est-elle une *philosophie* de l'esprit, pour employer une expression contemporaine, c'est-à-dire une théorie ou un modèle philosophique de l'esprit et de ses fonctions, au statut semblable à ce que proposent les philosophes classiques et contemporains, de René Descartes à John Locke et à Maurice Merleau-Ponty (voire même les philosophes analytiques de l'esprit, comme John R. Searle ou Daniel C. Dennett) ?

En un certain sens, la psychanalyse n'est ni l'une, ni l'autre. En un autre sens, elle est les deux. D'abord, la psychanalyse n'est pas une « pure » science de l'esprit comme la médecine n'est pas une pure science de l'organisme humain. La psychanalyse est-elle avant tout un *art* de la clinique ou une *science* du psychique ? La réponse à cette question exige de se confronter à ses objectifs pratiques, à ce qu'elle vise, d'une part, en tant que modèle éclairant du fonctionnement de ce qu'on appelle le psychisme ou la psyché humaine et, d'autre part, en tant que pratique clinique centrée sur l'histoire des individus et de leurs pathologies. Mais c'est aussi une théorie à côté d'une pratique, un travail sur les rapports du psychique et du somatique. Le travail de Sigmund Freud dépasse les problèmes de la pathologie, il entend produire une théorie du fonctionnement général du psychisme. C'est d'ailleurs ce qui le distingue de Jean-Martin Charcot, Pierre Janet et Hippolyte Bernheim : il propose une métapsychologie.

Cet ouvrage laisse délibérément de côté l'aspect pratique, néanmoins crucial, de la psychanalyse et de son histoire, pour l'envisager sous l'angle de la théorie et de ses premières évolutions. En tant que philosophes et historiennes de la psychologie et de la psychanalyse, la métapsychologie nous frappe par la richesse et l'inventivité de ses élaborations théoriques. La psychanalyse est à la fois un ensemble de textes métapsychologiques et un ensemble de récits de cas visant à exposer la pratique clinique et thérapeutique. Nous présentons ici les concepts théoriques de la psychanalyse et leurs évolutions, élaborés entre autres au contact de la clinique, qui met la généralité de ces concepts à l'épreuve de la singularité des cas individuels. Notre objectif n'est pas de prendre parti sur ces évolutions permanentes de la psychanalyse mais de susciter peut-être chez le lecteur, spécialiste ou non, un sentiment d'«inquiétante étrangeté» face au décalage entre notre familiarité avec les concepts psychanalytiques et leurs formulations théoriques originelles souvent méconnues ou oubliées : les concepts freudiens sont en effet marqués par l'époque à laquelle ils sont élaborés. Le lecteur trouvera par exemple souvent la trace de la révolution darwinienne qui a eu lieu un demi-siècle avant. L'approche biologisante des instincts donc, mais aussi les conceptions de la sexualité et de la distinction des sexes, peuvent paraître datées au lecteur du XXIe siècle. Cependant, les concepts théoriques mis en place au cours des modifications de la psychanalyse par Freud lui-même, comme les notions de pulsion de mort, de libido, de sexualité infantile, ont toujours cours dans la clinique, et il n'est pas inintéressant de remonter à leurs sources théoriques, tant pour le philosophe ou l'historien des sciences que pour le psychanalyste et le clinicien.

La psychanalyse rencontra, au XXᵉ siècle, un succès qu'aucune autre théorie du fonctionnement psychique n'a connu, ni avant, ni après. La raison fondamentale en est la cohérence du système freudien et sa puissance explicative. C'est aussi que cette théorie fut bien diffusée, par un nombre imposant de textes, rapidement traduits par la poignée de spécialistes dont Freud s'est très tôt entouré. Si les psychanalystes eurent la passion d'écrire, ils eurent peut-être surtout celle de convaincre. Leurs textes, effectivement très nombreux, témoignent de cette nécessité, initiée et voulue par Freud, de s'organiser en formation de combat. En moins d'un demi-siècle, ce qui n'avait été au tout début que tâtonnements et spéculations prit les allures d'une croisade visant à faire admettre des thèses sur l'origine et le fonctionnement de la causalité psychique. Freud et son groupe écrivirent sans relâche des textes théoriques sur l'approche psychanalytique de cette causalité en l'illustrant d'exemples convaincants (les histoires de cas), sur les problèmes des patients qu'elle pourrait éventuellement résoudre. On douta souvent depuis de la conformité de ces récits exemplaires avec la réalité de ce qu'il advint des patients ; ils ont cependant été un élément décisif du succès de la psychanalyse.

Quoi qu'il en soit, l'effet dépassa les attentes des freudiens : le XXᵉ siècle devint celui de l'auto-exploration de la vie personnelle par laquelle la psychanalyse avait commencé[1]. Freud n'avait sans doute pas pris, au moment de sa mort, la mesure de sa victoire éclatante, qui n'empêcha nullement la peur permanente des freudiens, aujourd'hui encore, de voir détournée, déjouée, désarmée la psychanalyse. Comment expliquer un tel succès ?

LE SUCCÈS DE LA PSYCHANALYSE

Un contexte familial et social favorable

La psychanalyse a changé des éléments importants de notre « mentalité »[2] : la vie personnelle est devenue le centre des préoccupations de chacun d'entre nous. En effet, dès ses débuts, le contexte social général s'y prêtait. En dénonçant la cellule familiale comme source des névroses, en valorisant l'autonomie personnelle, la psychanalyse a détourné les individus du souci de la cité et fait de l'épanouissement par la libération des contraintes sociales le but ultime de chacun. En logeant dans l'intériorité personnelle les effets de l'asservissement de l'individu à ces contraintes, elle a proposé un moyen de s'en émanciper. Et l'émancipation ne pouvait que concerner au premier chef la sexualité. Celle-ci, réputée d'origine ou même de nature animales, devait être « domestiquée » dans le cercle familial et en société ; mais cette contrainte, cette inhibition des instincts, difficile à mettre en œuvre, l'était encore

---

1. Pour s'en convaincre, une très abondante littérature est à la disposition des lecteurs. Citons par exemple Eli Zaretsky, *Le Siècle de Freud : une histoire sociale et culturelle de la psychanalyse* (Paris, Albin Michel, 2008), qui contient un grand nombre d'autres références et dont nous nous inspirons en partie ici.

2. Nous employons ici ce terme au sens utilisé par ceux qui en ont promu l'histoire.

plus quand elle fut perçue comme source de tensions et de troubles nerveux. La correspondance de Freud avec Wilhelm Fliess, son ami l'otorhinolaryngologiste berlinois, témoigne de la conception que les biologistes et les médecins se font alors de la sexualité : une pulsion qui s'exprime dans le système nerveux sous forme d'une énergie qu'il faut trouver le moyen de dominer. La grande question (à côté de celle des mesures contraceptives qui restent à trouver pour limiter le nombre d'enfants) est celle de la libération de la sexualité et de la culpabilisation qui était la vraie source des troubles nerveux, des névroses. La suspicion de pratiques traumatisantes sur les enfants dans le sein même de la famille que Freud considère, pendant les premières années de la psychanalyse, comme sources de ces maladies, reflète bien la difficulté de cette domestication.

Freud, en 1905, propose de cette « question sexuelle » et de son rôle dans les névroses une explication qui sera au cœur de sa théorie et donc des contestations qui vont lui être opposées : la sexualité serait présente déjà chez le petit enfant, une sexualité entendue comme libido orientée vers le corps propre, vers des zones de son corps où il éprouve le plaisir déjà éprouvé en tétant le sein de sa mère. Cette conviction que la racine du sexuel ainsi entendu est déjà là à la naissance exprime une conception normative parce que naturaliste de la relation sexuelle, résumée par la génitalité ; sa répression peut entraver sa genèse normale, le développement libidinal, déclencher des névroses. Si cette normativité a incité, au début du XXᵉ siècle, à considérer les écarts à cette génitalité comme des perversions de l'instinct sexuel, elle contribua à plus long terme à diffuser, avec l'accord ou non des psychanalystes, l'idée que la libération de la sexualité est possible et souhaitable pour l'accomplissement d'un équilibre individuel. Ce qui a été un élément décisif du succès de la psychanalyse.

À côté de ces évolutions des mœurs, la diffusion du « freudisme » (comme on commençait alors à l'appeler) profita d'un événement tragique : la Première Guerre mondiale. Un autre type de névrose envahit alors le monde occidental, les « névroses de guerre », dont il était évident qu'elles n'avaient pas une origine sexuelle. Très vite après le début de la guerre, l'attention du grand public est attirée par les syndromes « commotionnels », ou névroses de guerre, les cas qu'on compte en centaines de milliers de soldats dévastés. Très vite aussi, lorsqu'un soldat cède devant l'horreur, on l'accuse de trahir sa patrie, de n'être qu'un lâche s'abandonnant à sa « sinistrose », de simuler la maladie comme le font les hystériques. Lors des procès où sont trainés ces soldats traumatisés, des psychanalystes les assistent et le font aussi dans les services psychiatriques : Karl Abraham est sur le front est, Sandor Ferenczi à Budapest, Viktor Tausk à la cour martiale de Lublin. Ils protègent de leur mieux les soldats d'une psychiatrie punitive et proposent une explication autre que morale de leur état : la cause de ces névroses-là comme le souligne Freud n'est pas à chercher dans le passé refoulé des malades qui *répètent* leurs expériences traumatisantes de manière compulsive, dans leurs rêves en particulier ; les soldats ne cessent de se remémorer la période qui a précédé un choc déjà vécu pour se « préparer » à un nouveau choc. Le petit enfant répète un événement traumatique déjà vécu, comme l'absence de sa mère, pour maîtriser le traumatisme initial ; c'est le jeu de son petit-fils avec une bobine qu'il cache et fait réapparaître en répétant les mots « làparti »[1] qui fait comprendre à Freud que les stratégies « actives » des soldats (accusés de subir les chocs passivement) ont le même but. La répétition serait donc un effort pour surmonter le traumatisme. La psychiatrie de guerre se fit plus humaine lorsque les conceptions psychanalytiques se diffusèrent; quand la guerre cessa Freud écrivit à Ferenczi : « Notre psychanalyse n'a pas de chance non plus. À peine a-t-elle commencé, du fait des névroses de guerre, à susciter quelque intérêt dans le monde, que la guerre cesse »[2].

Un contexte scientifique favorable

Vienne au début du XXe siècle est un haut lieu de foisonnement intellectuel et scientifique. Un groupe de savants de divers horizons (philosophique, mathématique, physique, etc.), le cercle de Vienne, se réunit pour établir les conditions d'une science unifiée. Ces positivistes combattent la spéculation philosophique et défendent un empirisme logique. Selon eux, seuls les énoncés capables d'être vérifiés ou falsifiés par l'état du monde peuvent véritablement posséder le statut d'énoncés scientifiques. Le modèle méthodologique de la science est la science physique : toute science doit se fonder sur des observations empiriques et des hypothèses testables, c'est-à-dire des hypothèses dont on a fixé à l'avance les critères de vérification ou de falsification.

Or, si à l'époque le statut scientifique de la psychanalyse est déjà remis en question au nom de ces critères positivistes, elle est généralement appréciée par les membres du cercle de Vienne qui, pour la plupart, y reconnaissent les tâtonnements

---

1. Voir S. Freud, « Au-delà du principe de plaisir », *Œuvres complètes*, vol. XII, Paris, P.U.F., 2005, p. 199-211.

2. Lettre du 17 novembre 1918.

d'une science naissante. D'ailleurs, certaines critiques contre la psychanalyse tiennent précisément au fait que Freud, dans ses premiers textes de métapsychologie, entend conformer la science psychanalytique au modèle positiviste des sciences. Il formule des hypothèses, en particulier celle d'un inconscient psychique, et les teste sur ses patients à travers l'expérience clinique. D'autre part, ses appels constants à des arguments ou des analogies d'ordre biologique montrent que la psychanalyse est née dans un contexte scientifique et médical qui l'a nourrie[1]. Parmi tous les dissidents, aucun ne renonce d'ailleurs vraiment à la métaphore biologique, à l'idée d'une continuité entre des instincts, des pulsions innées, fonctionnelles ou organiques et des représentations psychiques.

C'est précisément, nous y reviendrons, en raison de ses revendications de scientificité que Freud expose la psychanalyse aux critiques qui lui seront bientôt adressées : l'hypothèse d'un inconscient psychique ne peut ni être vérifiée, ni être récusée au moyen des outils de la science empirique. Le philosophe Karl Popper dira que c'est une hypothèse infalsifiable[2]. Nous n'y avons accès, selon Freud, que par des manifestations indirectes (les rêves, les lapsus, les symptômes, etc.), mais nous ne savons pas exactement ce qu'il faudrait observer pour en attester l'existence.

L'influence des grands biologistes de l'époque sur la naissance de sa théorie et sur ses fondements est incontournable : ainsi, les concepts décisifs pour la psychanalyse, comme celui de refoulement, relèvent de ce qui s'appelle avant

1. Voir F.J. Sulloway, *Freud, biologiste de l'esprit*, Paris, Fayard, 1998.
2. K. Popper, *La logique de la découverte scientifique*, Paris, Payot, 2007.

Freud les « cérébrations inconscientes »[1], c'est-à-dire des activités cérébrales non conscientes qui touchent le matériel mémorisé au cours de l'existence de l'individu. On savait déjà que le psychisme, c'est-à-dire en fait la mémoire, remanie sans cesse le matériel qui a été engrammé ; que ces remaniements expliquent la différence entre l'événement vécu et la mémoire qu'on en a, que les traumatismes aussi affectent le fonctionnement de la récupération des souvenirs et les déforment. L'apport freudien à ce savoir, c'est la conviction que des pulsions, des « poussées inhérentes à l'organisme doué de vie en vue de la réinstauration d'un état antérieur »[2] créent une énergie vitale, une force qui se traduit, dit Freud, par une « motion psychique ». Dans la période où il construit sa psychanalyse, l'énergétisme a envahi la pensée scientifique : Ernst Mach, par exemple, fait ses études à Vienne, y devient professeur et se fait connaître par ses réflexions sur le concept d'énergie ; et en 1880, soit un an avant que Freud ne termine ses propres études, les conceptions de Mach se sont répandues. Hermann von Helmholtz, le grand physiologiste, prolonge les thèses de Mach et fait une distinction intéressante : l'énergie peut être libre et se convertir en travail, ou elle peut être liée et ne donne alors que de la chaleur, la somme des deux restant constante et formant l'énergie interne d'un système isolé. L'énergie a des effets qu'on peut constater et même quantifier mais sans avoir accès à sa réalité même. Freud certes critiqua Mach sur sa conception de la science, mais connaissait parfaitement les thèses de l'énergétisme et sa conception des pulsions et de ce qui leur résiste peut être intégrée à ce courant :

---

1. Expression qu'on trouve chez William B. Carpenter en 1842, puis plus tard en 1860 chez Thomas Laycock.
2. S. Freud, « Au-delà du principe de plaisir », *op. cit.*, p. 308.

« Le refoulé exerce, en direction du conscient, une pression continue, qu'il faut tenir en équilibre par une contre-pression incessante »[1] ; la vie psychique est, comme la vie organique, une dépense perpétuelle d'énergie et elle vise à l'économiser.

La création d'une disposition à l'auto-analyse

La véritable victoire fut en fait moins l'acceptation sans réserve ou nuance des thèses fondamentales de la psychanalyse que le changement même de la représentation de notre intériorité que celle-ci engendra. La théorie de Nicolas Copernic ou celle de Charles Darwin infligèrent peut-être[2], chacune à son tour et à sa manière, une blessure « narcissique » à l'homme mais ne changèrent pas la nature même de leur objet, l'univers stellaire ou le vivant. La théorie de Freud changea le monde intérieur des Occidentaux qu'elle décrivait, et de ce fait, exerça sur leurs modes de vie une influence décisive et apparemment irréversible. Comment cette modification s'opéra-t-elle ? Pour transposer une formule de Max Weber[3], « l'esprit de la psychanalyse » a inventé et transmis à chacun une disposition à chercher en soi-même la cause de ses propres conduites et surtout de leurs désordres. Elle a incorporé en nous, à force de combats et de textes bien

1. S. Freud, « Métapsychologie », *Œuvres complètes*, vol. XIII, Paris, P.U.F., 2005, p. 196.
2. S. Freud, « Une difficulté de la psychanalyse », *Œuvres complètes*, vol. XV, *op. cit.*, p. 46-48. Dans ce texte Freud explique comment, en remettant en cause l'idée que le moi (ou la conscience) serait « le maître dans sa propre maison », la psychanalyse a infligé à l'humanité la troisième blessure narcissique qui suivit la découverte que la terre n'est pas au centre de l'univers et celle que l'être humain est un animal.
3. M. Weber, *L'éthique protestante et l'esprit du capitalisme* (Paris, Gallimard, 2004), constitué de la réunion de deux articles écrits l'un en 1904, l'autre en 1905.

diffusés, une disposition à « avoir » un inconscient, auquel l'effort de l'analyse seul permettrait d'accéder. C'est en effet le propre même de l'exercice d'introspection que de diriger vers l'intérieur l'attention en permettant d'y découvrir non des déterminants purs des actes mais ce que les discours extérieurs en disent[1] : comme l'ont soutenu beaucoup de philosophes (Friedrich Hegel, Wilhelm Dilthey, Vincent Descombes, par exemple) de sociologues (Emile Durkheim, Marcel Mauss, Norbert Elias, Pierre Bourdieu) et quelques rares psychologues (Ignace Meyerson), l'esprit objectif (ou les représentations collectives), le *Zeitgeist*, précède l'esprit subjectif, (ou les représentations individuelles) et celui-ci est donc inévitablement à l'unisson de celui-là.

La question des raisons du succès rebondit donc vers l'amont : comment l'exercice auquel invite la psychanalyse, fait d'introspection et de retour nécessaire vers le passé, s'est-il imposé en tant qu'élément du *Zeitgeist* ? Cette conception de soi s'est instaurée dans une...

> ... phase bien déterminée du processus de civilisation (...) qui se caractérise par une forte différenciation et par une forte tension entre les impératifs et les interdits de la société, acquis et transformés en contraintes intérieures, et les instincts ou les tendances propres à l'individu, insurmontés mais contenus. Ce conflit intérieur de l'individu, cette « intériorisation », cette manière d'exclure de la vie sociale certaines sphères de l'existence chargées d'angoisse, de sentiments de honte et de pudeur produits par la société, entretient chez l'individu la sensation qu'il y aurait quelque chose d'« intérieur » qui n'existerait que pour soi, sans relation avec les autres, et qui

---

1. On peut pour s'en convaincre se rapporter aux *Confessions* de saint Augustin, ou à celles de Jean-Jacques Rousseau.

n'entrerait qu'«après coup» en relation avec les autres, «à l'extérieur»[1].

Il convient d'abord de remarquer que l'intégration de la pensée psychanalytique à l'esprit du xxᵉ siècle a pris quelque temps. En France, par exemple, le grand livre de Freud sur l'interprétation des rêves de 1900 n'est traduit qu'en 1926, et par un opposant à la pensée de Freud, I. Meyerson. C'est dans les années 1930 que la psychanalyse freudienne se fait connaître en France, là où pourtant elle élut domicile pour la deuxième moitié du xxᵉ siècle. Lentement donc, la psychanalyse installa la conviction que pour se comprendre, il faut fouiller dans les profondeurs de soi et faire revenir le passé. Cette conviction devint en un demi-siècle un lieu commun[2]. Elle se traduisit par une «disposition» à l'auto-exploration et donc, en raison du chemin que l'exercice impose, à trouver à l'intérieur de soi ce que le discours ambiant affirmait, à savoir un inconscient, du refoulement, des pulsions, des complexes. Elle se traduisit aussi par la conviction que «le passé reste présent dans les dispositions qu'il a produites», pour reprendre une phrase de Bourdieu[3]. Dès lors, chacun a eu la certitude souvent non interrogée d'avoir à l'intérieur de lui-même un inconscient, d'en avoir une connaissance par corps au sens où cet objet nouveau est à l'intérieur du corps et a des conséquences sur le corps (par exemple les symptômes); qui plus est, s'est diffusée la certitude que cet objet se trouve à l'intérieur de *tous* les corps, est aussi universel que la raison de Descartes.

1. N. Elias, *La Société des individus*, Paris, Arthème, Fayard, 1991, p. 65.
2. Sur les lieux communs et le sens commun, voir P. Bourdieu, *Méditations pascaliennes*, Paris, Seuil, 1997, p. 118 *sq.*
3. *Ibid.*, p. 79.

Dans l'explication de l'action et des comportements humains, la psychanalyse ne laisse rien au hasard. Ce qui aurait pu passer pour un simple geste involontaire, une maladresse, un mot prononcé de travers, etc. devient l'œuvre d'une causalité inconsciente : ce sont des actes manqués et des lapsus. Le moi n'est plus maître dans sa propre maison et toutes les actions qui ne peuvent être attribuées à notre volonté consciente ne sont plus sans raison : elles ont des raisons, celles-ci sont inconscientes. Nous avons tous un inconscient susceptible de se jouer de nous et nous sommes tous, à ce titre, des névrosés. De ce point de vue, la psychanalyse crée une disposition à interpréter ses propres conduites et celles d'autrui.

L'un des effets importants de la pensée de Freud, corrélatif à cet intérêt qui se généralise pour la vie intérieure, tient à la place qu'il donne dans sa théorie à l'investissement de la libido sur un « objet » (une autre personne), à l'amour d'un objet que visent les pulsions ; celles-ci peuvent être satisfaites par un objet précis, mais le plus souvent elles le sont par un substitut de l'objet, à condition qu'il partage avec l'original des traits spécifiques, déterminés par les premiers investissements. Corrélativement, les mécanismes de défense mis en place dans l'enfance sont réactivés dans le présent. C'est le cœur même du transfert dans la cure analytique. L'analysant transfère sur l'analyste des investissements antérieurs : c'est l'amour de transfert. Au cours de l'analyse par conséquent, le ressort thérapeutique relève des affects et de leur transfert, et non de l'autorité du thérapeute ou du recours à la raison comme c'était le cas dans la psychiatrie du XIXe siècle, par exemple : ainsi Philippe Pinel était-il convaincu qu'il reste toujours une part de raison dans la folie et que c'est sur elle qu'il faut s'appuyer pour guérir le malade. L'empire de la psychanalyse s'exprime donc aussi dans ce rôle majeur des investissements d'affects dans nos vies. La vie privée, qui s'articule autour de ces investissements, a pris le devant de la scène, y compris dans la vie publique : là où la raison était source de progrès et de perfectionnement individuel, la vie affective est devenue la source de l'épanouissement personnel, sans protéger qui que ce soit par ailleurs de la « tyrannie des sentiments ».

Face à la nécessité de manipuler les sentiments, les affects, la relation d'objet de l'analysant, à la nécessité donc de s'exposer à ce qui, par définition, n'est pas sous le contrôle de la rationalité, il fallait former un corps de spécialistes. La formation des analystes a été, tout au long du siècle, une source de conflits internes au mouvement lui-même et au champ des psychothérapies. La volonté de convaincre de Freud, alliée à cette nécessité de formation, le mena à une sorte de dogmatisme qui fit regarder quelquefois le mouvement comme une Église, avec ses scissions, ses hérésies, ses dissidences. Après la publication de *L'interprétation des rêves*, Freud réunit le mercredi autour de lui un groupe d'hommes, des médecins et écrivains, qu'il domine incontestablement. En 1906, on compte dix-sept membres dans ce cénacle, parmi lesquels Alfred Adler et Otto Rank qui firent plus tard sécession. Parallèlement, à Zurich, à la clinique du Burghölzli, Eugen Bleuler et Carl Gustav Jung étudient des textes de Freud ; une correspondance commence en 1906 puis Jung vient visiter Freud l'année suivante ; Karl Abraham, Max Eitington, Sándor Ferenczi puis Abraham Brill et Ludwig Binswanger ont fait leurs études de médecine à Zurich avant de devenir freudiens. Au même moment, Ernest Jones, un médecin gallois, lit Freud et organise autour de lui un groupe de lecture, avant de s'exiler au Canada. Ce premier moment a été décisif, il fut celui de la fondation de la psychanalyse. Paradoxalement, c'est loin de ce foyer européen que se déroulera le moment suivant, celui de l'expansion de la psychanalyse aux Etats-Unis après la visite que Freud fit à l'Université Clark et les cinq leçons qu'il y présenta, et qui séduisirent son public. Dès lors, le corps de spécialistes qu'il avait appelé de ses vœux ne cessera de se développer.

LA PSYCHANALYSE COMME SCIENCE
ET COMME PHILOSOPHIE

La métapsychologie

Le 10 mars 1898, Freud écrit à Fliess : « D'ailleurs je vais te demander sérieusement si je peux utiliser le nom de "métapsychologie" pour ma psychologie, qui mène derrière la conscience ». Ce « derrière la conscience », c'est le cœur théorique de la pensée freudienne, qu'il remaniera, testera, remettra en cause dans la lente invention de la psychanalyse. Ce qui explique le succès de Freud, c'est que, comme il l'écrit déjà dans les premières années du XXe siècle, « notre expérience quotidienne la plus personnelle nous fait faire l'expérience d'idées incidentes dont nous ne connaissons pas la provenance, et de résultats de pensées dont l'élaboration nous est restée cachée » [1].

La métapsychologie est à la psychologie ce que la métaphysique était à la physique : l'objet de la psychanalyse, l'inconscient, dépasse ce que la psychologie peut viser, à savoir la conscience. La psychanalyse est une métapsychologie car elle est l'invention théorique qui soutient le système des interprétations psychanalytiques et ses thèses sur l'étiologie, c'est-à-dire l'origine, des symptômes. Sur le modèle de

---

1. S. Freud, « Métapsychologie », *op. cit.*, p. 208.

la physique en effet, la métapsychologie de Freud pense le psychisme en termes de spatialisation (de topique), de forces (de dynamique), de quantités (d'économique)[1]. Dans « Analyse terminée, analyse interminable », à la fin de sa vie, Freud définit l'usage qu'il fait de la métapsychologie : quand il est confronté à une impasse clinique, à une contradiction (ici entre les exigences d'une pulsion et celles du moi), il lui faut spéculer et théoriser : « Sans spéculation ou théorisation métapsychologique (je dirais presque sans « fantasmatisation ») on ne peut pas aller plus loin »[2]. L'entrée en scène de la métapsychologie, dit-il, est le moment de la « sorcière »[3] où les outils explicatifs à notre disposition ne suffisent plus. Alors, il faut que l'analyste fantasme, c'est-à-dire théorise. Et le travail de Freud clinicien ne cessera d'imposer des modifications aux résultats théoriques, à ses spéculations, à la métapsychologie, qui est une théorie ouverte à la pratique et révisée en fonction d'elle. La pulsion, le refoulement, l'inconscient, tous les grands concepts décisifs de la psychanalyse relèvent de la métapsychologie. La manière dont Freud conçoit leur articulation a varié, en raison des apports de la clinique, par exemple de l'introduction de la pulsion de mort en 1920.

L'hypothèse fondatrice de cette métapsychologie est celle de l'existence d'un inconscient psychique. Dans les textes de Freud, on trouve deux sens majeurs du terme « inconscient »[4] : le sens descriptif et le sens dynamique. « L'inconscient

---

1. On trouve dans le chapitre VII de *L'interprétation des rêves* (S. Freud, *Œuvres complètes*, vol. IV, Paris, P.U.F., 2003) ces éléments fondamentaux de la métapsychologie de Freud.

2. Voir *infra*, p. 318.

3. *Ibid.*

4. Voir « Note sur l'inconscient en psychanalyse » (1912), *Œuvres complètes*, vol. XI, Paris, P.U.F., 1998, p. 173-180.

descriptif» se rapporte simplement à l'absence de la qualité
«conscience». Autrement dit, il désigne des «contenus
latents», tout ce qui n'est pas actuellement présent à la
conscience. En ce sens, «Inconscient» et «Préconscient»
appartiennent au domaine inconscient et se distinguent de la
conscience[1]; au sens descriptif, il y a donc pour Freud «deux
sortes d'inconscient»[2]. Au sens *dynamique* il n'y a, en revanche, qu'une seule sorte d'inconscient qui contient des forces
susceptibles d'agir sur notre pensée et nos actions conscientes.
L'hypothèse de l'inconscient n'explique pas seulement que
nous soyons sans cesse en présence d'idées latentes susceptibles de ressurgir à l'occasion, mais permet aussi de rendre
compte d'un certain nombre de comportements pathologiques
ou (en un certain sens) «irrationnels». L'inconscient exerce,
de ce point de vue, une force de type causal. Freud distingue, en
ce sens dynamique, les contenus inconscients de ceux de la
conscience car ces derniers résultent du tri effectué par le
refoulement et la censure.

Le texte de 1922-1923, «Le moi et le ça»[3] est tout à fait
fondamental pour une pleine compréhension des évolutions de
sens de la notion freudienne d'inconscient. Ce texte met en
place ce qu'on appelle classiquement la «deuxième topique»,
qui remplace la trilogie conscient-inconscient-préconscient,
par la trilogie moi-ça-surmoi. Freud y reprend brièvement les

1. «La conscience ne comprend à chaque moment qu'un contenu minime,
si bien que la plus grande partie de ce que nous nommons connaissance
consciente doit, de toute façon, se trouver nécessairement, durant les plus
longues périodes, à l'état de latence, donc dans un état d'inconscient
psychique.» (S. Freud, «Métapsychologie», *op. cit.*, p. 208).

2. S. Freud, «Le moi et le ça», *Œuvres complètes*, vol. XVI, Paris, P.U.F.,
1991, p. 258-260.

3. *Ibid.*, p. 255-301.

sens descriptif et dynamique de l'« inconscient », mais surtout, à travers sa nouvelle distinction topique, il souligne le caractère flou des frontières qui séparent les diverses instances psychiques en insistant particulièrement sur le fait qu'il vise, par ce découpage du psychisme, des résultats explicatifs et des avancées thérapeutiques. Le *moi* se rapporte à la conscience, il gouverne la motilité, mais c'est aussi l'instance qui refoule et résiste dans l'analyse ; il ne faut donc pas l'assimiler au conscient de la première topique. Comme le dit Freud, « Le moi aussi peut être inconscient au sens propre[1] » ; il nous met en présence d'un « troisième inconscient[2] » qui ne correspond pas au préconscient. C'est un « être qui part du système *pc* [de perception], et qui est d'abord *pcs* [préconscient] », qui est le lieu des conflits entre le « moi cohérent » et le « refoulé », entre la « raison et le bon sens » et les « passions », entre le « principe de réalité » et le « principe de plaisir » (qui régit le *ça*). Il est, par là-même, « une partie du *ça* modifiée sous l'influence directe du monde extérieur ». Pour Freud, le *moi* est alors tel un cavalier qui tente de dominer sa monture (le *ça*). Quant au *surmoi*, c'est la censure.

Le rôle des histoires de cas

Comme il l'écrit en 1915, l'hypothèse de l'inconscient se fonde sur une « pratique couronnée de succès[3] ». Les histoires de cas sont écrites et présentées *pour* démontrer l'hypothèse en question. Pour comprendre cette fonction, il faut remarquer d'abord que cette littérature commence à un moment clé pour la psychanalyse : celui où il faut batailler et convaincre. Il ne

1. S. Freud, « Le moi et le ça », *op. cit.*, p. 261-262.
2. *Ibid*, p. 262.
3. S. Freud, « Métapsychologie », *op. cit.*, p. 208.

s'agit pas de moments d'élaboration ou de construction d'un concept, par exemple celui de complexe de castration. Le concept illustré dans le cas est déjà construit avant, pressenti en l'occurrence dans la correspondance avec Fliess où il évoque le cas d'Œdipe, qu'il lie à l'angoisse de castration. Le concept est élaboré, mais avec le cas, il est comme montré. Ce genre d'exemple n'a pas, au moment où le cas est en traitement, ni sans doute au moment où l'histoire en est transcrite, l'ambition, en tout cas pas la certitude, de devenir ce qu'il sera dans le mouvement psychanalytique, c'est-à-dire « paradigmatique ». Il faut que Freud le *rende* paradigmatique, et il ne suffit pas pour cela que l'analysant et l'analysé soient d'accord pour dire que l'analyse est finie et qu'ils partagent une interprétation du cas que constitue l'analysant. Toutes les analyses qui se terminent bien ne sont pas paradigmatiques et d'ailleurs sont quelquefois paradigmatiques des histoires qui se terminent mal. Qu'est-ce qui fait d'un cas clinique parmi d'autres un cas exemplaire ?

Il existe une spécificité de l'histoire de cas en psychanalyse et dans les psychothérapies en général : c'est qu'outre la description d'un trouble et de ses symptômes, de l'histoire des observations et actes médicaux éventuels, en psychopathologie l'histoire de cas inclut le récit fait par le malade lui-même de son histoire. De fait, on est là devant au moins deux récits dont l'un (celui du psychanalyste) reprend l'autre (celui du malade) en *y remettant de l'ordre* pour clarifier l'histoire, comme Freud lui-même le souligne à plusieurs reprises, par exemple dans l'introduction du cas de Dora.

La présence de ces deux récits imbriqués évoque une pratique ancienne qui, à une certaine époque, a eu une *fonction* qui est précisément celle des cas de Freud. On trouve en effet cette structure en deux récits, l'un incluant l'autre, dans un genre littéraire qui apparaît au XIIIᵉ siècle, à un moment tout aussi décisif que le début de la psychanalyse : quand il s'agit pour l'Eglise de mettre en place un nouveau type de prédication, destiné à une nouvelle société issue de la mutation de l'Occident entre le XIᵉ et le XIIIᵉ siècle ; il s'agit pour elle d'éradiquer les croyances populaires relatées alors dans la littérature folklorique, il s'agit de convaincre et de dogmatiser la foi.

Des spécialistes de l'histoire médiévale comme Jacques Le Goff ou Jean-Claude Schmitt expliquent comment les prédicateurs entendent des laïcs, en confession par exemple, des récits et les transforment en y « mettant de l'ordre » c'est-à-dire retranchent ou ajoutent en particulier une conversion, un moment clé, comme par exemple l'acquisition soudaine par le Petit Hans du « complexe de castration » au moment où sa mère le menace de faire couper son fait-pipi. Un élément bref, chez Freud deux lignes à peine [1], ajouté à l'histoire et qui touche, précisément comme dans les récits des clercs, un point décisif de la doctrine, un « miracle probant ». Du coup, le récit, toujours « tenu d'une personne de bonne foi » est renvoyé aux laïcs et devient au XIIIᵉ siècle un *exemplum*, chez Freud un cas paradigmatique. Les *exempla* sont utilisés par les prédicateurs pour vulgariser dans leur prêche les concepts fondamentaux de la culture cléricale, c'est pourquoi il existe des recueils d'*exempla*, à utiliser dans les sermons comme les recueils d'histoires de cas de Freud (ou d'autres) comme autant de preuves, de leçons salutaires comme l'écrit Le Goff [2]. La fonction de l'*exemplum* est édifiante, et comme pièce justificatrice d'une vérité elle est au service d'un endoctrinement ;

---

1. S. Freud, « Analyse de la phobie d'un garçon de cinq ans (le petit Hans) », *Œuvres complètes*, vol. IX, Paris, P.U.F., 1998 p. 7.

2. Voir J. Le Goff, *L'imaginaire médiéval*, Paris, Gallimard, 1985, p. 100.

l'histoire racontée ne vaut pas pour elle-même, comme information sur un épisode passé, mais elle est citée comme argument soutenant une cause actuelle. Et il en va de même chez Freud.

Ce qui ne signifie nullement que la littérature freudienne est un type de littérature religieuse, car on trouve des *exempla* dans bien d'autres contextes où ils ont la même fonction de « propagande ». Loin d'être des outils de construction de concepts, les cas paradigmatiques ont donc une fonction de démonstration, comme la démonstration d'un théorème. Mais leur puissance comme preuve est entamée par le recours aux récits, dont on sait bien qu'ils sont par nature poreux au contexte, aux attentes, aux croyances et que par conséquent, leur caractère probant est très problématique. C'est la raison pour laquelle nous n'avons pas choisi de présenter ces histoires de cas si célèbres.

La psychanalyse freudienne est-elle une science de l'inconscient ?

Dès sa naissance, la métapsychologie freudienne a fait l'objet de critiques épistémologiques, qui remettaient plus particulièrement en question le caractère scientifique des hypothèses et des théories avancées. Les standards de scientificité du positivisme, aujourd'hui remis en cause non seulement par d'autres épistémologies (celles de la biologie et des sciences sociales, par exemple), sont les suivants : toute théorie scientifique doit mettre en évidence des lois causales qui peuvent être testées empiriquement et doivent permettre de faire des prédictions. Ainsi, une hypothèse ne peut être scientifique que dans la mesure où, d'une part, elle peut être testée (c'est-à-dire répétée dans des conditions « idéales » de laboratoire) et où, d'autre part, elle peut être falsifiée (c'est-à-dire que nous pouvons déterminer dans quelles conditions cette hypothèse pourrait s'avérer fausse). Enfin, une fois testée et vérifiée, on peut déduire de cette hypothèse une loi causale permettant de faire des prédictions quant à se qui se produira dans l'avenir : par exemple, nous savons alors qu'en présence de facteurs *A*, *B*, *C*, *D*, le phénomène *X* s'ensuit.

On comprend aisément en quoi les hypothèses de la psychanalyse, celle de l'existence d'un inconscient psychique par exemple, ne résistent pas longtemps au test de scientificité selon ces critères positivistes : l'hypothèse de l'inconscient psychique n'est ni vérifiable, ni falsifiable. Tout se passe comme si Freud, pour éclairer un certains nombre de phéno-mènes inexpliqués (comme les paralysies hystériques sans cause organique), faisait l'hypothèse d'une cause psychique, dont il resterait à vérifier la validité. Mais en faisant l'hypo-thèse de l'inconscient, Freud ne détermine pas ce qu'il faudrait observer pour en prouver l'existence : en effet, l'inconscient est ce à quoi, *par définition*, nous n'avons accès qu'à travers ses effets.

L'autre problème épistémologique que pose à la psychanalyse le modèle positiviste de scientificité apparaît dans le débat qui oppose l'explication par les causes à l'explication par les raisons[1]. La fameuse critique, héritée de Ludwig Wittgenstein[2], selon laquelle Freud aurait commis une erreur « grammaticale » le conduisant à confondre l'explica-

---

1. On retrouve cette critique aussi bien dans la tradition herméneutique à travers la distinction entre « expliquer » et « comprendre », que dans la tradition analytique, chez Wittgenstein, par exemple, à travers la distinction entre une explication par les causes et une explication par les raisons.

2. Voir J. Bouveresse, *Philosophie, mythologie et pseudo-science*, Paris, Les éditions de l'éclat, 1991 ; F. Cioffi, *Wittgenstein on Freud and Frazer*, Cambridge, Cambridge University Press, 1998 ; L. Sass, *Les paradoxes du délire*, Paris, Ithaque, 2010.

tion par les causes et l'explication par les raisons, c'est-à-dire à confondre deux types ou deux niveaux d'explication incommensurables, vise précisément l'ambition freudienne de sortir d'un certain dualisme de l'esprit et du corps (hérité de Descartes). L'intérêt proprement épistémologique de cette critique n'est pas tant de conduire à une réfutation brutale de la causalité psychique, mais de montrer que, si la psychanalyse tombe sous cette critique, alors toute forme de psychothérapie, dans la mesure où elle prétend guérir les maux de la psyché, tombe sous cette critique. Pour éclairer ce point plus précisément, voyons brièvement en quoi consiste la critique.

Pour l'essentiel, le rejet freudien du dualisme cartésien du corps et de l'esprit réside dans sa théorie énergétique de la pulsion qui affirme la possibilité d'une transformation de l'énergie psychique (issue du refoulement, par exemple) en énergie physique (comme dans le cas paradigmatique de l'hystérie de conversion) et inversement[1]. En effet, la seule observation des effets proprement physiologiques des représentations, des pensées, des paroles, des symboles, etc., par définition immatériels – et inversement de la production par des stimuli proprement physiques de pensées et de représentations –, oblige à constater l'évidence : même si nous ne savons pas exactement comment cela se produit (comment l'énergie psychique est convertie en énergie physique), il y a de la causalité psychique. Et cette causalité psychique n'est pas purement aveugle, comme celle des lois de la nature : elle est liée à des représentations, à des interprétations, à ce que Wittgenstein appelle des « raisons d'agir ». Mais, pour ce dernier, Freud ne sort pas vraiment du dualisme puisqu'il pense la causalité psychique en des termes qui appartiennent à

----

1. S. Freud, « Métapsychologie », *op. cit.*

la problématique dualiste (en termes de conversion d'énergie psychique en énergie physique), quand il faudrait distinguer plus explicitement deux types d'explication ou deux « grammaires »[1].

Wittgenstein reproche donc au schéma freudien de l'explication par les causes inconscientes de mélanger un modèle explicatif propre aux sciences de la nature avec un modèle explicatif propre à l'explication rationnelle et historique des actions humaines. En effet, selon Freud, les raisons inconscientes sont en même temps des causes, puisque celui qui les a ne les connait pas lui-même comme les raisons de son action ou de son rêve alors même qu'elles agissent en lui indépendamment de sa volonté consciente.

Autrement dit, s'il voulait construire une explication scientifique de la causalité psychique, en comprenant la causalité comme l'expression d'un déterminisme observé à l'issue d'expériences répétées ou en principe répétables, Freud semble avoir échoué. Les hypothèses de Freud ne sont pas testables pour des raisons qui tiennent strictement à la logique de l'explication par les raisons, à son fonctionnement, à ce que Wittgenstein appelle la « grammaire » de l'explication par les raisons : en effet, les explications par les raisons sont, du fait de leur rôle explicatif même dans le système qu'est le langage, radicalement *singulières*. Une raison d'agir, et peut-être davantage encore une raison inconsciente (puisqu'elle est symbolique et demande une « interprétation ») ne fonctionne

1. L. Wittgenstein, « Conversations sur Freud », dans *Leçons et conversations*, Paris, Gallimard, 1992 ; *Les cours de Cambridge, 1932-1935*, Mauvezin, T.E.R., 1992, p. 57 ; *Remarques mêlées*, Paris, Flammarion, 2002 ; *Le cahier bleu*, Paris, Gallimard, 1996, p. 64-71. Dans l'ensemble les remarques de Wittgenstein sur Freud et la psychanalyse sont assez dispersées dans l'œuvre et les conversations.

comme explication *que* dans la mesure où elle fait partie d'une histoire singulière.

L'objet de cette introduction n'est bien sûr pas de discuter de la légitimité de ces objections ; peut-être faut-il simplement cesser de chercher à évaluer la scientificité de la psychanalyse à l'aune de critères s'appliquant à d'autres pratiques scientifiques. Ce qui n'amoindrit bien sûr pas la tâche, à laquelle Freud n'a cessé de s'atteler, consistant à asseoir la validité des hypothèses psychanalytiques, notamment à travers l'observation clinique. Autrement dit, peut-être la psychanalyse exige-t-elle simplement que nous la considérions en dehors des cadres épistémologiques qui caractérisent, d'un côté, la science physique, de l'autre, la spéculation métaphysique. Celle-ci apparaîtrait alors davantage comme une théorie de l'esprit, nous offrant une représentation éclairante possible et révisable du fonctionnement psychique.

En outre, des objections sérieuses se sont également exprimées contre le recours inévitable à l'interprétation dans la démarche de Freud. L'article « Interprétation » (« *Deutung* ») du *Vocabulaire de la psychanalyse* de Jean Laplanche et Jean-Bertrand Pontalis nous dit que l'interprétation est le « dégagement, par l'investigation analytique du sens latent dans le dire et les conduites d'un sujet. L'interprétation met au jour les modalités du conflit défensif et vise en dernier ressort le désir qui se formule dans toute production de l'inconscient »[1]. L'interprétation vise donc à dévoiler, à partir d'un contenu manifeste, les éléments d'un contenu latent où s'expriment les désirs inconscients et refoulés. La méthode interprétative est donc une *traduction* d'un sens manifeste en un sens plus

---

1. J. Laplanche et J.-B. Pontalis, *Vocabulaire de la psychanalyse*, Paris, P.U.F., 1968.

profond et plus fondamental ou plus vrai, qui est le sens latent, l'expression du désir inconscient.

L'interprétation du rêve, « voie royale » vers l'inconscient, est généralisable à l'ensemble de la vie psychique. Le rêve a un sens, mais déguisé. Dès le passage du rêve au récit de rêve se pose alors un problème lié à l'attribution de sens et à la sélection des éléments retenus pour le faire. Le récit de rêve qui sert, pour ainsi dire, de « fait brut » à l'interprète psychanalyste, est déjà un *récit*[1]. Du même coup, lorsqu'on passe du récit de rêve à son interprétation, on ne passe pas d'un phénomène non interprété à un phénomène interprété, mais d'un contenu de sens à un autre. Or, si l'idée même d'une équivalence entre le récit du rêve et le rêve lui-même pose des problèmes épistémologiques, l'idée que le rêve puisse avoir une fonction symbolique interprétable en pose également. En effet, l'interprétation n'est pas à strictement parler une traduction. Rien ne permet, en dernier ressort, de valider ou d'invalider une certaine interprétation. L'essentiel est que l'interprétation d'un rêve ou d'un symptôme soit cohérente avec l'interprétation des autres rêves ou symptômes d'un même patient. Ces interprétations se construisent lentement, à partir des chaînes associatives, au cours de l'analyse du patient. La psychanalyse n'avance pas des interprétations à l'aveugle, mais elle fonde ses interprétations sur une conception très précise du psychisme et sur une théorie des pulsions. Elle suppose alors que toute manifestation de l'inconscient doit être interprétée comme l'expression d'un désir refoulé. Ainsi l'interprétation des rêves n'est pas une clé des songes, mais une grille de lecture dont l'analyste peut se servir pour comprendre la chaîne associative déclenchée chez le patient. Dès lors, le seul critère de valida-

1. P. Ricœur, *De l'interprétation*, Paris, Seuil, 1995, p. 15-16.

tion de la grille de lecture construite par l'analyste et son patient, c'est la cohérence et l'assentiment du patient : cette grille, spécifique à ce patient, permet de conférer une interprétation globale de l'ensemble (ou presque) de ses symptômes et de ses actes. Ne peut donc être écartée la possibilité d'une autre grille, tout aussi cohérente, du même matériel clinique.

LES CONFLITS ET LES DISSIDENCES

Nous avons sélectionné, dans ce volume, des textes théoriques de Freud et des textes théoriques de ses détracteurs, qui d'anciens fils ou amis, sont devenus des exclus. Nous nous sommes limitées aux textes écrits du vivant du maître lui-même, auxquels il a donc pu répondre [1]. De cet ensemble, vient l'impression que la psychanalyse est un champ de bataille et que, comme dans la vie psychique, c'est le conflit qui domine.

Tout lecteur de ces œuvres ne peut en effet qu'être frappé par l'abondance de concepts qui expriment un caractère essentiel du psychisme occidental : il est le terrain de rapports de forces plus ou moins violents : le « conflit », la « résistance », les « défenses », la nécessité de « dompter les pulsions », les « alliances passées avec le moi », les « dangers qui menacent le ça », etc. Le théâtre interne tel que nous le décrit Freud partage beaucoup de caractères avec celui des conflits qui menacent l'Europe au cours de la vie de Freud et qui prendront une forme impensée juste après sa mort en 1939.

Mais cette vie psychique perpétuellement traversée par des flambées d'énergie, des assauts et des tempêtes, ressemble aussi à la vie même du mouvement freudien : des débats est,

---

1. Nous avons dû cependant renoncer à publier un texte de Melanie Klein parce que nos demandes sont restées sans réponse.

depuis le début, monté le bruit des batailles, dont une des manifestations fut aux Etats-Unis les *Freud wars*. Chaque fois que l'un de ses « fils » spirituels s'écartait de ses fondamentaux, Freud « surinterprétait » ses écarts et les présentait systématiquement comme des résistances psychiques à ses conceptions : son combat sans merci était la projection même du combat qu'il traversait et lui inspirait sa théorie. Et quand il n'excommuniait pas, il se lamentait du manque d'amour de ceux qui s'éloignaient. Cette harmonie entre la théorie de l'inconscient et la vie du mouvement qui la défend exprime-t-elle le climat général du siècle, fait de conflits, de combats idéologiques, de scissions des mouvements politiques ? Ou bien est-elle le reflet de la manière de penser de Freud, investi dans un combat dont il ne cesse de redouter qu'il soit perdu certes, mais aussi dans la promotion d'une vie affective elle-même inévitablement ouverte aux déceptions, aux haines ou au désamour ? Le pessimisme de Freud, qui a été maintes fois souligné, apparaît surtout à partir de la Première Guerre, mais sa conception agonistique de la vie psychique est déjà présente bien avant.

Dès les premières années de la psychanalyse, les dissidences se dessinent et l'on sait bien qu'elles vont porter sur la question de la sexualité précoce infantile. Il avait été observé des activités masturbatoires chez le petit enfant ; le contentement du bébé qui tète n'avait échappé à personne. Mais plus que ces conceptions sur le développement libidinal de l'enfant, c'est l'usage qui semble abusif de la sexualité comme explication des conduites qui « passe mal ».

L'hypothèse théorique de l'existence du complexe d'Œdipe comme stade du développement au cours duquel l'enfant veut prendre la place de son père, et des conséquences pathologiques de sa mauvaise résolution ne convainc pas, ou pas assez. C'est à cause d'elle qu'Adler d'abord, Jung ensuite vont prendre de la distance. Le premier avec la notion de pulsion d'agression entend élargir la conception strictement sexuelle de la libido, qui serait bien plus volonté de puissance. Le cas « Jung » est plus délicat. Jung est d'emblée le fils préféré de Freud (comme d'autres le seront), et Freud a exprimé son respect pour le travail de Jung. Mais celui-ci s'intéresse à l'âme et aux mythes qui en disent la vie, et c'est dans l'inconscient collectif dont les mythes tracent les contours que Jung veut trouver l'explication des manifestations de cette âme. L'énergie psychique, qui demeure un problème central, est bien plus large que la libido sexualisée de Freud, c'est un continent profond dont on ne peut connaître que les symboles universels, des cristallisations, des représentations archaïques (comme celle d'imago), des archétypes. Juste avant la Première Guerre, la brouille avec Freud est devenue rupture.

Otto Rank resta plus longtemps aux côtés de Freud et pourtant, dès 1911, il affirme lui aussi qu'il entend prendre le concept de libido au sens large. Les relations avec Freud deviennent difficiles mais c'est en 1924 que Rank publie le texte de la discorde : *Le Traumatisme de la naissance*, dans lequel il fait de la séparation d'avec l'utérus maternel le traumatisme fondateur de toute angoisse. À quoi Freud répondra plus tard, en 1926, que le danger constitué par la naissance n'a encore aucun contenu psychique et ne peut donc être la source même de l'angoisse. Toujours est-il que là encore l'énergie libidinale dont Freud fait un point décisif de l'orthodoxie perd son caractère sexuel en devenant une lutte contre l'angoisse primordiale de la naissance. Wilhelm Reich enfin, dont le marxisme et l'engagement communiste ne sont pas entièrement du goût de Freud, amoindrira considérablement le rôle de l'inconscient et du refoulement. Il fera du moi (et de la formation du caractère) le lieu des résistances psychiques, en insistant davantage sur le caractère pathogène des sociétés libérales, de leurs inhibitions quant à la sexualité et des relations intra-familiales qu'elles encouragent.

Ainsi, l'ouvrage que nous présentons ici n'entend bien sûr pas offrir un panorama exhaustif des évolutions de la psychanalyse du temps de Freud; notre attention a été particulièrement retenue par les textes qui non seulement marquaient une rupture avec les dogmes freudiens, mais surtout ont fini par infléchir la pensée de Freud lui-même. À défaut de présenter l'ensemble des concepts fondateurs de la psychanalyse et des débats qu'ils ont suscités, nous nous sommes efforcées d'en présenter l'essentiel sous les aspects les plus importants pour la théorie psychanalytique. Ceci afin que le lecteur puisse prendre conscience au moins en partie de l'origine de ces mots qui sont entrés dans le langage commun et dont on a parfois tendance à oublier les sources métapsychologiques.

L'APRÈS FREUD

Il y a bien sûr un après Freud, dont nous n'avons pas parlé ici mais qui est lui aussi constitué de « textes clés », d'orthodoxies et de dissidences. À bien regarder les évolutions de la psychanalyse, certains se prétendent les gardiens du temple de l'orthodoxie freudienne sans l'être toujours vraiment, quand d'autres revendiquent leur rupture avec Freud. Mais ce n'est pas ce débat-là qui doit intéresser le théoricien. Peu importe au fond qu'elle respecte ou non la parole du maître, la psychanalyse a changé avec ses théoriciens mais aussi avec les sociétés dans lesquelles elle s'est instituée. Marquée par l'importance qu'elle accorde à la petite enfance dans la pathogenèse, elle s'est faite psychanalyse d'enfants; en Amérique du nord, comme portée par la vision libérale de l'individu, elle est devenue majoritairement psychologie du moi; en France (et même en Europe), sous l'influence du structuralisme, elle a été portée par Jacques Lacan; les impasses auxquelles ont été confrontés les cliniciens, comme André Green, ont bientôt imposé l'émergence massive d'une nouvelle clinique, celle des états limites. Le problème de son impuissance face à la psychose n'a cessé de susciter de nouvelles réformes de la psychanalyse et de ses théories; les mutations de la vie en société ont suscité de nouvelles approches comme les thérapies familiales ou groupales, des rapprochements avec d'autres points de vue, phénoménologiques par exemple, qui ont intégré certains concepts de la psychanalyse.

La psychanalyse d'enfants

C'est entre autres sous l'influence de Karl Abraham (1877-1925), un disciple non-dissident de Freud, et de sa théorie des stades du développement libidinal, que Mélanie Klein, en Angleterre, va s'intéresser au monde prégénital (antérieur à l'Œdipe). Mélanie Klein (1882-1960) est aujourd'hui incontestablement l'une des figures les plus connues de la psychanalyse. Elle est la première, après l'analyse du «Petit Hans» par Freud et celle du «petit homme-coq» par Ferenczi, à se lancer dans les psychanalyses d'enfants, à partir desquelles elle élabore un certain nombre d'hypothèses métapsychologiques sur l'origine des fantasmes infantiles et sur le développement de l'enfant. Elle pose l'existence d'un moi dès le début de la vie psychique de l'enfant et voit à l'œuvre, dans ses fantasmes, la libido et la pulsion de mort. La position schizo-paranoïde d'un moi qui est encore mal différencié, angoissé et agressif, est suivie par la position dépressive, de culpabilité, où l'enfant tente de « réparer » les dommages infligés. Ces « positions » ne sont pas seulement des stades, car il est possible d'y revenir, au cours de l'analyse, par exemple.

Parallèlement, Anna Freud (1895-1982) s'intéresse elle aussi à la psychanalyse d'enfants et élabore une théorie du développement de l'enfant en lien avec l'éducation, vivement critiquée par Mélanie Klein dès 1927[1].

De ces conflits théoriques et passionnels naîtra, à la mort de Freud père, le *middle group*, celui des psychanalystes anglais qui refusent de prendre parti dans cette querelle. On y trouve, pour n'en citer que quelques-uns, Michaël Balint (1896-1970), John Bowlby (1907-1990), Ronald Fairbain (1889-1964) et même le pédiatre psychanalyste Donald Winnicott (1896-1971), un élève de Klein ayant néanmoins refusé de rompre avec Anna Freud. Ceux-ci s'accordent pour dire que les pathologies trouvent leurs origines dans des traumatismes infantiles. Eux-aussi mettent donc l'accent sur l'étude des relations précoces, mais ne postulent pas, à la différence des kleiniens, un moi déjà constitué. Ils vont donc s'intéresser à la constitution du moi à travers les relations d'objet et à la mise en scène de ces relations dans l'analyse par le biais du transfert et surtout du contre-transfert.

Winnicott élaborera la thèse bien connue de « la mère suffisamment bonne », ni trop frustrante, ni trop envahissante, les concepts de vrai *self* (celui du « geste spontané » et de « l'idée personnelle ») et de faux *self* (soumis aux exigences de l'environnement) qui constituent l'individu, et les notions d'objet et d'espace transitionnels (d'un objet et d'un lieu

---

1. Date à laquelle paraît l'ouvrage d'Anna Freud sur *Le traitement psychanalytique des enfants* (Paris, P.U.F., 2001).

intermédiaire rassurant entre soi et son environnement). Ses réflexions sur la relation précoce à la mère et sur le cadre (c'est-à-dire l'organisation et le déroulement) de l'analyse ont beaucoup apporté à la clinique des cas limites d'André Green.

L'ego-psychologie

Aux États-Unis, la psychanalyse arrive d'Europe, après les conférences que Freud a données à la Clark University en 1909, autour de James J. Putnam et de Ernest Jones. En raison de la montée des fascismes en Europe, de nombreux psychanalystes s'exilent aux Etats-Unis ; ce sera le cas de Franz Alexander qui créera en 1931 l'Institut de Psychanalyse de Chicago où il développera, sous l'influence de Ferenczi, des techniques d'analyse active.

Néanmoins, le courant majoritaire et le plus influent aujourd'hui en Amérique du nord est l'ego-psychologie ou psychologie du moi (beaucoup plus répandue que les techniques de l'école des relations d'objet et l'intersujectivisme). La psychologie du moi, fondée par Heinz Hartman (un médecin et psychanalyste viennois immigré à New York dans les années 1940), se concentre principalement sur les processus d'adaptation du moi à son environnement plutôt que sur ses conflits psychiques internes ou sur une psychologie du ça. Elle naît parallèlement à la psychanalyse culturaliste, inspirée notamment de la collaboration entre Reich et Malinowski, et dont les représentants principaux furent Karen Horney et Erich Fromm. Cette dernière dénonce les préjugés sexistes et culturels de la psychanalyse dès les années 1930. Ce qui explique en partie le désintérêt de la psychanalyse américaine pour les hypothèses phylogénétiques, au profit d'une théorie des rapports du moi à son environnement. Cette théorie est proche, dans son refus des approches biologisantes de la psychanalyse, d'une autre branche, plus minoritaire, de la psychanalyse américaine : celle du courant interpersonnel de Harry Stack Sullivan, qui met l'accent sur les relations inter-subjectives dans l'étiologie de la pathologie mentale et sur l'importance de la relation dans la cure. Au même moment Erik Erikson, parfois affilié au culturalisme, élabore l'idée d'une crise d'identité chez des Indiens d'Amérique écartelés par un conflit non pas entre leurs pulsions et une instance répressive, mais entre les valeurs de leurs ancêtres et celles de la culture américaine. Le recentrement de l'analyse sur le soi (*self*) couplé à l'analyse eriksonienne du concept d'identité a sans doute préfiguré la *self-psychology* de Heinz Kohut (1913-1981). Cette psychologie du *self*, introduite en France dans les travaux d'Agnès Oppenheimer, se concentre d'abord sur les pathologies du narcissisme et sur l'investissement d'objets par le soi. Elle minimise le rôle de la théorie des pulsions en insistant sur le caractère pathogène des échecs dans les rela-tions d'objet précoces, qui nuisent ou empêchent le dévelop-pement du *self*. Otto Kernberg (1928-) sera l'un des autres principaux protagonistes de l'élaboration d'une théorie des pathologies narcissiques et limites, suivant un modèle développemental emprunté en partie à Mélanie Klein.

Jacques Lacan (1901-1981)

Lacan, malgré les dissidences au sein de la psychanalyse française et même au sein du groupe des « lacaniens », a été la figure centrale de la psychanalyse en France, ne serait-ce que parce que les travaux psychanalytiques français se définissent nécessairement par rapport à lui. Il est d'abord membre de la Société Psychanalytique de Paris, fondée, avec d'autres disciples de la psychanalyse, en 1920 par la princesse Marie Bonaparte (1882-1962), alors fidèle gardienne du temple freudien. Mais après la guerre un certain nombre de conflits vont se cristalliser et conduire à la scission de la SPP en 1957.

Lacan fonde alors la Société française de psychanalyse. Les fameux séminaires de Lacan vont contribuer à diffuser la pensée psychanalytique dans toute la sphère intellectuelle française, alors que la SPP se concentre davantage sur la formation des analystes. C'est ce qui explique en partie l'émergence, autour de la figure de Lacan (qui entend se substituer, pour ainsi dire, au père fondateur), d'une véritable école de pensée avec, comme autour de Freud, ses orthodoxies et ses dissidences, encore vives aujourd'hui. Rapidement, faute de reconnaissance par l'*International Psychoanalytic Association*, notamment en raison des séances brèves promues par Lacan, la Société française de psychanalyse sera dissoute. L'Association Psychanalytique de France (où l'on retrouve entre autres Didier Anzieu, Jean Laplanche et Pierre Fédida) se pliera aux exigences de l'IPA et Lacan fondera, pour sa part, l'École freudienne de Paris en 1964. Un « Quatrième groupe » s'en détachera bientôt, fondé par Piera Aulagnier (1923-1991).

Porte parole d'un « retour à Freud » et violent critique de l'ego-psychologie, Lacan incite ses disciples à relire Freud et en offre en réalité une nouvelle lecture minutieuse et attentive qui met l'accent sur le symbolique et se propose de combler les lacunes et de surmonter les limites de la psychanalyse freudienne. Il remet sur le devant de la scène l'importance du langage en psychanalyse : « l'inconscient est structuré comme un langage » et « l'inconscient est le discours de l'autre » sont sans doute les phrases les plus emblématiques de la psychanalyse lacanienne, à la croisée de la dialectique hégélienne, de l'anthropologie structurale et de la linguistique saussurienne.

Le « discours de l'autre » c'est la structure du sujet dépossédé de son autonomie. Lacan réinterprète le complexe d'Œdipe à partir de la notion de fonction symbolique suivant une vision structuraliste de la variété des systèmes de parentés.

Il substitue aux trois instances de la deuxième topique de Freud (ça, moi, surmoi), celles du réel, de l'imagination et du symbolique. Le symbolique c'est l'ordre du langage, des structures de la culture où le « nom du père » symbolise la fonction du surmoi freudien. L'imaginaire correspond au fonctionnement du moi sur le mode du leurre et de la vie fantasmatique, c'est l'image narcissique constituée au moment du stade du miroir. « Le réel, c'est l'impossible », ce qui ne peut pas ne pas être, mais reste inaccessible à la vie psychique, il tient le rôle du ça freudien. Au plan épistémologique, la psychanalyse lacanienne a voulu se défaire des accusations de scientisme parfois adressées à la métapsychologie freudienne en centrant son analyse sur le symbolique et le fantasme plutôt que sur une énergétique des pulsions. Une part de son succès en France dans les années 1960-1970 est fondée sur cette version très intellectualiste de la psychanalyse.

La clinique des cas limites

En France, la clinique des cas limites prend une autre forme. Elle ne naît pas directement d'une clinique du moi à l'américaine, ou d'une reprise de la notion eriksonienne de « crise identitaire », mais d'une difficulté de la clinique, qu'on trouve en germe dans le texte de Freud sur l'analyse interminable. Dans les années 1970-80, des cliniciens, comme André Green, se trouvent confrontés à des patients qui résistent à l'analyse et au transfert. Pour Green, ces cas incurables par l'analyse résultent de pathologies du moi, resté figé dans le narcissisme comme mécanisme de défense. La relation d'objet est ici structurée par l'angoisse d'intrusion et l'angoisse d'abandon, dont l'archaïsme, la précocité dans la vie infantile est presqu'inaccessible ; le transfert, instrument central de la cure est impossible. Cette psychose froide, comme l'écrit

Green, est une pathologie du lien, aujourd'hui au centre de nombreux débats.

En se mêlant à d'autres pratiques thérapeutiques (la psychothérapie de groupe, par exemple), en s'aventurant sur d'autres terrains (la phénoménologie), la psychanalyse aujourd'hui a dû abandonner des rigueurs méthodologiques qui, en la conformant étroitement aux recommandations de son fondateur, limitaient son champ d'action. En se confrontant à de nouvelles psychopathologies, elle s'est enrichie de nouveaux concepts. Mais le cadre social de son exercice, les exigences d'évaluation aux fins de remboursement des traitements l'ont fragilisée et tout comme à ses débuts, elle reste menacée par des approches plus superficielles des pathologies psychiques.

Valérie AUCOUTURIER et Françoise PAROT

Première partie

LA DÉCOUVERTE DES RÉMINISCENCES
ET DE LA SEXUALITÉ INFANTILE

SIGMUND FREUD ET JOSEPH BREUER

LE MÉCANISME PSYCHIQUE
DES PHÉNOMÈNES HYSTÉRIQUES (1893)

PRÉSENTATION

Sigmund Freud et Josef Breuer se connaissent dès le début des années 1880 : ils travaillent l'un et l'autre dans le laboratoire de physiologie d'Ernst Brücke[1]. Leur rencontre va se révéler décisive pour la construction de la psychanalyse : c'est Breuer qui raconte à Freud en 1883 le cas troublant d'une de ses malades, Anna O., resté très célèbre dans l'histoire de la psychanalyse puisque c'est ce cas qui aurait déclenché chez Freud son intérêt de neurologue pour les phénomènes psychologiques. L'histoire de ce cas décisif (sur laquelle Freud reviendra dans l'une des leçons qu'il donnera, en 1909, à l'Université Clark aux Etats-Unis[2]) est racontée dans leur livre, *Les Études sur l'hystérie*, qu'ils publient en 1895. Le livre est constitué de quatre chapitres : « Le mécanisme

---

1. C'est là semble-t-il que l'un et l'autre se familiarisent avec des courants généraux de l'époque « qui appliquent des formules de l'énergétique à des processus psychiques », Albrecht Hirschmüller, *Joseph Breuer*, Paris, P.U.F., 1991, p. 222.

2. Voir la première leçon, dans S. Freud, « Cinq leçons sur la psychanalyse », *Œuvres complètes*, vol. X, Paris, P.U.F., 1993.

psychique des phénomènes hystériques » (qui en est la préface), de Breuer et Freud ; « Histoires des malades », récits de cinq cas (le premier de Breuer, les autres de Freud) ; « Considérations théoriques » (de Freud) ; « Psychothérapie de l'hystérie » (de Freud).

Deux ans avant la publication des *Études*, Breuer et Freud publient le 1er janvier 1893 dans le *Neurologisches Zentralblatt*, la préface du livre à venir, appelée « Communication préliminaire », dans laquelle ils présentent et justifient la méthode dite « cathartique » de Breuer, en vertu de laquelle un souvenir pathogène ignoré par la conscience du patient revient sous hypnose, ce qui fait disparaître les symptômes des névroses traumatiques comme de l'hystérie. Ils connaissent l'un et l'autre les travaux et les thèses de Jean-Martin Charcot, en particulier sa conviction que la source des symptômes est un événement « oublié » qui fait son travail de sape dans « la vie souterraine » comme le dira W. James dans son compte-rendu de cette communication préliminaire [1].

Breuer et Freud détaillent le mécanisme qui, selon eux, explique ces pathologies : l'événement dont le malade n'a pas de souvenir conscient a été accompagné, quand il s'est produit, d'une impression ou d'une émotion forte et désagréable, d'un « affect » pénible. Cet affect est resté en quelque sorte « coincé » dans la mémoire « hypnoïde » du patient (à laquelle il n'a pas accès), comme un corps étranger, comme une tumeur psychique. Si tout ce passe bien, le souvenir traumatique vient s'intégrer à un ensemble d'autres souvenirs déjà là, de représentations, d'« un grand complexe d'associations » qui peuvent le corriger, l'atténuer et lui faire perdre sa charge en affects désagréables. Mais il vaut mieux, si l'affect est trop

---

1. W. James, *Philosophical Review*, I/1, p. 199.

fort, qu'il se décharge, se « défoule », sur le moment même de l'incident pénible, qu'on pleure, qu'on se mette en colère, qu'on se venge, en tout cas qu'on réagisse de manière adéquate : alors, la réaction a un effet « réellement cathartique ». On peut aussi par des plaintes, par la révélation à autrui du traumatisme, « abréagir », dans l'après-coup, et se délivrer en bonne part de l'affect qui pesait.

Mais il peut se faire que l'événement déclencheur soit si traumatisant, si inconciliable avec les représentations de la vie consciente, que l'affect qui l'accompagne n'est pas déchargé et trouve la voie de son expression dans les symptômes névrotiques qui sont livrés au médecin. Celui-ci observe les symptômes, en entend le récit, mais ne sait pas plus que le malade ce qu'a été le motif traumatisant qui a déclenché la maladie. C'est alors que le recours à l'hypnose semble, et a semblé à bien des psychiatres pour un temps, faire des merveilles. Sous hypnose en effet, la mémoire revient, en tout cas le patient exprime quelque chose qu'autrement il tait. L'affect revient avec l'événement « oublié », dans toute sa vivacité et sa douleur et, réveillé, le malade va mieux, les symptômes permanents comme les crises ponctuelles, disparaissent. C'est donc la mémoire des hystériques et des traumatisés[1] qui est malade : « Les hystériques souffrent de réminiscence » comme l'écrivent Breuer et Freud, réminiscence considérée ici comme une trace du passé, mais qui n'est pas reconnue comme telle : le malade ne sait pas qu'il s'agit d'un événement passé mais il en porte les stigmates dans sa mémoire. Faut-il encore, quand il est dans cet état modifié de conscience, dans cette « condition seconde », savoir interroger le malade sur son passé. Pour l'en

---

1. Le raisonnement de Breuer et Freud concerne tant ceux qui ont vécu des accidents traumatisants (les névroses traumatiques) que les hystériques.

délivrer, il suffirait d'induire une catharsis, que le patient soit amené à revivre le trauma en dépensant l'énergie retenue, pour le liquider.

Mais comment comprendre, sur le plan de la théorie du psychisme, que tel vomissement compulsif ou que telle paralysie est l'expression d'un traumatisme psychique ? Le lien entre le symptôme observé et les souvenirs retrouvés sous hypnose est souvent, comme le montrent les exemples des auteurs, difficile à reconstruire. Cette question sera au cœur de la théorie freudienne : les souvenirs subissent dans la mémoire des remaniements permanents, des déplacements, des condensations, des symbolisations, qui les rendent « méconnaissables ». Et les souvenirs d'enfance ont, quand le malade est à l'âge adulte, subi de nombreux remaniements, se sont insérés dans de nombreux complexes associatifs.

Les auteurs présentent l'hystérie comme résultant d'une vulnérabilité quasi héréditaire, d'une prédisposition, qui se manifeste au moment de l'événement traumatisant comme un état anormal, qualifié d'hypnoïde qui, en dissociant la conscience, isole le trauma des relations associatives qui pourraient permettre de le vivre et d'y réagir. Pendant cet état hypnoïde, un ensemble (un « contenu ») de représentations se forme puis se développe, prend le pouvoir pendant la crise d'hystérie, y compris sur les nerfs du malade. C'est lui qui crée aussi les symptômes permanents de la maladie.

Freud reviendra sur les thèses soutenues dans ce texte, sur l'existence en particulier des états hypnoïdes. Il va s'éloigner de Breuer [1] et progresser vers la psychanalyse à la faveur d'une

---

1. Déjà le 18 décembre 1892, il écrivait à Fliess que la rédaction de ce texte lui « a valu suffisamment de batailles avec Monsieur son collaborateur ».

nouvelle amitié : c'est chez Breuer que Freud rencontre en 1887 l'otorhinolaryngologiste de Berlin, Wilhelm Fliess, avec lequel il va entretenir une relation intense jusqu'à une rupture douloureuse au début du siècle. La lecture des 287 lettres que Freud lui adresse jusqu'en 1904 est un témoignage décisif pour suivre pas à pas la construction de la psychanalyse, les tâtonnements, les révisions, les doutes aussi. Et c'est au moment où son amitié se resserre avec Fliess, en 1895, que Freud s'éloigne de Breuer, qui l'avait protégé et promu et avait partagé avec lui ses réflexions sur l'hystérie et l'hypnose [1].

Il est indéniable, et c'est ce qui justifie la lecture de cette « Communication préliminaire », qu'elle éclaire les travaux ultérieurs de Freud, qu'on y trouve déjà ce qui sera la base de la psychanalyse, même si Freud n'en est pas l'inventeur : la parole et la remémoration permet de décharger des affects ; c'est dans les moments où la conscience normale s'estompe plus ou moins que les souvenirs peuvent revenir (par la libre association sans le contrôle de la volonté) ; la défense protège la conscience qui ne peut « digérer » ici le trauma ; la conscience est coupée de contenus inconscients qui lui sont dissimulés ; enfin, surtout, les symptômes ont un sens.

---

1. Même si plusieurs lettres de Freud à Fliess laissent penser que Breuer n'était pas d'accord avec Freud sur le rôle que celui-ci faisait jouer à la sexualité (voir la lettre du 1er mars 1896).

LE MÉCANISME PSYCHIQUE
DES PHÉNOMÈNES HYSTÉRIQUES (1893)
COMMUNICATION PRÉLIMINAIRE *

1

À la suite d'une observation fortuite, nous cherchons depuis plusieurs années, à travers les formes et les symptômes les plus variés de l'hystérie, l'occasion, l'événement qui a suscité pour la première fois, et souvent de nombreuses années auparavant, le trouble observé. Dans la grande majorité des cas, on ne parvient pas à mettre en évidence ce point de départ par un simple examen du malade (même très détaillé), en partie parce qu'il est souvent désagréable pour les malades d'évoquer les expériences dont il s'agit, mais surtout parce qu'ils ne s'en souviennent absolument pas et qu'ils ne se doutent pas de la relation de causalité entre l'événement déclencheur et le phénomène pathologique. La plupart du temps, il est nécessaire d'hypnotiser les malades et de réveiller, pendant l'hypnose, le souvenir de l'époque où le symptôme est apparu

* S. Freud et J. Breuer, « Über den psychischen Mechanismus hysterischer Phänomene. Vorläufige Mitteilungen », *Neurologisches Zentralblatt*, 1893, bd 12, p. 4-10 pour les deux premières parties et p. 43-47 pour les deux autres. Traduction par Jeanne-Marie Roux et Sébastien Schick.

pour la première fois; il est alors possible de mettre en évidence cette relation de la façon la plus claire et la plus convaincante.

Dans un grand nombre de cas, cette méthode d'examen nous a donné des résultats qui paraissent précieux, tant d'un point de vue théorique que pratique.

D'un point de vue *théorique*, ces résultats ont montré que le facteur accidentel était bien plus déterminant pour la pathologie de l'hystérie qu'on ne le croyait auparavant. Dans le cas des hystéries «traumatiques», il est évident que c'est l'accident qui a suscité le syndrome. Lorsque, dans les crises d'hystérie, les patients font toujours, à chaque crise, l'expérience hallucinatoire de l'événement qui a déclenché la première attaque, la relation de causalité apparaît dans toute son évidence. Les faits observés lors des autres manifestations apparaissent cependant bien plus obscurs.

Pourtant l'expérience nous a montré *que les symptômes les plus différents, qui sont considérés comme une production spontanée, « idiopathique » si l'on peut dire de l'hystérie, sont en relation tout aussi nécessaire avec le traumatisme déclencheur que les phénomènes, si clairs à cet égard, que nous venons d'évoquer.* Nous avons ainsi pu ramener à des facteurs déclencheurs de ce type tous les symptômes : névralgies, anesthésies aux formes les plus diverses et vieilles souvent de plusieurs années, contractures et paralysies, crises hystériques et convulsions épileptoïdes que tous les observateurs avaient considérées comme de la véritable épilepsie, du *petit mal*[1], affections avec tics, vomissements continuels et anorexies allant jusqu'au refus de se nourrir, tous les troubles

---

1. En français dans le texte *(NdT)*.

visuels possibles et imaginables, hallucinations visuelles continuelles, etc. La disproportion entre le symptôme hystérique qui dure plusieurs années et l'événement déclencheur qui survient une seule fois est la même que celle que nous avons l'habitude de constater dans des névroses traumatiques : très souvent, il s'agit d'événements remontant à l'enfance qui ont créé, durant toutes les années qui ont suivi, un phénomène pathologique plus ou moins grave.

Le lien est souvent si clair que la raison pour laquelle l'incident déclencheur a créé tel phénomène plutôt que tel autre est tout à fait limpide. Ce phénomène est alors déterminé, de toute évidence, par l'événement déclencheur. Pour prendre les exemples les plus banals : un affect douloureux surgit pendant un repas mais est réprimé et produit ensuite une nausée et un vomissement hystérique qui persiste pendant des mois. Une jeune fille, qui veille au chevet d'un malade, dans un état de grande inquiétude, tombe dans un demi-sommeil et a une hallucination terrifiante, alors que son bras droit, qui pend sur l'accoudoir du fauteuil, s'engourdit : s'ensuit une parésie de ce bras, avec contracture et anesthésie. Elle cherche à prier, mais ne trouve pas ses mots ; finalement elle parvient à réciter une prière enfantine anglaise. Lorsqu'elle développe plus tard une hystérie grave et très compliquée, elle ne parle, n'écrit et ne comprend que l'anglais, alors que sa langue maternelle lui reste incompréhensible une année et demie durant. Un enfant gravement malade s'est enfin endormi, sa mère concentre toutes les forces de sa volonté pour se tenir tranquille et ne pas le réveiller ; mais, justement à la suite de cette résolution elle fait (« contre-volonté hystérique » !) un bruit de claquement de langue. Celui-ci se répète une autre fois, à une autre occasion où elle veut aussi se tenir absolument tranquille, et de là se développe un tic de claquement de langue, qui accompagne durant plusieurs années chaque émotion forte. Un homme extrêmement intelligent assiste à l'anesthésie générale de son frère, pendant laquelle on redresse l'articulation de sa hanche qui était ankylosée. À l'instant même où l'articulation cède bruyamment, il ressent une douleur vive dans sa propre hanche, une douleur qui durera près d'un an, etc.

Dans d'autres cas, la relation entre l'événement déclencheur et le symptôme n'est pas aussi claire. Il n'existe, pour ainsi dire, qu'un lien symbolique entre le phénomène pathologique et l'événement déclencheur, semblable à celui qui, chez le sujet normal, lie dans les rêves une névralgie, par exemple, à une douleur psychique, ou des vomissements à un affect de dégoût moral. Nous avons eu des patients qui étaient coutumiers d'une symbolisation de cet ordre. Dans d'autres cas encore, une telle détermination n'est pas immédiatement accessible à la compréhension ; à cette catégorie appartiennent justement des symptômes typiques de l'hystérie, comme l'hémianesthésie, le rétrécissement du champ visuel, les convulsions épileptoïdes, etc. Nous devons réserver l'exposé de nos idées sur cette catégorie à une discussion plus détaillée.

De telles observations nous semblent prouver *l'analogie, du point de vue de la pathogenèse, entre l'hystérie ordinaire et la névrose traumatique et permettre l'extension du concept d'« hystérie traumatique »*. Dans la névrose traumatique, la cause réelle de la maladie n'est pas une blessure corporelle, qui ne signifie rien en elle-même, mais l'affect de la frayeur, le traumatisme psychique. De façon analogue, il ressort de nos recherches que les motifs de nombreux symptômes hystériques, si ce n'est de la plupart, doivent être qualifiés de *traumatismes psychiques*. N'importe quelle expérience qui suscite ces affects pénibles que sont la frayeur, l'angoisse, la honte ou la douleur psychique peut avoir l'effet d'un traumatisme psychique; que telle expérience constitue ou non un traumatisme dépend naturellement de la sensibilité du sujet concerné (et d'un autre facteur que nous évoquerons plus loin). Dans l'hystérie ordinaire, il n'est pas rare qu'on trouve, en lieu et place d'un seul traumatisme important, plusieurs trauma- tismes partiels, un ensemble de motifs, qui ne produisent d'effet traumatique que parce qu'ils s'additionnent et se conju- guent, constituant ainsi autant d'éléments d'une histoire de la pathologie. Dans d'autres cas encore, ce sont des circonstances apparemment anodines qui, parce qu'elles sont associées à l'événement réellement déterminant, ou avec un moment particulièrement sensible, sont devenues des traumatismes, ce qu'elles vont demeurer à partir de là, bien qu'on ne l'aurait jamais présumé d'elles.

Mais s'il y a relation causale entre un traumatisme psychique déclencheur et le phénomène hystérique cela ne signifie pas que le traumatisme, tel un *agent provocateur*[1], déclencherait le symptôme et que celui-ci, devenu indépen- dant, persisterait par la suite. Le traumatisme psychique agit plutôt dans la mémoire comme un corps étranger, dont on doit considérer qu'il demeure efficace bien après son intrusion. Un phénomène des plus étranges, qui confère en même temps à notre résultat un intérêt pratique considérable, en apporte la preuve.

En effet, nous avons découvert, à notre plus grande surprise, *que les différents symptômes hystériques disparais- saient immédiatement, et sans réapparaître, quand nous parvenions à réveiller, dans toute sa clarté, le souvenir de l'événement déclencheur ainsi que l'affect qui lui avait été associé, mais aussi quand le malade décrivait l'événement, si*

1. En français dans le texte (*NdT*).

possible de façon détaillée, et mettait en mots cet affect. Mais si ce souvenir n'est pas accompagné de l'affect, il est presque toujours sans effet ; le processus psychique qui s'était déroulé à l'origine doit être revécu le plus intensément possible, il doit être amené au *statum nascendi* et « être exprimé » verbalement. Alors, lorsqu'il s'agit de sensations – crampes, névralgies, hallucinations –, elles apparaissent une nouvelle fois dans toute leur intensité et disparaissent ensuite pour toujours. Les déficits fonctionnels, les paralysies et les anesthésies disparaissent également, sans qu'on puisse bien sûr mettre en évidence leur intensification momentanée [1].

On pourrait se demander s'il ne s'agit pas là d'une suggestion non-intentionnelle ; le malade attendrait d'être libéré de sa souffrance par le procédé employé, et ce serait cette attente, et non l'expression verbale, qui serait efficace. Mais il n'en va pas ainsi : la première observation de ce genre, un cas d'hystérie particulièrement complexe, remonte à l'année 1881, c'est-à-dire avant que nous fassions usage de la suggestion ; nous avions analysé et éliminé un à un des symptômes provoqués séparément. Cela a été rendu possible grâce à une autohypnose spontanée du malade, qui a causé la plus vive surprise à l'observateur.

1. Delbœuf et Binet ont reconnu clairement la possibilité d'une telle thérapie, comme le montrent les citations suivantes : J. Delbœuf, *Le magnétisme animal* (Paris, Félix Alcan, 1889) : « On s'expliquerait dès lors comment le magnétiseur aide à la guérison. Il remet le sujet dans l'état où le mal s'est manifesté et combat par la parole le même mal, mais renaissant ». A. Binet, *Les altérations de la personnalité* (Paris, Félix Alcan, 1892, p. 243) : « ... peut-être verra-t-on qu'en reportant le malade par un artifice mental, au moment même où le symptôme a apparu pour la première fois, on rend ce malade plus docile à la suggestion curative ». La guérison d'une jeune fille hystérique est décrite dans le livre intéressant de P. Janet, *L'automatisme psychologique* (Paris, Félix Alcan, 1889) : elle est obtenue par l'application d'un procédé analogue au nôtre.

A contrario de ce que dit la phrase : *cessante causa cessat effectus*[1], nous pouvons donc déduire de ces observations que l'événement déclencheur continue à agir d'une façon ou d'une autre plusieurs années après, non pas de façon indirecte par une succession en chaîne de causes, mais directement, comme une cause déclenchante, de même que le souvenir d'une douleur psychique, dans un état de conscience claire, provoque encore bien plus tard une sécrétion de larmes : *l'hystérique souffre surtout de réminiscences*[2].

2

Au premier abord, il semble étonnant que des expériences passées depuis longtemps puissent agir de façon si intense, et que les souvenirs qu'on en a ne soient pas soumis à cette usure qui efface tous nos autres souvenirs. Peut-être pourrons-nous mieux comprendre ce phénomène grâce aux considérations suivantes.

Le fait qu'un souvenir s'estompe, perde en affect ou en déclenche moins dépend de plusieurs facteurs. Il importe surtout de savoir *si l'événement à l'origine de l'affect a suscité ou non une réaction intense*. Par réaction, nous entendons ici toute la série de réflexes volontaires ou involontaires par lesquels, selon notre expérience, les affects se déchargent, depuis les pleurs jusqu'à l'acte de vengeance. Si l'intensité de

1. L'effet cesse si la cause disparaît (*NdT*).
2. Dans la place impartie à cette communication préliminaire, nous ne pouvons pas distinguer ce qui est nouveau de ce qui se trouve chez d'autres auteurs, tels que Möbius et Strümpell, qui ont défendu une conception comparable de l'hystérie. C'est de quelques remarques de Benedikt, dont certaines sont publiées, et sur lesquelles nous nous pencherons ailleurs, que nous nous sommes sentis les plus proches, sur le plan de nos développements théoriques et thérapeutiques.

la réaction a été suffisante, une grande partie de l'affect disparaît; notre langue témoigne de cette réalité, dont on peut faire l'observation quotidienne, par des expressions comme «décharger sa colère», «pleurer toutes les larmes de son corps», etc. Quand la réaction est au contraire réprimée, l'affect reste attaché au souvenir. On se souvient différemment d'un affront dont on s'est vengé, ne serait-ce que par des mots, et de celui qu'on a dû encaisser. La langue reconnaît également cette différence de conséquences psychiques et corporelles, et désigne de façon tout à fait caractéristique par le terme de «mortification» la souffrance endurée en silence. En fait, la réaction de la victime au traumatisme n'a une valeur pleinement «*cathartique*» que si elle est adéquate; comme la vengeance. Mais l'homme trouve dans le langage un substitut de l'acte, grâce auquel l'affect peut «*être abréagi*» à peu près de la même manière. Dans d'autres cas, c'est le fait même de parler qui est le réflexe adéquat, comme le sont les plaintes ou les expressions du tourment que cause un secret (confession!). Quand ce type de réaction par un acte, des mots ou des pleurs dans les cas les plus simples ne se produit pas, alors le souvenir de l'incident conserve sa charge affective.

Cependant, l'abréaction n'est pas le seul moyen de décharge dont dispose le mécanisme psychique de l'homme normal lorsqu'il a subi un traumatisme. Le souvenir de celui-ci, même s'il n'a pas été abréagi, s'insère dans un grand complexe d'associations, il se range aux côtés d'autres expériences, qui peuvent lui être contradictoires, et il est alors corrigé par d'autres représentations. Après un accident par exemple, le souvenir de ce qui s'en est suivi, du sauvetage, du sentiment d'être en sécurité s'associent au souvenir du danger et à la répétition (atténuée) de la frayeur. Le souvenir d'une mortification sera corrigé par la rectification des faits, par le rétablissement de sa propre dignité, etc. L'homme normal parvient ainsi à faire disparaître l'affect associé par le pouvoir de l'association.

Et à cela s'ajoute aussi que les impressions s'estompent en général, que les souvenirs s'effacent, ce que nous appelons « oublier », et qui concerne surtout les représentations dont l'affect n'est plus actif.

Dès lors, il découle de nos observations que les souvenirs qui ont déclenché des phénomènes hystériques se sont conservés sur une très longue durée dans un état de fraîcheur extraordinaire, avec toute leur charge affective. Mais nous devons mentionner comme un autre fait frappant, qui méritera qu'on y revienne, que les malades ne disposent pas de ces souvenirs-là comme de leurs autres souvenirs. Au contraire, *quand les malades sont dans leur état psychique habituel, ces expériences sont totalement absentes de leur mémoire, ou n'y sont présentes que sous une forme rudimentaire.* C'est seulement lorsqu'on interroge les malades sous hypnose que ces souvenirs se manifestent avec la vivacité intacte de ce qui vient juste d'arriver.

Ainsi l'une de nos malades, lorsqu'on l'hypnotisait, reproduisit pendant six mois, avec une vivacité hallucinatoire, tout ce qui l'avait touchée, à la même date, l'année précédente (dans un état d'hystérie aiguë); le journal tenu par sa mère, dont elle ignorait l'existence, montra l'exactitude parfaite de la reproduction. Une autre malade revécut, en partie en état d'hypnose, en partie lors de crises spontanées, et avec une grande précision hallucinatoire, tous les événements d'une psychose hystérique dont elle avait souffert dix ans auparavant événements dont elle n'avait gardé aucun souvenir jusqu'au moment de la réapparition des crises. Quelques souvenirs importants du point de vue étiologique, et qui étaient restés là depuis quinze à vingt-cinq ans, se sont révélés étonnamment intacts ainsi que d'une grande intensité sensorielle : ils ont alors agi sur elle avec toute la puissance d'affect d'une expérience toute nouvelle.

La raison en est seulement que, dans tous les cas discutés ci-dessus, la trace des souvenirs était exceptionnellement bien conservée. Il apparaît en effet que *ces souvenirs concernent des traumatismes qui n'ont pas été suffisamment « abréagis »*. Lorsqu'on examine de plus près les raisons qui ont empêché la réaction au traumatisme, on peut mettre en évidence au moins deux groupes de causes.

Appartiennent au premier groupe les cas où les malades n'ont pas réagi aux traumatismes psychiques parce que la nature du traumatisme excluait toute réaction, comme dans le cas de la perte, vécue comme irremplaçable, d'une personne aimée ; ou parce que les relations sociales rendaient impossible toute réaction ; ou parce qu'il s'agissait de choses que le malade voulait oublier, qu'il refoulait[1] intentionnellement hors de sa conscience, qu'il inhibait et qu'il réprimait. On découvre dans l'hypnose que ce sont précisément des choses pénibles de ce genre qui sont à la base des phénomènes hystériques (les délires hystériques des saints et des nonnes, des femmes abstinentes, des enfants élevés sévèrement).

Ce n'est pas le contenu des souvenirs qui permet de caractériser le deuxième groupe de causes, mais les états psychiques qui sont survenus chez le malade au moment où s'est produit l'événement en question. En effet, l'hypnose nous permet aussi de découvrir que le symptôme hystérique

1. À l'époque, Breuer et Freud n'emploient pas ce mot au sens technique qu'il aura plus tard dans la psychanalyse ; il s'agit ici de rejet hors de la conscience (*NdT*).

peut être déclenché par des représentations qui ne sont pas significatives en elles-mêmes, mais qui ont été conservées parce qu'elles sont apparues quand le sujet était soumis à des affects puissants et paralysants, comme par exemple la frayeur, ou qu'il était dans des états psychiques anormaux, comme l'état de somnolence semi-hypnotique du rêve éveillé ou de l'autohypnose, etc. C'est la nature de ces états qui rend ici la réaction à l'événement impossible.

Naturellement, les deux groupes de causes peuvent aussi coexister et coexistent de fait souvent. C'est le cas, lorsqu'un traumatisme efficace en lui-même coïncide avec un affect difficile et paralysant ou avec un état de conscience modifiée. Mais il semble que le traumatisme psychique suscite lui aussi, chez de nombreuses personnes, un de ces états anormaux qui rend toute réaction impossible.

Cependant les deux groupes de causes ont cela en commun que les traumatismes psychiques non liquidés par une réaction ne peuvent pas non plus être liquidés par le travail des associations (avec d'autres contenus de représentations). Dans le premier groupe, la cause en est la résolution du malade, qui veut oublier l'expérience pénible et l'exclut autant que possible des associations. Dans le second, ce travail des associations échoue parce qu'il n'existe aucun lien associatif riche entre l'état conscient normal et l'état pathologique pendant lequel ces représentations sont apparues. Nous allons avoir l'occasion d'y revenir tout de suite.

On peut donc dire *que les représentations devenues pathogènes conservent leur vivacité et leur charge affective parce qu'elles ne peuvent pas connaître l'usure normale que produiraient une abréaction et une reproduction dans des états où l'association serait possible.*

3

Pour ce qui est des conditions, qui, d'après nos expériences, sont déterminantes pour que se développent des phénomènes hystériques à partir de traumatismes psychiques, nous avons déjà évoqué les états anormaux de conscience, à l'occasion desquels des représentations pathogènes apparaissent. Nous avons mis en avant que le souvenir du traumatisme psychique actif doit être trouvé non pas dans la mémoire normale du malade, mais dans celle de l'hypnotisé. Plus nous nous sommes intéressés à ces phénomènes, plus notre certitude s'est renforcée : cette *division de la conscience*, qui se manifeste si clairement dans les cas classiques de *double conscience*[1], *existerait à l'état rudimentaire dans chaque hystérie. La tendance à la dissociation, et par là à l'apparition d'états de conscience anormaux que nous regroupons sous le terme d'« hypnoïdes », serait le phénomène à la base de cette névrose.* Sur cette idée, nous sommes d'accord avec Binet et les deux Janet[2], mais nous manquons d'expérience au sujet de leur découverte très étrange à propos des anesthésies.

À la phrase souvent prononcée : « L'hypnose est une hystérie artificielle », nous souhaitons en substituer une autre : le fondement, la condition de l'hystérie est l'existence d'états hypnoïdes. Au-delà de toutes leurs différences, ces états hypnoïdes ont cela de commun, entre eux et avec l'hypnose, que les représentations qui surgissent alors, bien que très intenses,

1. En français dans le texte (*NdT*).
2. Il s'agit du philosophe Paul Janet (1823-1899) et du philosophe et psychologue Pierre Janet (1859-1947), son neveu. Voir, par exemple, Paul Janet, « De la suggestion dans l'état d'hypnotisme », *Revue politique et littéraire (Revue bleue)*, juil.-déc. 1884, t. 8 n°7-12, p. 100-104 ; p. 129-132 ; p. 178-185 ; 198-203 (*NdT*).

sont sans relation associative avec les autres contenus conscients. Ces états hypnoïdes peuvent s'associer les uns avec les autres, et leur contenu de représentations peut atteindre de cette façon des niveaux différents d'organisation psychique. Du reste, la nature de ces états et le degré de leur séparation d'avec les autres processus conscients devraient connaître des variations identiques à celles observées dans l'hypnose, de la légère somnolence jusqu'au somnambulisme, du souvenir précis à l'amnésie complète.

Quand de tels états hypnoïdes existent déjà avant la maladie manifeste, ils fournissent le sol sur lequel l'affect implante le souvenir pathogène et ses conséquences somatiques. Ce qui correspond à une prédisposition à l'hystérie. En revanche, nous avons observé qu'un traumatisme lourd (comme celui de la névrose traumatique), un refoulement laborieux (celui de l'affect sexuel par exemple) peuvent aboutir à une séparation des groupes de représentations chez un sujet normal : tel serait le mécanisme de l'hystérie psychique acquise. Entre ces deux formes extrêmes, il faut admettre une série de phénomènes, au sein desquels, chez un même individu, la facilité de la dissociation et l'importance de l'affect attaché au traumatisme varient en sens inverse.

Sur ce qui fonde les états hypnoïdes qui prédisposent à l'hystérie, nous n'avons rien à dire de nouveau. Ils se développent souvent, nous semble-t-il, à partir des « rêves éveillés », qui sont si fréquents même chez les sujets en bonne santé – les travaux manuels féminins en sont souvent l'occasion ! Quant à la question de savoir pourquoi les « associations pathologiques » qui se forment dans ces états sont si puissantes et influencent beaucoup plus fortement les processus somatiques que les représentations habituelles, elle coïncide avec le problème de l'efficacité des suggestions hypnotiques en général. Nos expériences n'apportent rien de neuf à ce sujet. En revanche, elles éclairent la contradiction entre la phrase « l'hystérie est une psychose » et le fait que certains hystériques peuvent faire preuve d'une grande lucidité, d'une volonté forte, d'un caractère affirmé et d'un bon sens critique. On constate ces phénomènes à l'état de veille, mais pendant l'état hypnoïde ceux-ci sont aliénés, comme nous le sommes tous dans nos rêves. Alors que nos psychoses oniriques n'influencent pas notre état de veille, les produits de l'état hypnoïde, eux, débordent dans notre vie éveillée sous la forme de phénomènes hystériques.

4

En ce qui concerne les crises hystériques, on peut répéter presque à l'identique ce que nous venons de dire des symptômes hystériques permanents. Nous disposons d'une description schématique par Charcot de la « grande » crise hystérique, qui distingue quatre phases dans la crise complète : 1) la phase épileptoïde, 2) celle des grands gestes, 3) celle des *attitudes passionnelles*[1] (phase hallucinatoire), 4) celle du délire final. Charcot fait résulter toutes les formes de crise hystérique, qu'on observe de fait plus souvent que la *grande attaque*[2] complète, de la durée plus ou moins longue de l'une des phases, de son absence ou de son apparition isolée.

Notre tentative d'explication s'attache à la troisième phase, celle des *attitudes passionnelles*[3]. Lorsque celle-ci est très marquée, on y trouve la reproduction hallucinatoire d'un

1. En français dans le texte (*NdT*).
2. En français dans le texte (*NdT*).
3. En français dans le texte (*NdT*).

souvenir brut, important pour le déclenchement de l'hystérie. Il s'agit de la réminiscence d'un seul grand traumatisme, de ce qu'on appelle l'hystérie traumatique κατ' ἐξοχὴν[1], ou bien d'une série de traumatismes partiels se conjuguant les uns avec les autres comme ceux qui sont à la base de l'hystérie commune. La crise peut enfin faire revivre ces événements qui ont été élevés au rang de traumatismes par leur coïncidence avec un moment de sensibilité particulière.

Mais il existe aussi des crises qui ne sont apparemment constituées que de phénomènes moteurs, et auxquelles il manque une *phase passionnelle*[2]. Si l'on parvient, lors d'une attaque de convulsions générales, de rigidité cataleptique ou lors d'une *attaque de sommeil*[3], à entrer en relation avec le malade ou, encore mieux, à provoquer la crise sous hypnose, on découvre que, là aussi, elle est basée sur le souvenir d'un traumatisme psychique ou d'une série de traumatismes, qui ne se manifestent d'habitude qu'au cours d'une phase hallucinatoire. Une petite fille souffre depuis des années de crises de crampes généralisées, qu'on pourrait prendre pour des convulsions épileptiques, et qu'on a de fait prises comme telles. Dans le but d'établir un diagnostic différentiel, on l'hypnotise et elle refait aussitôt une crise. On l'interroge : « que vois-tu à cet instant ? » Elle répond : « le chien, le chien arrive », et il se trouve qu'effectivement la première crise de ce type est apparue après qu'elle a été poursuivie par un chien sauvage. Le succès de la thérapie conforta le diagnostic proposé.

---

1. Par excellence (*NdT*).
2. En français dans le texte (*NdT*).
3. En français dans le texte (*NdT*).

Un employé, devenu hystérique à la suite de mauvais traitements exercés par son chef, souffre de crises au cours desquelles il s'effondre, se déchaîne et tempête de rage, sans dire un mot ou avoir d'hallucination. On parvient à provoquer la crise sous hypnose, et le malade indique alors qu'il revit une scène où son chef l'injurie dans la rue et le frappe avec une canne. Quelques jours plus tard, il revient se plaindre du fait qu'il a eu à nouveau la même crise, et cette fois il apparaît sous hypnose qu'il a revécu la scène à laquelle était en fait associé le déclenchement de la maladie ; la scène a eu lieu dans une salle d'audience où il ne parvenait pas à obtenir gain de cause pour les mauvais traitements subis, etc.

Les souvenirs qui surgissent lors des crises d'hystérie ou peuvent être réveillés à leur occasion correspondent aussi, sous tous les autres aspects, aux motifs qui se sont avérés être au fondement des symptômes hystériques permanents. Comme eux, ils concernent les traumatismes psychiques qui ont échappé à la liquidation par abréaction ou par le travail des associations ; ils sont également absents en totalité ou en partie de la faculté de remémoration consciente normale et appartiennent au contenu de représentation des états de conscience hypnoïdes où l'association est limitée. Enfin ils se prêtent aussi aux tentatives thérapeutiques. Nos observations nous ont souvent montré qu'un souvenir qui provoquait jusqu'alors des crises en devient incapable lorsqu'on lui fait subir sous hypnose une réaction ou une correction par les associations.

On peut interpréter les phénomènes moteurs de la crise hystérique en partie comme des réactions banales à l'affect accompagnant le souvenir (ainsi le gigotement de tous les membres, dont use déjà le nourrisson), en partie comme des mouvements d'expression directe de ce souvenir. Mais, tout comme les stigmates hystériques des symptômes permanents, ils échappent en partie à cette explication.

On gagne encore en compréhension de la crise hystérique si l'on prend en compte la théorie évoquée précédemment, selon laquelle des groupes de représentations formés dans les états hypnoïdes de l'hystérie, qui sont sans relation associative avec les autres groupes mais qui peuvent s'associer entre eux, représentent le rudiment plus ou moins organisé d'une deuxième conscience, d'une *condition seconde*[1]. Un symptôme hystérique permanent correspond alors à un débordement intérieur de ce deuxième état dans l'innervation corporelle habituellement dominée par la conscience normale. Une crise d'hystérie témoigne en revanche d'une plus grande organisation de ce deuxième état et c'est le signe, quand elle vient d'avoir lieu, d'un moment pendant lequel cette conscience hypnoïde a pris le pouvoir sur toute l'existence, et donc d'une hystérie aiguë. S'il s'agit en revanche d'une crise récurrente, qui contient une réminiscence, c'est qu'il y a retour d'une crise antérieure. Charcot a déjà émis l'hypothèse que la crise hystérique devait être le rudiment d'une *condition seconde*. Lors de la crise, la maîtrise sur l'ensemble de l'innervation corporelle aurait été transférée à la conscience hypnoïde. Comme le montrent des expériences bien connues, la conscience normale n'est pas toujours entièrement étouffée, ce qui lui permet de saisir les phénomènes moteurs de la crise, alors que les processus psychiques lui échappent.

1. En français dans le texte. Le terme de « condition seconde », avant d'être repris, entre autres, par le professeur Charcot, fut inventé par le docteur Eugène Azam pour rendre compte des troubles amnésiques et somnambuliques de l'une de ses patientes, Felida X. Cf. E. Azam, *Hypnotisme, double conscience et altérations de la personnalité*, [préface par le professeur J.-M. Charcot, Paris, J.-B. Baillière et fils, 1887], Paris, L'Harmattan, 2004 (*NdT*).

Le déroulement typique d'une hystérie sévère est, comme on le sait, le suivant : d'abord un contenu de représentations se forme dans un état hypnoïde et, une fois suffisamment développé, prend le pouvoir, pendant une période d'« hystérie aigüe », sur l'innervation corporelle et l'existence du malade. Il crée alors des symptômes permanents et suscite des crises, puis guérit à l'exception de quelques séquelles. Si la personne normale peut reprendre le pouvoir, ce qui a survécu de ces contenus de représentations hypnoïdes revient lors de crises hystériques et remet alors temporairement la personne dans des états comparables à ceux du passé ; ils sont eux-mêmes influençables et sensibles aux traumatismes. Il survient alors souvent une sorte d'équilibre entre les groupes psychiques réunis dans une même personne ; crise et vie normale cheminent côte à côte, sans s'influencer l'une l'autre. La crise advient spontanément, comme les souvenirs nous viennent habituellement, mais elle peut aussi être provoquée, tout comme chaque souvenir peut être réveillé selon les lois de l'association. La provocation de la crise procède soit de la stimulation d'une zone hystérogène, soit d'un nouvel incident qui rappelle l'expérience pathogène. Nous espérons pouvoir montrer qu'il n'y a pas de différence essentielle entre ces deux conditions apparemment si différentes, et que, dans les deux cas, on vient toucher à un souvenir hyper-esthésique. Dans d'autres cas, cet équilibre est très instable, la crise apparaît comme un résidu de conscience hypnoïde, chaque fois que la personne normale s'épuise et n'est plus performante. Il est indéniable, que dans de tels cas aussi, la crise dépouillée de sa signification originelle peut revenir comme une réaction motrice sans contenu.

Il nous reste à accomplir une tâche supplémentaire : rechercher pourquoi une individualité hystérique s'exprime par des crises, par des symptômes permanents ou par un mélange des deux.

5

Nous sommes désormais en mesure de comprendre pourquoi la méthode de la psychothérapie présentée ici a une action curative. *Elle annule l'efficacité de la représentation qui n'a pas été abréagie à l'origine en permettant que l'affect coincé de celle-ci soit évacué par la parole ; elle fait en sorte que la représentation soit corrigée par association, en l'attirant dans la conscience normale (sous hypnose plus légère) ou elle l'annule par une suggestion médicale, comme cela se passe avec l'amnésie dans le somnambulisme.*

Nous considérons que le gain thérapeutique obtenu par l'application de ce procédé est significatif. Nous ne soignons naturellement pas l'hystérie, puisqu'elle est une disposition, et nous n'avons aucune prise sur le retour des états hypnoïdes. Pendant le stade qui produit une hystérie aigüe, notre méthode ne peut pas empêcher non plus que les phénomènes supprimés à grand peine ne soient rapidement remplacés par d'autres. Mais si ce stade aigu est dépassé et que ne subsistent que ses séquelles sous la forme de crises et de symptômes permanents hystériques, alors notre méthode les supprime souvent et définitivement, car elle opère de façon radicale ; ainsi il nous semble qu'elle surpasse largement l'efficacité de l'annulation par suggestion directe aujourd'hui pratiquée par les psychothérapeutes.

Si nous avons fait un pas de plus sur la voie de la découverte du mécanisme psychique des phénomènes hystériques (que Charcot a d'abord empruntée avec autant de succès grâce à l'explication et à la reproduction expérimentale des paralysies hystéro-traumatiques), nous ne dissimulons pas pour autant que c'est notre connaissance du mécanisme des symptômes hystériques qui a seule progressé, mais pas celle des origines internes de l'hystérie. Nous avons seulement effleuré l'étiologie de l'hystérie et n'avons pu en fait éclairer que les causes des formes acquises et l'importance du facteur accidentel dans la névrose.

Vienne, Décembre 1892

SIGMUND FREUD

LA SEXUALITÉ INFANTILE (1905)

PRÉSENTATION

Freud a préparé les *Trois essais sur la théorie sexuelle* au moment même où il écrivait *Le Mot d'esprit et ses rapports avec l'inconscient*; c'est le deuxième de ces *Trois essais* que nous publions, celui qui concerne la sexualité infantile. Ce sera le texte des discordes, avec son ami Wilhelm Fliess d'abord, et par la suite avec ses autres élèves et amis; cet essai est au centre du reproche de pansexualisme qui mine toute étude critique de la psychanalyse.

Avant même que ce texte soit écrit, ses thèses posent problème, notamment parce que Fliess va revendiquer une part importante des thèses défendues par Freud. On trouve, dans une lettre de Freud datée du 6 décembre 1896, la trace des échanges sur la question de la bisexualité, dont ce dernier se sert pour distinguer névrose et perversion. Dans cette même lettre, il aborde la question, ici très importante, de l'abandon (ou de la disparition), au cours du développement, de zones qui sont à l'origine érogènes. Le 20 juillet 1904, la pomme de cette discorde est consommée : Fliess apprend que *ses* idées sur la bisexualité se retrouvent chez Otto Weininger (qui s'est suicidé en 1903), que Freud connaît[1]. Le ton monte entre les deux amis ; Freud essaie de rassurer Fliess en s'engageant à ne pas « trop » utiliser le terme de bisexualité dans ses *Trois essais* (lettre du 23 juillet 1904). Rien n'y fera, l'accusation de plagiat les sépare.

D'autres, plus tard, vont refuser d'admettre ce que Freud écrit dans cet essai, et Jung en tout premier lieu[2]. Bien des commentateurs refusent alors une idée qui pourtant est déjà dans l'air, mais que Freud approfondit avec tant de détails : les petits enfants ont une vie sexuelle. À chaque publication, entre 1910 et 1924[3], Freud va augmenter[4], modifier son texte pour contrer les critiques qui lui sont faites : en 1915 par exemple, il ajoute un texte sur la théorie de la libido pour répondre à Jung qui fait de celle-ci une force de vie généralisée. Mais il ne changera rien à la thèse fondamentale.

Qu'y a-t-il donc dans cet *Essai* ? Comme Freud l'écrit à Fliess le 11 octobre 1899 en lui annonçant ce qu'il prépare, « Aujourd'hui me sont venues plusieurs idées très curieuses, que je ne comprends pas vraiment très bien. Il ne s'agit évidemment pas chez moi de réflexion (…). Des choses folles au demeurant ». Des idées qui lui viennent et sont folles donc. Freud laisse là affleurer que ses idées, si choquantes, lui viennent dans un état qu'il ne contrôle pas totalement ; il ne s'agit pas à proprement parler de déductions, mais plutôt de

1. Une lettre de Freud à Karl Kraus le 12 janvier 1906 reviendra sur « l'affaire » et Freud n'aura pas de mots assez durs contre son « ancien ami ».

2. Voir *infra*, p. 167 *sq*.

3. *Les Trois essais* seront traduits en français en 1923 chez Gallimard et en anglais en 1953.

4. Ainsi en 1915, Freud ajoute à la première version de l'essai que nous publions une section sur « La recherche sexuelle infantile » et une autre sur « Les phases de développement de l'organisation sexuelle ».

métapsychologie, la « sorcière » qui permet d'imaginer, sur laquelle il revient dans le dernier texte que nous publions.

La psychanalyse d'enfants est loin d'avoir vu le jour en 1905 et Freud n'a pas une grande expérience de la vie des petits enfants ; il observe les siens sans doute, mais probablement pas avec ces yeux là. Il y a bien Hans, ce petit garçon qui est « analysé » par son père, un ami de Freud, et ce qu'il entend dans les récits que celui-ci lui livre. Le complexe d'Œdipe a déjà, en 1905, pris place dans l'édifice théorique, et « avec » Fliess, dans leurs échanges. Dès 1897, Freud a su qu'il devait renoncer à sa thèse de la séduction de l'enfant par un adulte comme source de l'hystérie ; ce qui confirme que la réalité psychique, celle dont témoignent les paroles des patients hystériques entre autres, n'est pas la réalité objective. C'est au cours de son autoanalyse que Freud « découvre » en lui que dans son enfance sa libido s'est éveillée et tournée vers sa mère (lettre à Fliess de septembre 1897) ; le mois suivant, il lie ce sentiment à la pièce de Sophocle, *Œdipe Roi*. Et voilà né le « complexe d'Œdipe », d'une réminiscence personnelle et de sa ressemblance [1] avec une tragédie. Le noyau infantile de ce complexe (observé dans l'auto-analyse) se traduirait chez le patient par un fantasme rétroactif (exprimé pendant l'analyse) ; mais à la seule condition qu'ils soient l'un et l'autre éveillés par *l'interprétation* pendant le traitement. Sans la pratique interprétative, sexualité infantile et complexe d'Œdipe ne peuvent être « observés » ; ce qui pose un problème épistémologique qui ne cessera d'être commenté.

---

1. Ressemblance fondée sur une lecture qui sera contestée de la tragédie d'Œdipe. Voir par exemple J.-P. Vernant, « Œdipe sans complexe », dans J.-P. Vernant et P. Vidal Naquet, *Mythe et tragédie en Grèce ancienne*, Paris, La Découverte, 1972.

Bien sûr tout le monde sait ou devrait savoir à l'époque que les enfants aiment les caresses, les substituts de biberon ou de sein, les manipulations diverses. Mais Freud va au-delà des observations. Pourtant, il ne lui est donné à voir que ce que font les tout petits enfants et ce que disent ses patients quand ils parviennent à régresser vers leur prime enfance au cours de la thérapie. Mais Freud dit lui-même, et tout le monde le sait, que les adultes ne se souviennent pas de leurs toutes premières années : c'est l'amnésie infantile. Et il interprète ce phéno-mène : cette amnésie résulte d'un refoulement sexuel, celui-là qui frappe aussi les hystériques ; les enfants aussi souffrent de réminiscence.

Pour Freud, l'enfant fait feu de tout bois : c'est un « pervers polymorphe » parce que tout ce qui est occasion de plaisir entre dans la construction de la pulsion sexuelle. La sexualité ne commence pas avec le plaisir des organes génitaux, même si ceux-ci rafleront la mise ; la sexualité c'est la tétine, le sein bien sûr, le pouce, le lobe de l'oreille, tout ce qui se suce ou qui balance, avec ce rythme qui rappelle à Freud l'acte sexuel. Mais à l'enfant ne rappelle-t-il pas le balancement dans le ventre de sa mère ? Freud sans doute y voit un prélude à la sexualité, mais plus archaïque encore : tout plaisir organique est destiné à devenir sexuel. C'est le cœur du pansexualisme reproché.

Ce qu'il cherche à comprendre est clairement énoncé : si nous étudiions de manière approfondie les manifestations sexuelles de l'enfant, nous y découvririons les traits essentiels de la pulsion sexuelle. C'est précisément ce qu'il fait dans le texte qui suit ; mais il termine en soulignant qu'on ne sait cependant rien de la nature, ou de « l'essence » de l'excitation sexuelle. Certains de ses critiques lui opposeront que le choix de considérer que tout plaisir alimente en fin de compte la pulsion sexuelle expose à manquer la spécificité de l'excitation et donc de la satisfaction proprement sexuelles, c'est-à-dire à voir son objet même lui échapper.

LA SEXUALITÉ INFANTILE (1905) *

La sexualité infantile négligée

L'opinion commune sur la sexualité des enfants est qu'elle n'existe pas et qu'elle ne s'éveille qu'au moment de la puberté. Il ne s'agit pas là d'une simple erreur, mais d'une erreur qui a de graves conséquences puisqu'elle est la source même de l'ignorance actuelle de ce qui détermine la vie sexuelle. Une analyse approfondie des expressions de la sexualité dans l'enfance dévoilerait probablement les traits essentiels de la pulsion sexuelle, montrerait son développement et comment elle résulte de sources variées.

On peut remarquer que les auteurs qui se sont intéressés à l'explication des caractères et des réactions d'un individu adulte ont accordé une plus grande attention à la vie de ses ancêtres au cours de la préhistoire, et donc au rôle important de l'hérédité, plutôt qu'à la préhistoire de l'adulte lui-même, à savoir son enfance. On aurait pu penser que l'influence de celle-ci serait plus facile à comprendre et devrait être étudiée avant celle de l'hérédité. Il est vrai que, dans la littérature sur le sujet, on trouve quelquefois des remarques sur la précocité de

---

* S. Freud, « Die infantile Sexualität », *Drei Abhandlungen zur Sexualtheorie*, Leipzig, Vienne, Franz Deuticke, 1905, p. 30-52. Traduction par Valérie Aucouturier.

l'activité sexuelle des petits enfants, sur leurs érections, leur masturbation et même sur des activités s'approchant du coït; mais on les considère toujours comme des activités exceptionnelles, des curiosités ou bien comme des exemples effrayants d'une dépravation précoce. Pour autant que je sache, aucun des auteurs n'a admis clairement la présence systématique d'une pulsion sexuelle chez l'enfant et, dans les écrits qui sont devenus si nombreux sur le développement, le chapitre du « Développement sexuel » est généralement omis[1].

1. Ce que j'affirme ici m'a semblé d'abord peut-être exagéré; aussi ai-je entrepris d'en tester la validité en revenant encore à la littérature. Il en est résulté que je n'ai pas eu à modifier mon affirmation. L'étude scientifique des phénomènes psychiques autant que physiques de la sexualité infantile n'en est qu'à ses tout premiers pas. Un auteur, Bell (S. Bell, « A Preliminary Study of the Emotion of Love between the Sexes », *American Journal of Psychology*, 1902, 13, p. 327) écrit : « À ma connaissance, aucun scientifique n'a fourni une analyse précise de l'émotion que vit un adolescent ». Les manifestations somatiques de la sexualité dans la période qui précède la puberté n'ont attiré l'attention que lorsqu'elles étaient liées à la dégénérescence et comme signes de cette dégénérescence. Nulle part je n'ai trouvé, sur la psychologie de cette période, de chapitre abordant la vie amoureuse des enfants; et cela vaut aussi pour les travaux célèbres de Preyer, (W. Preyer, *Die Seele des Kindes*, Leipzig, T. Grieben, 1882; *L'âme de l'enfant : observations sur le développement psychique des premières années*, Paris, L'Harmattan, 2005), Baldwin (J. M. Baldwin, *Mental Development in the Child and the Race*, New York, Macmillan, 1895; *Le développement mental chez l'enfant et dans la race*, Paris, L'Harmattan, 2006), Perez (B. Perez, *L'Enfant de trois à sept ans : la psychologie de l'enfant*, Paris, F. Alcan, 1886), Strümpell (L. Strümpell, *Die pädagogische Pathologie*, Leipzig, E. Ungleich, 1899), Gross (K. Gross, *Das Seelenleben des Kindes*, Berlin, Reuther et Reichard, 1904), Heller (Th. Heller, *Grundriss der Heilpädagogik*, Leipzig, W. Engelmann, 1904), Sully (J. Sully, *Studies of Childhood*, London and New York, Longmans, Green and Co., 1895; *Études sur l'enfance*, Paris, Alcan, 1898), etc. Pour avoir une vision très précise de l'état de ce champ de recherche aujourd'hui, on peut lire la revue *Die Kinderfehler* depuis 1896. Néanmoins, on pourrait penser que l'existence de l'amour dans l'enfance n'a pas besoin d'être découverte. Perez (1886, p. 272

L'amnésie infantile

La raison pour laquelle on a ainsi négligé la vie sexuelle des enfants tient à mon sens à des considérations sur les convenances auxquelles adhèrent les auteurs à cause de leur propre éducation; en partie aussi à un phénomène psychologique qu'on a également évité d'expliquer. Je pense à cette *amnésie* étrange qui, chez la plupart d'entre nous, mais pas tous, occulte les tout débuts de l'enfance, avant six à huit ans. Personne ne s'est montré quelque peu étonné de cette amnésie, et pourtant nous aurions de bonnes raisons de l'être : certaines personnes de notre entourage nous apprennent que, pendant ces années-là, dont plus tard nous n'avons aucun souvenir à part quelques réminiscences incompréhensibles et fragmentaires, nous avons réagi vivement à certaines stimulations, nous avons exprimé de la peine ou de la joie d'une manière tout à fait humaine, nous avons montré tous les signes de l'amour, de la jalousie et de bien d'autres sentiments passionnés qui nous remuaient forte-ment à l'époque, et même que nous avons émis des phrases qui, du point de vue des adultes, prouvaient bien que nous comprenions et commencions à être capables de jugement. Et de tout cela, une fois devenu grand, nous ne nous souvenons absolument pas ! Pourquoi donc notre mémoire resterait-elle loin derrière nos autres activités mentales ? Et pourtant, il y a toutes les raisons de croire qu'il

---

sq.) affirme qu'il existe. Gross (*Die Spiele der Menschen*, Jena, G. Fischer, 1899, p. 326) y fait allusion comme un fait généralement admis : « Certains enfants sont déjà susceptibles de motions sexuelles à un très jeune âge et ressentent le besoin pressant de contact avec l'autre sexe ». La première apparition d'une telle « motion amoureuse » (*sex love*) concerne, dans le livre de Bell (1902, p. 330), un enfant dans le milieu de sa troisième année. On peut sur ce point se référer à Havelock Ellis, *Études de psychologie sexuelle*, t. III, Paris, Mercure de France, appendice 2, 1934.

n'existe aucun autre moment de la vie pendant lequel notre capacité de recevoir et de reproduire est aussi puissante que dans nos années d'enfance justement.

D'un autre côté, il nous faut faire l'hypothèse, ou nous en convaincre en observant la psychologie d'autrui, que les impressions mêmes que nous avons oubliées ont néanmoins laissé les traces les plus profondes dans notre vie psychique et ont exercé une influence décisive sur tout ce qui s'est passé ensuite. Il ne peut donc être question d'un effacement réel des impressions de l'enfance ; il s'agit en fait d'une amnésie, qui ressemble à celle que les névrosés ont de leurs expériences ultérieures, et dont l'essence réside dans un retrait de ces impressions à la conscience (refoulement). Mais quelles sont les forces qui opèrent ce refoulement des impressions de l'enfance ? Répondre à cette énigme, c'est je crois résoudre le problème de l'amnésie hystérique.

Cela dit, n'oublions pas de souligner que l'existence de cette amnésie infantile constitue un nouveau point de comparaison entre les états psychiques de l'enfance et ceux des psychonévroses. Nous avons ailleurs été amenés à ce type de comparaison quand nous avons compris que la sexualité des psychonévrosés est demeurée à un stade infantile, ou y est revenue. Il se pourrait après tout que l'amnésie infantile soit en relation avec les motions sexuelles de l'enfance !

En fait, ce rapprochement entre l'amnésie infantile et l'amnésie hystérique est plus qu'une vue de l'esprit : l'amnésie hystérique, qui se produit aux fins de refoulement, ne peut s'expliquer que parce que l'individu dispose déjà de tout un ensemble de traces mnésiques qui ont été écartées de la conscience et qui attirent à elles, par des liens associatifs, le matériel que les forces de refoulement essaient de rejeter hors de la conscience. Sans l'amnésie infantile, il n'y aurait pas d'amnésie hystérique.

Je veux simplement dire que l'amnésie infantile, qui fait de l'enfance de chacun une époque *préhistorique* et qui lui dissimule les commencements de sa propre vie sexuelle, est responsable de l'ignorance du rôle de l'enfance dans le développement de la vie sexuelle. Ces lacunes dans notre compréhension ne peuvent être comblées par un seul observateur. Dès 1896, j'ai insisté sur l'importance des années d'enfance dans l'origine de certains phénomènes intéressants, liés à la vie sexuelle, et je n'ai depuis lors pas cessé de mettre l'accent sur le rôle joué dans la sexualité par ce facteur de l'enfance.

LA PÉRIODE DE LATENCE
CHEZ L'ENFANT ET SES INTERRUPTIONS

Les observations très fréquentes de ce qui est considéré comme des motions sexuelles rares et exceptionnelles dans l'enfance, tout comme la découverte chez les névrosés de ce qui jusque là était resté à l'état de souvenirs inconscients de l'enfance, nous permettent d'esquisser le tableau des conduites sexuelles de ce moment de la vie de la manière suivante [1].

Il semble probable que les germes des motions sexuelles sont déjà là chez le nouveau-né et continuent de se développer ensuite alors même qu'ils sont soumis progressivement à une répression ; celle-ci est elle-même interrompue par les progrès périodiques du développement sexuel ou peut être levée par des spécificités individuelles. On ne sait rien d'assuré sur la

---

1. Ce second type de matériel devient exploitable parce qu'on peut s'attendre à ce que les années d'enfance des futurs névrosés ne s'écartent pas vraiment sur ce point de celles des enfants qui seront des adultes normaux.

régularité et la périodicité de ces alternances dans le développement. Il semble, toutefois, que la vie sexuelle des enfants prenne une forme observable autour de leur troisième ou quatrième année.

Les inhibitions sexuelles

C'est lors de cette période de latence totale ou partielle que sont construites les forces psychiques qui feront ultérieurement obstacle à la pulsion sexuelle et qui, comme des digues, s'opposeront à son cours (le dégoût, le sentiment de honte et les exigences d'un idéal esthétique et moral). On a l'impression, chez les enfants des pays civilisés, que l'édification de ces digues est un produit de l'éducation, et celle-ci joue sans doute un rôle. Mais en fait, elle est déterminée au niveau organique et fixée par l'hérédité et peut très bien se produire sans la moindre intervention de l'éducation. Celle-ci demeurera dans son domaine de compétence si elle se contente de suivre la direction qui a déjà été prise au niveau organique et de la marquer plus clairement et profondément.

La formation réactionnelle et la sublimation

Qu'est-ce qui fabrique ces constructions si importantes pour la croissance d'un individu civilisé et normal ? Elles surgissent probablement aux dépens des motions sexuelles infantiles elles-mêmes : l'activité de celles-ci ne cesse donc pas, même pendant la période de latence, bien que leur énergie soit détournée en partie ou en totalité de leur utilisation sexuelle, et dirigée vers d'autres fins. Les historiens de la civilisation considèrent de manière unanime qu'ont été acquises les composantes puissantes de toute sorte de productions de la culture parce que des forces sexuelles pulsionnelles ont été détournées de leur usage sexuel et dirigées vers de nouveaux buts ; c'est ce processus qu'on appelle la *sublimation*. À quoi on peut ajouter que le même processus joue un rôle dans le développement de l'individu dont nous situons les débuts dans la période de latence sexuelle de l'enfance[1].

On peut également se faire une idée du mécanisme de cette sublimation : d'une part, il semblerait que les motions sexuelles ne peuvent être utilisées pendant ces années d'enfance puisque les fonctions de reproduction sont suspendues, ce qui constitue le caractère principal de la période de latence ; d'autre part, ces motions paraissent en elles-mêmes perverses, c'est-à-dire qu'elles proviennent de zones érogènes et dérivent leur activité de pulsions qui, au regard de l'orientation du développement de l'individu, ne peuvent provoquer que du déplaisir. Voilà qui évoque donc des forces psychiques en opposition (des motions réactionnelles) qui, pour supprimer efficacement ce déplaisir, édifient la digue psychique dont nous avons déjà parlé (dégoût, honte, moralité).

Les interruptions de la période de latence

Nous sommes conscient du caractère hypothétique et du manque de clarté de nos connaissances sur ce processus de la période de latence (ou d'ajournement) de la sexualité infantile ; mais nous avons de bonnes raisons d'affirmer qu'une telle sublimation de la sexualité de l'enfant représente un idéal éducatif dont s'éloigne le plus souvent, et de beaucoup, le développement individuel. De temps en temps, une manifestation fragmentaire de la sexualité qui a échappé à la sublimation fait irruption, ou persiste quelque activité sexuelle pendant toute la période de latence jusqu'à ce qu'émerge la pulsion sexuelle à la puberté, avec plus d'intensité. Quand ceux qui

1. C'est à W. Fliess que j'emprunte à nouveau cette expression de « période de latence sexuelle ».

élèvent un enfant sont attentifs à sa sexualité, ils se conduisent exactement comme s'ils partageaient notre point de vue quant à la construction, aux dépens de la sexualité, de forces morales défensives et comme s'ils savaient que l'activité sexuelle rend l'enfant impossible à éduquer : pour eux, chaque conduite sexuelle de l'enfant est un « vice », et ils sont bien incapables d'y faire quoi que ce soit. Mais nous, nous avons toutes les raisons d'être attentifs à ces phénomènes qui sont redoutables pour toute éducation, parce que nous attendons d'eux qu'ils nous aident à découvrir la structure originaire des pulsions sexuelles.

LES MANIFESTATIONS DE LA SEXUALITÉ INFANTILE

La succion du pouce

Pour des raisons que je donnerai plus loin, je vais considérer la succion du pouce (ou succion sensuelle) comme un exemple de manifestation sexuelle dans l'enfance (une excellente étude de ce sujet a été faite par le pédiatre hongrois Lindner, 1879[1]).

Le nourrisson suce déjà son pouce et l'enfant continue de le faire en grandissant, et quelquefois l'adulte ensuite. Il répète de manière rythmée le contact de la bouche ou des lèvres en suçant. Il n'est pas question ici d'ingestion de nourriture. Une partie de la lèvre, la langue et toute autre partie de la peau accessible, même le gros orteil, peut ainsi être l'objet de cette succion. Une pulsion d'agrippement peut se manifester simultanément, qui se traduit par un tiraillement rythmé du lobe de l'oreille ou par la prise en main d'une partie de

1. Voir S. Lindner, « Das Saugen an den Fingern, Lippen, etc. bei den Kindern (Ludeln) », *Jahrbuch für Kinderheilkunde* 14, Leipzig, 1879, p. 68-91.

quelqu'un d'autre aux mêmes fins (souvent une oreille). Quand la succion est sensuelle, l'attention de l'enfant est complètement absorbée et le mène à s'endormir ou mène à une réaction motrice, une sorte d'orgasme[1]. Il n'est pas rare que cela s'accompagne d'un frottement de quelque partie sensible du corps, comme les seins ou les organes génitaux externes. C'est ainsi que beaucoup d'enfants passent de la succion à la masturbation.

L'auto-érotisme

Il est tout à fait légitime de s'intéresser à cet exemple et d'insister sur le trait le plus frappant de cette activité, à savoir que la pulsion n'est pas dans ce cas orientée vers autrui mais ne se satisfait que sur le corps propre : elle est auto-érotique, selon le terme opportun choisi par Havelock Ellis.

Le comportement de l'enfant qui suce son pouce est clairement déterminé par la recherche d'un plaisir dont il a déjà fait l'expérience et qui est remémoré. Dans le cas le plus simple, il cherche ce plaisir en suçant de manière rythmée un endroit quelconque de sa peau ou de ses muqueuses. Il n'est pas difficile de deviner à quelles occasions l'enfant a fait ses premières expériences de ce plaisir qu'il veut renouveler : c'est sa première activité, la plus vitale, la succion du sein de sa mère ou d'un de ses substituts, qui l'a familiarisé avec le plaisir. Ainsi, les lèvres de l'enfant constituent une *zone érogène* et la stimulation par le flot du lait chaud déclenche évidemment une sensation de plaisir. La satisfaction de cette zone érogène a

---

1. C'est là que se révèle, à ce tout jeune âge, ce qui se retrouvera dans toute la vie : la satisfaction sexuelle est le meilleur des soporifiques. La plupart des cas d'insomnie nerveuse peuvent être reliés au manque de satisfaction sexuelle. On sait très bien que des nounous sans scrupules font dormir les enfants en caressant leurs organes génitaux.

d'abord été associée à la satisfaction du besoin de se nourrir. Nous avons tous vu un bébé rassasié abandonner le sein et s'endormir le rouge aux joues et le sourire bienheureux, et cette image demeurera ultérieurement le prototype même de l'expression de la satisfaction sexuelle. Le besoin de la répéter se détache alors du besoin de manger, séparation qui deviendra inéluctable quand les dents apparaîtront et que la nourriture ne sera plus tétée mais mâchée. L'enfant ne se sert pas d'un objet extérieur à son corps pour sucer, préfère une partie de sa propre peau parce qu'elle convient mieux, est plus facile à contrôler et ce faisant il fabrique en quelque sorte pour lui-même une deuxième zone érogène, même si elle est secondaire. L'existence de cette zone secondaire explique en partie pourquoi, plus tard, il recherchera la partie équivalente, les lèvres, d'une autre personne (« Quel dommage que je ne puisse m'embrasser moi-même », pense-t-il peut-être).

Mais tout enfant ne suce pas son pouce ; on peut faire l'hypothèse que, chez les enfants qui le font, l'intensification de la signification érogène de la région labiale est d'origine constitutionnelle. Si cette signification perdure, ces mêmes enfants devenus adultes aimeront beaucoup les baisers, seront enclins à des baisers pervers et, si ce sont des hommes, seront fortement attirés par la boisson et la cigarette. Mais si ces tendances sont refoulées, ils seront dégoûtés par la nourriture et auront des vomissements hystériques. Et parce que c'est la zone labiale qui est en cause, ce refoulement s'étendra à la pulsion de nutrition. Toutes mes patientes qui souffrent de troubles alimentaires, de boule hystérique, de constriction de la gorge et de vomissements ont, quand elles étaient enfants, sucé énergiquement leur pouce.

À propos de cette activité de succion sensuelle, nous avons déjà relevé trois caractères essentiels d'une manifestation de la sexualité infantile : elle *s'étaye* sur une des fonctions somatiques vitales et n'a encore aucun objet sexuel ; elle est par conséquent *auto-érotique* ; son but sexuel est dominé par une *zone érogène*. On peut dire dès maintenant que ces caractères s'appliqueront également à la plupart des autres manifestations des pulsions sexuelles infantiles.

LE BUT SEXUEL DE LA SEXUALITÉ INFANTILE

Les caractères des zones érogènes

L'exemple de la succion du pouce nous apprend encore autre chose sur les zones érogènes : ce sont des endroits sur la peau ou les muqueuses où un stimulus d'un certain type déclenche une sensation de plaisir d'une qualité particulière. Il ne fait aucun doute que le stimulus qui produit ce plaisir doit avoir des caractères spécifiques, même si l'on ne sait pas encore lesquels. Parmi eux, le caractère rythmique doit jouer un certain rôle et nous ne pouvons nous empêcher d'y voir une analogie avec le chatouillement. Il est moins sûr qu'on puisse qualifier de « spécifique » la sensation de plaisir provoquée par ce stimulus, or c'est précisément à cette qualité particulière qu'on reconnaîtrait le facteur sexuel. Sur ces questions du plaisir et du déplaisir, la psychologie est encore tellement dans l'obscurité que la plus grande prudence est ici recommandée. Nous aurons peut-être l'occasion de revenir sur ce qui est au fondement de la thèse selon laquelle le sentiment de plaisir a de fait une qualité spécifique.

Le caractère érogène peut être attaché à telle ou telle partie du corps de manière préférentielle : il y a des zones qui y sont prédestinées, comme le montre l'exemple de la succion du pouce. Mais le même exemple montre aussi que toute autre partie de la peau ou des muqueuses peut remplir cette fonction de zone érogène et doit donc avoir une certaine aptitude à le faire. La production d'une sensation de plaisir tient donc plus à la qualité du stimulus qu'à celle de la partie du corps concernée. L'enfant qui a tendance à sucer cherche sur son corps et choisit un endroit quelconque, qui sera par la suite son préféré par la force de l'habitude ; s'il tombe par hasard sur un endroit prédestiné (mamelon, organes génitaux), celui-ci a bien évidemment sa préférence. Une tendance au déplacement tout à fait analogue se retrouve dans la symptomatologie de l'hystérie : là, le refoulement concerne avant tout les zones génitales réelles et celles-ci transmettent leur sensibilité à la stimulation d'autres zones érogènes (normalement négligées dans la vie adulte) qui se conduisent alors exactement comme les zones génitales. Mais par ailleurs, exactement comme dans le cas de la succion, une autre partie du corps peut acquérir la sensibilité à la stimulation propre aux organes génitaux et devenir ainsi une zone érogène. Les zones érogènes et hystérogènes ont les mêmes caractéristiques.

Le but sexuel infantile

Le but sexuel de la pulsion infantile est d'obtenir satisfaction au moyen d'une stimulation appropriée de la zone érogène qui a été choisie d'une manière ou d'une autre. L'enfant a dû faire antérieurement l'expérience de cette satisfaction de manière à ce qu'il s'ensuive le besoin de la répéter ; on peut penser que la nature aura tout prévu pour que cette expérience de la satisfaction ne puisse être laissée au seul hasard. Nous avons déjà appris quels sont les dispositifs à l'œuvre pour cela dans le cas de la zone labiale : c'est le lien simultané entre cette partie du corps et l'ingestion de nourriture. Nous rencontrerons d'autres sources de la sexualité. Le besoin de répéter une satisfaction se traduit de deux façons : par une impression particulière de tension qui revêt plutôt un caractère déplaisant, et par la sensation de picotement ou de stimulation qui est *contrôlée au niveau central* et projetée à la zone érogène périphérique. Nous pouvons donc reformuler différemment le but sexuel : il consiste à remplacer la sensation de stimulation ainsi projetée dans la zone érogène par un stimulus externe qui remplace cette sensation par un sentiment de satisfaction. Ce stimulus externe est habituellement une sorte de manipulation, analogue à la succion.

La possibilité d'un déclenchement périphérique du besoin par une modification réelle de la zone érogène est totalement cohérente avec les connaissances physiologiques. Ce qui nous semble étrange, c'est seulement que, pour supprimer une stimulation, il en faut une seconde, et au même endroit.

LES MANIFESTATIONS SEXUELLES MASTURBATOIRES

Une fois comprise la nature de la pulsion à partir d'une seule des zones érogènes, on ne peut que se réjouir de ne plus avoir grand chose à apprendre de l'activité sexuelle des enfants. Les distinctions les plus claires entre les différentes zones ont trait aux dispositifs nécessaires pour la satisfaction de la pulsion ; dans le cas de la zone labiale, ce dispositif est la succion et, en fonction de la position et de la nature des autres zones, il doit être remplacé par d'autres actions musculaires.

L'activité de la zone anale

Comme la zone labiale, la zone anale est, en raison de sa localisation, un bon moyen par lequel la sexualité peut *s'étayer* sur d'autres fonctions somatiques. Il faut supposer que la signification érogène de cette partie du corps est importante dès le début. De la psychanalyse, nous apprenons avec étonnement quelles transformations subissent les excitations sexuelles qui viennent de cette zone et avec quelle fréquence elle conserve une part importante de sensibilité génitale tout au long de la vie. Les troubles intestinaux, si fréquents chez l'enfant, ont pour effet que cette zone ne manque pas d'excitations intenses; l'entérite chez le bébé le rend «nerveux» comme on dit et, dans le cas où des troubles névrotiques surviennent plus tard, ces troubles ont une influence déterminante sur les symptômes par lesquels s'exprime la névrose, et toute la gamme de ces troubles se met à sa disposition. Étant donné la signification érogène de la sortie de l'intestin, qui persiste au moins sous une forme modifiée, on ne doit pas se moquer de l'influence des hémorroïdes, auxquelles la médecine ancienne accordait une grande importance dans l'explication des maladies nerveuses.

Les enfants qui recourent à la stimulation érotique de la zone anale le montrent en retenant leurs selles jusqu'à ce que leur accumulation provoque des contractions musculaires violentes; le passage des selles par l'anus peut alors provoquer une stimulation intense de la muqueuse, ce qui cause bien sûr une sensation douloureuse mais aussi une sensation de plaisir. L'un des signes les plus évidents d'excentricité ou de nervosité ultérieure se révèle quand le bébé refuse obstinément de vider son intestin lorsqu'on le met sur le pot – c'est-à-dire quand c'est ce que veut la personne qui s'en occupe – et retient cette fonction jusqu'au moment ou il décide lui-même de l'exercer. Salir son lit ne fait pas du tout partie de ses préoccupations, il ne pense qu'à une chose, ne pas manquer le plaisir secondaire associé à la défécation. Ceux qui élèvent l'enfant ont une fois de plus raison quand ils lui disent qu'il est «vilain».

La rétention des fèces, qui est d'abord l'intention de l'enfant qui veut s'en servir comme stimulation masturbatoire de la zone anale ou l'utiliser dans ses relations avec ceux qui s'occupent de lui, est aussi l'une des racines de la constipation qui est si fréquente chez les névropathes. En outre, pour les névrosés, l'importance de la zone anale est telle qu'ils ont souvent des pratiques, des cérémonials, etc. scatologiques spéciaux qu'ils gardent totalement secrets.

La véritable stimulation masturbatoire de la zone anale avec les doigts, provoquée par une sensation de démangeaison contrôlée centralement ou de manière périphérique, n'est pas rare chez les enfants plus grands.

L'activité des zones génitales

Parmi les zones érogènes du corps de l'enfant, il en est une qui ne joue certainement pas le premier rôle, et qui ne peut pas être porteuse des motions sexuelles précoces, mais qui est cependant destinée à un bel avenir. Chez les garçons comme chez les filles, elle est associée à la miction (le gland et le clitoris); chez les garçons, elle est enveloppée dans un sac muqueux, de telle façon qu'elle ne peut manquer d'être stimulée par les sécrétions, qui déclenchent l'excitation sexuelle précoce. Les activités sexuelles de cette zone érogène, qui est une partie des organes sexuels proprement dits, sont le départ de ce qui est appelé à être la vie sexuelle « normale ».

Cette région a une position anatomique particulière, elle déborde de sécrétions, elle est lavée et frottée quand on fait la toilette de l'enfant ou bien à d'autres occasions par hasard (le déplacement des vers intestinaux chez les filles par exemple) : il est donc inévitable que la sensation de plaisir que cet endroit peut produire soit remarquée par l'enfant même en son tout jeune âge, et qu'elle déclenche un besoin de la répéter. Étant donné tout l'ensemble de ces dispositifs et puisque faire une saleté ou se laver pour être propre ont à peu près le même effet, il est difficile de ne pas conclure que la masturbation infantile, à laquelle aucun individu ou presque n'échappe, est au fondement de la primauté future de cette zone dans l'activité sexuelle. L'action qui débarrasse du stimulus et apporte une satisfaction consiste en un frottement par la main ou une pression (sans aucun doute dépendants d'un réflexe préexistant) exercée par la main ou le resserrement des cuisses. Ce dernier est en outre beaucoup plus fréquent chez les filles. Les garçons préfèrent la main, ce qui témoigne déjà de l'importante contribution de la pulsion d'emprise dans la vie sexuelle masculine.

La seconde phase de masturbation infantile

La masturbation précoce semble disparaître au moment de la période de latence ; mais elle peut persister continuellement jusqu'à la puberté, ce qui constituerait la première grande déviation par rapport au déroulement du développement de l'homme civilisé. À certains moments ultérieurs de l'enfance, la pulsion sexuelle attachée à la zone génitale réapparaît et persiste encore un moment avant d'être une fois de plus réprimée, ou bien se maintient sans interruption. Cette *seconde* phase d'activité sexuelle infantile peut prendre des formes diverses qui ne peuvent être identifiées que par l'analyse précise de cas individuels. Mais toutes ces formes laissent derrière elles des traces (inconscientes) profondes, déterminent le développement du caractère dans le cas de la normalité, et une symptomatologie névrotique quand la maladie apparaît après la puberté. Dans ce cas-là, cette période sexuelle semble avoir été oubliée et le souvenir conscient en est déplacé (J'ai déjà évoqué qu'il y a à mon sens une corrélation entre l'amnésie infantile normale et l'activité sexuelle infantile). La recherche psychanalytique nous permet de rendre conscient ce qui a été oublié et donc d'éliminer la contrainte qu'exerce le matériel psychique inconscient.

Le retour de la masturbation infantile précoce

Pendant les années dont je vais parler maintenant, l'excitation sexuelle de la première enfance revient (on ne sait pas précisément à quelle époque) soit comme chatouillement déterminé centralement avec recherche de satisfaction masturbatoire, soit comme processus menant à une pollution qui, comme les pollutions chez l'adulte, est libérée sans aucune action. Ce second cas est plus fréquent chez les filles et dans la seconde moitié de l'enfance ; ce qui en est la cause n'est pas très clair et souvent, mais pas invariablement, il semble qu'il y ait eu auparavant une masturbation active. Les symptômes de ces manifestations sexuelles ne sont pas très nombreux, ils concernent surtout, plus que l'appareil sexuel encore peu développé, l'appareil urinaire qui semble en être le représentant. La plupart de ce qu'on considère comme des troubles de la vessie dans ces années-là sont en fait des perturbations de la sexualité : l'énurésie nocturne, quand elle ne dépend pas d'un trouble épileptique, correspond en fait à une pollution.

Ce retour d'une activité sexuelle est déterminé par des causes internes et des circonstances externes qu'on peut l'une et l'autre deviner, dans les cas de névroses, à partir des symptômes, et qu'on peut découvrir avec certitude par la recherche psychanalytique. J'aurai l'occasion de revenir aux causes internes, mais les facteurs externes, contingents, ont une très grande importance à cette période et par la suite : au premier plan, les effets de la séduction, qui fait prématurément de l'enfant un objet sexuel et lui apprend, à des moments de fortes émotions, comment se satisfaire avec ses zones génitales, satisfaction qu'il est ensuite souvent contraint de répéter encore et encore par la masturbation. Ce facteur-là peut venir soit des adultes, soit d'autres enfants. Je ne pense pas avoir exagéré, dans mon texte sur « L'étiologie de l'hystérie »

(1896), la fréquence et l'importance de ce facteur ; à l'époque, je ne savais pas que des personnes qui étaient restées normales pouvaient avoir eu les mêmes expériences au cours de leur enfance, et c'est pourquoi j'ai surestimé l'importance de la séduction par rapport aux facteurs sexuels constitutionnels et développementaux [1]. Il est bien évident que, pour éveiller la vie sexuelle d'un enfant, la séduction n'est pas indispensable puisque cet éveil peut être produit spontanément par des causes internes.

La prédisposition perverse polymorphe

Il est vraiment intéressant de constater que, sous l'influence de la séduction, l'enfant peut devenir un pervers polymorphe, et être amené à tous les types possibles de transgression sexuelle. C'est ce qui révèle qu'il a pour cela une aptitude innée, et qu'il n'y a quasiment pas de résistance à les mettre en œuvre puisque les digues psychiques contre de tels excès sexuels (la honte, le dégoût et la morale) ne sont pas encore érigées ou sont tout juste en train de l'être, selon l'âge de l'enfant. À cet égard, les enfants se conduisent de la même manière qu'une femme très moyennement cultivée chez laquelle persiste la même prédisposition perverse polymorphe. Dans des conditions ordinaires, elle reste normale

---

1. Havelock Ellis a publié de nombreux récits autobiographiques écrits par des gens le plus souvent normaux dans leur vie ultérieure qui décrivaient leurs premières motions sexuelles et les occasions qui les avaient déclenchées. Évidemment, il manque dans ce cas le récit de la période préhistorique de ces vies sexuelles, voilée par l'amnésie infantile ; seule la psychanalyse d'un individu qui a développé une névrose peut combler ce genre de lacune. Et pourtant, sous plus d'un aspect, ces histoires présentent de l'intérêt et, avec d'autres du même type, elles m'ont amené à modifier les hypothèses étiologiques que j'avais proposées dans ce texte.

sexuellement, mais si elle est manipulée par un séducteur malin, elle trouvera à son goût toutes les sortes de perversions et les intégrera à ses propres conduites sexuelles. Les prostituées exploitent cette même disposition polymorphe, c'est-à-dire infantile, pour exercer leur travail et, étant donné le nombre immense de femmes qui se prostituent ou qui (comme on peut le supposer) ont une aptitude à la prostitution sans la pratiquer, il est impossible de nier que cette prédisposition aux perversions de toutes sortes est une caractéristique générale et fondamentale de l'être humain.

Les pulsions partielles

Quoi qu'il en soit, les effets de la séduction ne nous disent rien de l'histoire précoce de la pulsion sexuelle ; ils perturbent notre manière de voir en nous indiquant que les enfants ont prématurément un objet sexuel dont la pulsion sexuelle infantile n'a nullement besoin. Il faut cependant admettre que la vie sexuelle infantile, en dépit de la prépondérance des zones érogènes, a des composantes qui, dès le début, font des autres personnes des objets sexuels. Il en va ainsi de la pulsion scopique [1], de l'exhibitionnisme, de la cruauté qui semblent en un certain sens indépendantes des zones érogènes ; ces pulsions n'entrent que plus tard en relation étroite avec la vie sexuelle mais on les observe déjà dans l'enfance comme pulsions partielles, distinctes d'abord de l'activité sexuelle érogène. Les petits enfants ignorent la honte et à certains moments de leurs toutes premières années prennent un plaisir manifeste à exposer leur corps, et tout particulièrement leurs parties sexuelles. La contrepartie de ce penchant pervers supposé, la curiosité de voir les parties génitales d'autrui,

---

1. Ou pulsion de regarder, de voir (*NdT*).

n'intervient que tard dans l'enfance, lorsque l'obstacle érigé
par un sentiment de pudeur a atteint un certain développement.
Sous l'influence de la séduction, la perversion scopique peut
devenir très importante dans la vie sexuelle de l'enfant, mais
mes recherches sur la petite enfance de personnes normales et
de névrosés m'ont conduit à la conviction que cette pulsion
scopique peut aussi apparaître chez les enfants de manière
spontanée. Les petits enfants dont l'attention a été une fois
attirée – habituellement par la masturbation – vers leurs
propres parties génitales font souvent le pas suivant sans intervention extérieure et développent un vif intérêt pour les
organes génitaux de leurs camarades. Puisque les occasions de
satisfaire une telle curiosité ne se produisent qu'au moment de
la satisfaction des deux besoins d'excrétion, ces enfants
deviennent des voyeurs[1], des spectateurs passionnés des
opérations de miction et de défécation. Quand ce penchant est
refoulé, le désir de voir les parties génitales des autres (de
même sexe ou non) persiste comme une compulsion qui
tourmente et qui, dans certains cas de névrose, constitue
ensuite la force pulsionnelle la plus puissante de formation de
symptômes.

   La cruauté, qui est une composante de la pulsion sexuelle,
se développe dans l'enfance de manière encore plus indépendante des activités sexuelles attachées aux zones érogènes. La
cruauté vient aisément au caractère enfantin parce que
l'obstacle qui freine la pulsion d'emprise devant la douleur
d'autrui – l'aptitude à la pitié – n'est construit que tardivement.
L'analyse psychologique fondamentale de cette pulsion n'est
pas encore satisfaisante, comme on le sait. Nous avons des
raisons de penser que ces motions cruelles ont une origine

---

1. En français dans le texte (*NdT*).

indépendante de la sexualité, mais qu'elles peuvent, par une connexion avec les origines de celle-ci, entrer très tôt en relation étroite avec elle. On observe cependant qu'entre le développement sexuel et celui de la pulsion scopique (ou de la pulsion de cruauté) des interférences limitent aussi l'indépendance entre les deux pulsions. Les enfants qui font preuve d'une cruauté spéciale envers les animaux et leurs camarades incitent à supposer, souvent à juste titre, qu'ils ont une activité sexuelle intense et précoce venant de leurs zones érogènes ; même si une maturité précoce peut être le fait de toutes les pulsions sexuelles en même temps, il semble néanmoins que l'activité sexuelle érogène soit la première. L'absence de pitié fait courir le risque que le lien, établi dans l'enfance, entre pulsion de cruauté et pulsion sexuelle, demeure indissoluble ultérieurement. Depuis les *Confessions* de Jean-Jacques Rousseau, tous ceux qui éduquent des enfants savent que la stimulation douloureuse de la peau des fesses est l'une des racines érogènes de la pulsion de cruauté passive (masochisme). Et ils en ont tiré la conclusion tout à fait fondée que les châtiments corporels sur cette partie de l'anatomie ne doivent pas être utilisés sur tout enfant dont la libido pourrait être déviée vers des voies collatérales par les demandes ultérieures de la culture.

LES SOURCES DE LA SEXUALITÉ INFANTILE

Nos efforts pour retrouver les origines de la pulsion sexuelle ont montré jusqu'ici que l'excitation sexuelle a) reproduit une satisfaction éprouvée en relation avec d'autres processus organiques, b) se produit grâce à une stimulation périphérique appropriée des zones érogènes, c) est l'expression de certaines « pulsions » dont l'origine ne nous est pas encore complètement intelligible (la pulsion scopique et la pulsion de cruauté). L'investigation psychanalytique, qui remonte à l'enfance à partir d'un moment ultérieur, ainsi que l'observation des enfants eux-mêmes, nous montrent l'une comme l'autre que d'autres sources encore sont régulièrement à l'origine de l'excitation sexuelle. L'observation directe des enfants a l'inconvénient d'apporter des données qu'il est facile de mal comprendre ; la psychanalyse est rendue difficile parce qu'elle ne peut parvenir à des données et à des conclusions qu'après de longs détours. Mais en s'unissant, ces deux méthodes peuvent nous mener à des découvertes suffisamment certaines.

Nous avons déjà appris, en nous intéressant aux zones érogènes, que ces régions de la peau révèlent seulement un type spécial d'intensification de la sensibilité à un stimulus, sensibilité qui est le fait, à un certain degré, de toute la surface cutanée. Nous ne serons donc pas surpris qu'il faille attribuer un effet érogène très précis à certains types de stimulation de la peau en général. Parmi eux, mentionnons spécialement la chaleur, dont l'importance permet de comprendre les effets thérapeutiques des bains chauds.

Les excitations mécaniques

Nous devons maintenant évoquer la production de l'excitation sexuelle par un mouvement rythmé, mécanique, du corps, stimulation qui agit de trois manières différentes : sur l'appareil sensoriel des nerfs vestibulaires, sur la peau et sur des parties profondes (les muscles et les structures arti-culaires). Ces sensations de plaisir – et il faut bien comprendre qu'ici les concepts d'« excitation sexuelle » et de « satisfac-tion » peuvent tout à fait être utilisés sans distinction, ce que nous devrons expliquer plus loin – ces sensations donc, causées par une certaine agitation mécanique du corps, sont attestées par le goût des enfants pour les jeux de mouvement passif, comme être balancé et envoyé en l'air, et le fait que les enfants exigent que ces jeux soient en permanence répétés[1]. On sait qu'on berce les enfants agités pour les endormir, que les enfants plus grands aiment tellement les voyages en voiture ou en train, qui les secouent, que chaque garçon, à un moment ou l'autre de sa vie, a eu envie de devenir cocher ou conducteur. C'est tout à fait fascinant de voir tant de garçons porter un intérêt si intense, étonnant, à tout ce qui a trait au train et, à l'âge où ils sont vraiment capables de produire des fantasmes (un peu avant la puberté), à en faire le centre d'une symbolique éminemment sexuelle. Le lien compulsif qui se noue entre les voyages en train et la sexualité provient clairement du caractère plaisant de ces sensations de mouvement. S'il fait l'objet d'un refoulement, qui renverse en leur contraire bien des préférences enfantines, ces mêmes individus à l'adolescence ou à l'âge adulte réagiront au bercement et au balancement par des nausées, seront épuisés par un voyage en train ou auront des attaques d'angoisse pendant le voyage ; ils se protégeront contre la répétition de ces expériences désagréables par une *peur panique* des voyages en train.

Il nous faut à nouveau évoquer à ce stade que la combinaison de l'effroi et de l'agitation mécanique provoque une névrose grave, hystériforme, traumatique, et nous ne comprenons pas encore pourquoi. On peut en tout cas émettre l'hypothèse que ces influences qui, lorsqu'elles sont de faible intensité, produisent une excitation sexuelle, peuvent engendrer un trouble profond du mécanisme sexuel si elles sont de forte intensité.

---

1. Certains se souviennent qu'en se balançant ils ont ressenti l'effet de ce déplacement d'air sur leurs parties génitales comme un plaisir sexuel direct.

L'activité musculaire

Nous savons très bien que les enfants ont un très grand besoin d'exercices musculaires et prennent un plaisir fou à le satisfaire. On pourrait discuter pour savoir si ce plaisir est lié ou non à la sexualité, s'il est fait en partie d'excitation sexuelle, s'il peut devenir l'occasion d'une excitation sexuelle et si, comme nous l'avons dit plus haut, le plaisir qui dérive de sensations de mouvement passif est de nature sexuelle ou produit une excitation sexuelle. Il n'en reste pas moins que beaucoup de gens disent avoir ressenti les premiers signes d'excitation dans leurs parties génitales quand ils se battaient avec leurs camarades, situation dans laquelle, à côté d'une tension musculaire générale, il y a beaucoup de contacts avec la peau de l'adversaire. Ce penchant à la bagarre physique avec une personne en particulier qui va, dans les années ultérieures, jusqu'à un penchant pour les disputes (« les querelles d'amoureux »), est un bon indice que s'est dirigé sur cette personne un choix d'objet. L'une des racines de la pulsion sadique semble bien être que l'activité musculaire favorise l'excitation sexuelle. Le lien dans l'enfance entre bagarre et excitation sexuelle est chez beaucoup l'un des déterminants de la direction que prendra ensuite la pulsion sexuelle.

Les processus affectifs

Les autres sources de l'excitation sexuelle chez les enfants nous sont mieux connues. Il est facile de montrer, que ce soit par observation directe ou par exploration ultérieure, que tous les processus affectifs intenses, y compris ceux qui sont terrifiants, ont quelque chose à voir avec la sexualité – ce qui peut permettre incidemment d'expliquer l'effet pathogène de ces émotions. Chez les enfants scolarisés, la peur de passer un examen ou le stress devant un devoir difficile peuvent avoir une incidence importante non seulement sur les relations de l'enfant avec l'école mais aussi sur l'irruption de manifestations sexuelles : il est en effet fréquent dans de telles circonstances que la stimulation soit telle que l'enfant ressente le besoin de toucher ses parties génitales ou que survienne quelque chose qui ressemble à une pollution avec toutes ses conséquences gênantes. Le comportement des enfants à l'école, qui confronte l'enseignant à pas mal de difficultés, mérite en général d'être relié à la construction de leur sexualité. L'effet généralement excitant de bien des affects qui sont eux-mêmes désagréables (comme l'appréhension, la terreur ou l'horreur) persiste chez de nombreux adultes. Il ne fait aucun doute que c'est ce qui explique pourquoi tant de gens cherchent l'occasion de ressentir ce genre de sensations, à condition toutefois que l'ampleur du sentiment désagréable soit atténuée par certains éléments de contexte (qu'il survienne dans un monde de fiction, dans un livre ou dans une pièce de théâtre).

Si nous faisons l'hypothèse que des sensations intensément douloureuses sont aussi liées à un effet érogène, par exemple quand la douleur est atténuée ou tenue à distance par une circonstance quelconque, nous pourrions tenir là l'une des racines principales de la pulsion sadomasochiste dont, très progressivement, nous approchons la grande complexité.

Le travail intellectuel

Pour finir, il est indéniable que la concentration de l'attention dans un travail intellectuel et la tension mentale en général produisent une excitation sexuelle chez beaucoup de jeunes comme chez les adultes. Il ne fait aucun doute que c'est ce qui justifie l'affirmation, par ailleurs très discutable, que le « surmenage » intellectuel est la cause des troubles nerveux.

Après avoir tenté de déterminer les sources de l'excitation sexuelle infantile et même sans les avoir toutes décrites

de manière exhaustive, on en arrive avec plus ou moins
de certitude aux conclusions suivantes : il semble que tout
concorde pour que soit mis en œuvre le processus d'excitation
sexuelle, dont la nature est devenue pour nous, il faut bien le
dire, très obscure. Ce processus est d'abord et avant tout
déclenché de manière plus ou moins directe par les excitations
des surfaces sensibles (la peau et les organes des sens), et
beaucoup plus directement par l'action de certaines stimulations de zones connues pour être érogènes. L'élément décisif
de ces sources d'excitation sexuelle est sans aucun doute la
qualité des stimuli, même si leur intensité, comme dans le cas
de la douleur, n'est pas totalement indifférente. Mais à côté de
ces sources, certains dispositifs dans l'organisme font en sorte
que, pour un grand nombre de processus internes, l'excitation
sexuelle survient comme effet concomitant dès que l'intensité
de ces processus passe un certain seuil quantitatif. Ce que nous
avons appelé les pulsions sexuelles partielles sont soit dérivées
directement de ces sources internes, soit constituées d'éléments provenant de ces sources autant que des zones érogènes.
Il se peut que tout ce qui se produit d'important dans l'organisme contribue à l'excitation de la pulsion sexuelle.

Pour l'instant, il ne m'est pas possible de formuler plus
clairement, et avec plus de certitude, ces conclusions générales, et cela pour deux raisons : la nouveauté d'abord de cette
méthode d'approche du sujet et ensuite notre ignorance totale
de la nature de l'excitation sexuelle. Malgré tout, je voudrais
faire deux observations qui dans l'avenir ouvriront de larges
perspectives :

a) La variété des constitutions sexuelles

Tout comme nous avons vu précédemment qu'une
multitude de constitutions sexuelles innées peuvent dériver de
variations dans le développement des zones érogènes, nous

pouvons maintenant essayer d'inclure les sources indirectes d'excitation sexuelle. On peut supposer que, bien que chez chacun de nous ces sources apportent leur contribution, celle-ci n'a pas toujours la même force pour chacun, et que ce qui différencie les constitutions sexuelles entre elles, c'est la variabilité du développement de ces sources d'excitation sexuelle chez les individus.

b) Les réseaux d'influence réciproque

Si maintenant nous renonçons à parler, de manière figurée, de « sources » d'excitation sexuelle, nous pouvons supposer que toutes les voies connectées qui mènent, à partir d'autres fonctions, à la sexualité doivent aussi pouvoir être empruntées dans le sens inverse. Par exemple, la zone labiale est utilisée en commun par deux fonctions ; si c'est la raison pour laquelle la satisfaction sexuelle survient pendant l'alimentation, alors c'est aussi ce qui nous permet de comprendre pourquoi il y a des troubles de l'alimentation quand les fonctions érogènes de cette zone commune sont perturbées. Ou encore : la concentration de l'attention peut mener à une excitation sexuelle ; il est donc plausible qu'en empruntant le même trajet, mais en sens inverse, l'état d'excitation sexuelle puisse orienter l'attention. Une bonne part de la symptomatologie des névroses, que j'ai rapportée à des perturbations des processus sexuels, s'exprime dans des troubles d'autres fonctions somatiques, non sexuel-les, et ce phénomène jusqu'ici incompréhensible s'éclaire : il n'est que la contrepartie des influences qui provoquent l'excitation sexuelle.

Les voies par lesquelles les perturbations sexuelles ont un impact sur les autres fonctions somatiques doivent cependant remplir chez le sujet normal une autre fonction : c'est par elles que doit passer l'attraction des forces de la pulsion sexuelle pour atteindre celles qui ne sont pas sexuelles, c'est-à-dire la sublimation de la sexualité. Une confession pour finir : nous savons peu de choses avec certitude sur ces voies, mêmes s'il est certain qu'elles existent et peuvent être empruntées dans les deux sens.

DEUXIÈME PARTIE

LIBIDO, TRANSFERT ET NARCISSISME

ALFRED ADLER

LA PULSION D'AGRESSION DANS LA VIE ET DANS LA NÉVROSE (1908)

PRÉSENTATION

Alfred Adler (1870-1937) est l'un des premiers disciples de Freud à Vienne où il fit des études de médecine (jusqu'en 1895, date à laquelle il obtient le grade de Docteur) avant d'intégrer le cercle freudien en 1902, de devenir un membre important de l'Association Psychanalytique Internationale fondée par Freud en 1910 et corédacteur avec Wilheim Stekel du *Zentralblatt für Psychoanalyse*.

Mais il sera aussi le premier dissident du freudisme. Dès 1911, il quitte l'Association Psychanalytique Internationale pour se consacrer à la «psychologie individuelle» au sein d'une société concurrente, qu'il nommera d'abord « Société de recherche psychanalytique libre» (*Verein für Freie Psychanalytische Forshung*) – sans doute pour souligner que les recherches au sein du cercle freudien n'étaient pas tout à fait «libres» – puis «Société de psychologie individuelle» (*Verein für Individual psychologie*).

Comme la plupart des ruptures avec le fondateur de la psychanalyse, celle-ci repose, outre les problèmes de personne, sur un désaccord quant au rôle de la pulsion sexuelle dans la formation des névroses. Un désaccord qui se manifeste dès 1908, dans le texte ici présenté ; texte qui amorce la rupture et dont l'objet central est de montrer que les névroses ne sont pas le résultat d'un dysfonctionnement de la libido, mais sont plutôt l'effet de la mauvaise compensation d'un sentiment d'infériorité par une pulsion fondamentale : la pulsion d'agression. Le point de départ de l'analyse est le cas du sadisme et de son pendant, le masochisme. Comme nous aurons en effet l'occasion de le voir, surtout à propos de la rupture avec Wilhelm Reich et de l'élaboration par Freud de la pulsion de mort, le sadisme et le masochisme posent un problème particulier à la psychanalyse puisque, en raison de l'attitude apparemment paradoxale qu'ils suggèrent, il est difficile de les comprendre du seul point de vue de la libido et du principe de plaisir.

Les réflexions d'Adler, d'abord spécialiste de l'ophtalmologie, sur les fonctions de cette pulsion d'agression, s'appuient sur le modèle de la compensation biologique de l'infériorité de l'activité de certains organes par une pulsion : « l'œil de qualité inférieure a une plus forte pulsion de regarder ». Cette infériorité ou inhibition peut aussi bien atteindre les organes sexuels que les organes des sens, digestifs, etc. Cette inhibition des fonctions naturelles de l'organe et l'augmentation de la pulsion (de manger, de toucher, de voir, etc.) qui lui est liée sont à l'origine de la névrose. D'autant que ces pulsions peuvent se lier entre-elles (voir, sentir et manger, par exemple ; ou, comme dans le masochisme, la pulsion sexuelle se lie à la pulsion d'agression) : l'infériorité d'un organe pouvant ainsi entraîner avec elle l'inhibition ou au contraire la compensation de tout un ensemble de pulsions.

Dès lors, les autres organes et l'individu lui-même auront tendance à compenser toute infériorité, d'une manière ou d'une autre, par une pulsion. Et si la compensation ne prend pas la bonne voie, elle produit la névrose. Ainsi, la formation de la pulsion est-elle, selon Adler, le résultat de « la contrainte exercée par le monde extérieur et par ses exigences ; son but est déterminé par la satisfaction du besoin de [l']organe et la recherche du plaisir dans l'environnement.» Cependant, le plaisir ne se rapporte pas nécessairement à la satisfaction sexuelle, mais plus généralement à la satisfaction des fonctions de l'organe. La pulsion peut ainsi être bloquée dans son expansion, soit par une autre pulsion concurrente, soit par des contraintes extérieures (socio-culturelles surtout). C'est alors qu'elle suscite une compensation ou un déplacement de la force pulsionnelle. On retrouve ici en partie l'énergétique des pulsions de Freud, ce qui fera dire à certains que les visions de Freud et d'Adler ne sont pas incompatibles : un avis que les deux protagonistes concernés ne partagent pas.

Le processus d'inhibition par la culture (qui enjoint, par exemple, à l'homme un caractère viril et à la femme une plus grande docilité) produit ce qu'Adler appelle la « superstructure psychique » des individus, incarnée à la fois dans leur constitution physique et leur système nerveux et dans leur caractère. Elle est l'assimilation par l'individu des voies possibles de la satisfaction des besoins organiques (et pulsionnels), de ses « possibilités » et de ses « capacités d'action ». Elle est la force de compensation d'un déficit de l'organe. Lequel déficit peut tout à fait être, de même que la qualité de l'organe, héréditaire (au sens où il serait le résultat de la sélection naturelle et non de l'hérédité d'un acquis transmis biologiquement d'une génération à une autre).

La pulsion d'agression relève de cette superstructure psychique, elle correspond à l'attitude primaire d'hostilité du nouveau né, attitude de compensation face à un environnement nécessairement frustrant. Cette pulsion d'agression s'exprime dans l'ensemble de nos pulsions compensatrices.

Certains ne peuvent s'empêcher de voir dans cette conception organique de la formation du caractère un écho aux difficultés à la fois physiques (Adler était gravement malade et amoindri pendant son enfance) et psychiques (relatives à un complexe d'infériorité vis-à-vis du grand frère) d'Adler lui-même.

Ce dernier place ainsi au cœur du processus névrotique, non pas le refoulement, mais la pulsion d'agression et son inhibition; un concept inspiré de la volonté de puissance de Nietzsche. Selon lui, ce n'est plus la seule inhibition de la pulsion sexuelle qui est pathogène, mais l'inhibition de cette pulsion d'agression innée.

Le véritable point de rupture des théories freudienne et adlérienne se trouve dans l'importance centrale que la dernière accorde à la pulsion d'agression, c'est-à-dire à la position (qu'Adler finira par qualifier de « masculine ») de domination. L'individu, selon Adler, ne cesse de lutter pour exercer ou recouvrer une position de domination, il se bat pour acquérir un statut et une reconnaissance. C'est de l'inhibition de cette pulsion d'agression, congénitale ou socialement induite, qu'émerge la pathologie psychique.

Adler concentre ainsi son analyse du caractère et de l'origine des névroses sur une théorie du moi où l'inconscient joue un rôle mineur voire inexistant. Il abandonne quasiment les notions, centrales dans la psychanalyse freudienne, de refoulement, de sexualité infantile et même d'inconscient, pour accorder un rôle plus important aux aspects sociologiques de la conscience [1]. Il remet ainsi en question le rôle structurant fondamental du complexe d'Œdipe, qu'il considère comme secondaire et fabriqué de toute pièce par la psychanalyse.

Pour Adler, l'origine de la névrose est à chercher avant tout dans la culture, la société et les institutions. Il faut dire qu'Adler est, contrairement à Freud, un militant socialiste proche des idées de Marx.

---

1. Voir S. Freud, « Pour introduire le narcissisme », *infra*, p. 232-233.

Ce qu'il appellera plus tard les positions « masculine » (de supériorité et d'agressivité) et « féminine » (d'infériorité), pour requalifier le sentiment d'infériorité et sa compensation par la pulsion d'agression, ne vise pas à reconduire une distinction biologique ou naturelle des sexes, mais plutôt à repenser cette polarité dans les termes de la société occidentale patriarcale de son époque, pour mieux la dénoncer.

Freud n'est bien sûr pas à l'aise avec les positions politiques d'Adler et les historiens relèvent souvent une incompatibilité de caractère entre les deux hommes : Adler étant bien trop imposant, ils apparaissent vite l'un à l'autre comme des concurrents plutôt que des collaborateurs scientifiques. Les mauvaises langues diront que Freud n'acceptait pas une remise en question aussi radicale de sa théorie psychanalytique. Il voit en effet dans l'approche d'Adler non seulement un rejet de la centralité de la sexualité (en particulier infantile), mais aussi un aspect rétrograde dans son rejet d'une psychologie de l'inconscient au profit d'une psychologie du moi voire même d'une biologie (puisque Adler s'appuie centralement sur la continuité entre une infériorité d'organe et un sentiment d'infériorité psychologique). Adler n'utilise cependant pas davantage l'analogie et le vocabulaire biologiques que Freud. Il insistera même de plus en plus sur les facteurs extérieurs, socio-culturels de la névrose. Enfin la psychologie d'Adler est pour Freud une psychologie générale et non une psychologie de la sexualité (à laquelle sont substitués d'autres motifs). Autrement dit il ne s'agit plus désormais, aux yeux de Freud, d'une psychanalyse. Adler finira d'ailleurs par renoncer au nom « psychanalyse », pour lui préférer celui de « psychologie individuelle ».

LA PULSION D'AGRESSION
DANS LA VIE ET DANS LA NÉVROSE (1908) *

L'application de la méthode freudienne, qui permet de découvrir la vie psychique inconsciente des sujets normaux et des névrosés, conduit à reconnaître la réalité des motions perverses qui, quoique refoulées hors de la conscience dans les névroses et les psychonévroses, ont néanmoins conservé leur influence sur l'équilibre psychique : il est en effet facile de considérer ces motions comme les sources pathogènes du comportement, de la pensée et des états affectifs. La part prise à ce phénomène par le sadisme et son contraire, le masochisme [1], *dont je crois avoir décelé qu'il était le facteur conduisant le plus directement à la maladie nerveuse*, est à cet égard tout à fait remarquable. L'exposé qui suit doit être considéré comme une tentative de présentation programmatique de la *pulsion d'agression*, de son destin et de ses stades, dont je dois affirmer qu'elle est à la base du sadisme.

* A. Adler, « Der Agressiontrieb in Leben und in der Neurose », in *Fortschritte der Medizin*, 1908, 26/19, p. 577-584. Traduction par Jeanne-Marie Roux et Sébastien Schick.

1. Voir aussi S. Freud, « Trois essais sur la théorie sexuelle », *Œuvres complètes*, vol. VI, Paris, P.U.F., 2006, p. 60-182.

Jusqu'à présent, toutes les études du sadisme et du masochisme se fondaient sur des manifestations *sexuelles* auxquelles étaient mêlées des tendances à la cruauté. La force pulsionnelle est pourtant manifestement fondée, chez les sujets normaux (caractère viril de la sexualité), les pervers et les névrosés (voir ci-dessous), sur *deux pulsions originellement séparées*, qui plus tard se sont *liées*. Il en résulte donc que le sadomasochisme correspond à deux pulsions conjointes, la pulsion sexuelle et la pulsion d'agression. On retrouve très souvent de telles liaisons dans la vie pulsionnelle adulte. Ainsi la pulsion de manger apparaît liée à la pulsion de voir et à celle de sentir (voir les résultats de Pavlov) et la pulsion d'écouter à celle de voir (*audition colorée*[1], don musical). En un mot, toute pulsion observable peut être liée à une ou à plusieurs autres pulsions, parmi lesquelles on compte parfois les pulsions d'uriner et de déféquer. Dès lors, « la pulsion » ne renvoie à rien de plus qu'à une abstraction, à la somme des fonctions élémentaires d'un organe et de ses voies nerveuses. La formation et le développement de cette pulsion résultent de la contrainte exercée par le monde extérieur et par ses exigences ; son but est déterminé par la satisfaction du besoin de cet organe et la recherche du plaisir dans l'environnement. Dans tous les types frappants de caractère, dont la physionomie générale est toujours le résultat de la liaison de pulsions, où *une ou plusieurs pulsions* constituent *l'axe central de la psyché*, la pulsion sexuelle joue un rôle prépondérant. Un grand nombre de psychanalyses de personnes normales, névrosées ou perverses, d'artistes ou de poètes, vivants ou morts, laissent toujours apparaître, à propos de leur vie pulsionnelle et de sa manifestation, les phénomènes suivants :

---

1. En français dans le texte (*NdT*).

I. On peut établir avec certitude *la persistance de chaque pulsion et de sa relation à d'autres pulsions* tout au long de la vie de l'individu et, au-delà celle-ci, dans son hérédité. Ce point de vue est lourd de signification pour les nombreuses questions qui concernent la formation du caractère et sa transmission héréditaire, les problèmes à l'intérieur de la famille et de la race, la psychogenèse des névroses, la création artistique et le choix de la profession, mais aussi le crime.

II. Ce qui, des pulsions, pénètre dans la conscience (que ce soit sous forme d'idée, de souhait, ou d'envie) et ce qui s'exprime auprès de l'entourage par des mots ou par des actes peut provenir directement d'une ou plusieurs pulsions et avoir connu des transformations, des raffinements et des spécialisations culturelles (sublimation de Nietzsche ou de Freud). Dans un second cas de figure, la pulsion est bloquée dans sa tendance à l'expansion par une barrière créée par la culture ou par une autre pulsion; sans quoi, n'ayant rencontré aucune contrainte, elle aurait épuisé toutes les possibilités de relation à son environnement en se développant davantage et se serait imposée pour ainsi dire à l'ensemble du monde (inhibition de la pulsion de regarder en lien avec les matières fécales; inhibition de la pulsion de manger dirigée vers des mets qui sentent mauvais; inhibition de la pulsion par une relation inadéquate; inhibition de la pulsion de regarder dans la lutte contre la masturbation). L'inhibition de la pulsion doit être considérée comme une performance psychique active et conduit, dans le cas des pulsions fortes, à des phénomènes très caractéristiques, et cela d'autant plus que la quantité de force pulsionnelle à réfréner est élevée, ce qui suppose une dépense d'énergie psychique soutenue. *À l'inhibition de la pulsion dans l'inconscient correspondent, dans la conscience, des manifestations tout à fait caractéristiques,* parmi lesquelles certaines, que voici, ont été surtout mises au jour par la psychanalyse :

1. *Retournement de la pulsion en son contraire* (par exemple, la pulsion inconsciente de manger correspond, dans le conscient, à un vague refus de se nourrir ; de façon presque analogue, à l'avarice ou à la jalousie correspond la générosité).

2. *Déplacement de la pulsion vers un autre but* (l'amour incestueux inconscient pour le père se transforme, dans le conscient, en penchant pour le professeur, le médecin, le cousin, etc. ; ou alors le refoulement va si loin que la pulsion sexuelle ne peut s'écouler que dans une direction pervertie – homosexuelle).

3. *Orientation de la pulsion sur la personne propre* (par exemple, à la pulsion de regarder refoulée dans l'inconscient correspond dans le conscient la pulsion d'être regardé soi-même ; exhibitionnisme, mais aussi, *conséquences plus lointaines, racine de la folie de l'observation, des grandeurs et de la persécution* dans le cas de la paranoïa et de la démence précoce).

4. *Déplacement de l'énergie sur une autre pulsion forte*, qui s'exprime le plus souvent sous la forme décrite en 1. (retournement de la pulsion en son contraire). (Par exemple, le refoulement de la pulsion sexuelle augmente l'activité de la pulsion de regarder de telle manière qu'ou bien des symboles sexuels sont aperçus partout, ou bien la vision consciente des symboles sexuels, par exemple, est entravée lors des crises nerveuses – absences, crises hystériques, agoraphobie, etc.).

« Regarder ou entendre à l'intérieur de soi », en lien avec les souvenirs, l'intuition, l'introspection, le pressentiment, l'illusion, l'hallucination et la peur, relève de la pulsion dirigée sur la personne propre.

Ces perspectives sont de la plus grande importance pour la compréhension de la culture, de la religion, de la conscience, de l'oubli, de la morale, de l'éthique, de l'esthétique, de l'angoisse et des symptômes de refoulement dans les psychonévroses.

III. *La psychanalyse nous permet de rapporter chaque pulsion à l'activité primaire d'un organe*, dont le but est d'obtenir du plaisir. Cette activité inclut le fonctionnement non inhibé des organes des sens, du tube digestif, de l'appareil respiratoire, de l'appareil urinaire, de l'appareil locomoteur et de l'organe sexuel. À ce stade, le concept de « plaisir sexuel » peut uniquement être attribué aux sensations de l'appareil sexuel ; ensuite n'importe quelle sensation d'organe peut paraître liée à l'érotisme en raison de la « liaison de pulsions » évoquée précédemment. La *superstructure psychique*[1] se constitue sous l'effet de l'inhibition par la culture, qui n'autorise que certaines voies pour obtenir du plaisir. C'est dans cette superstructure, dont le substrat organique est composé de parties des fibres nerveuses afférentes et efférentes ainsi que de cellules nerveuses en relation avec l'organe, que se fondent les possibilités et les capacités d'action de l'homme normal et du névrosé. Cet appareil, capable de se développer jusqu'à un certain degré et jusqu'à un certain âge, se développe habituellement de telle sorte qu'il est capable, d'une façon ou d'une autre, de satisfaire le désir de l'organe, c'est-à-dire la pulsion de l'organe. Par conséquent il a tendance à se développer proportionnellement à la force pulsionnelle, afin d'obtenir satisfaction. C'est ainsi que ses manières de se comporter s'adaptent à la culture, à partir de motifs égoïstes (dans la

---

1. Voir A. Adler, *La Compensation psychique de l'état d'infériorité des organes*, Paris, Payot, 1956.

conscience : « représentation logique »[1]), ce qui est par ailleurs largement facilité par la sélection et le grand nombre des croisements de sangs, donc par l'hérédité. Quoi qu'il en soit, le système nerveux central, la superstructure psychique des organes, prend en charge la compensation du déficit de l'activité primaire de l'organe.

Ainsi, plus une pulsion est forte, plus s'accroît la tendance à la formation et au développement de la superstructure d'organe correspondante. Dans mon étude sur l'infériorité des organes[2], j'ai décrit comment ce surdéveloppement advient, ce qu'il gagne dans la lutte contre le monde extérieur et comment adviennent ainsi le refoulement de constellation nécessaire (pulsion de regarder contre pulsion alimentaire, par exemple) et la perturbation compensatrice (psychose). J'y ai décrit aussi comment, du fait de la contrainte du monde extérieur, d'une part, et de la force de la pulsion, d'autre part, l'organe est contraint de dégager de nouvelles voies, de trouver une nouvelle façon de fonctionner, souvent meilleure, pour la satisfaction de ses besoins. *Ainsi s'accomplit la formation du cerveau artiste, du cerveau génial mais aussi, lorsque la compensation n'est pas à la hauteur de la tendance au refoulement et qu'elle ne la contourne pas avec succès, la formation de la névrose.*

À l'inverse, la qualité héréditaire de l'organe ainsi que la force héréditaire de la pulsion qui lui est liée, qui sont toutes deux préservées, laissent penser qu'une lutte intense pour l'affirmation de l'organe a déjà lieu depuis plusieurs

---

1. Voir A. Adler, « Drei Psycho-Analysen von Zahleneinfällen », *Psychiatrische-Neurologische Wochenschrift*, 1905, VII.

2. A. Adler, *La Compensation psychique de l'état d'infériorité des organes, op. cit. (NdT).*

générations. On peut déduire de la biologie, mais aussi des études de cas, que cette lutte ne se déroule pas sans faire de dégâts et qu'aux organes atteints au cours de la succession des générations correspond une prédisposition dans la descendance, qui porte la trace de ces atteintes (hypoplasie) et celle de la tendance à la compensation (hyperplasie). Aujourd'hui, à la suite des luttes de nos lointains ancêtres, nous avons affaire à des prédispositions qui se sont modifiées de cette façon, et chaque organe porte en lui la marque des luttes menées par sa lignée d'ancêtres et des atteintes qui en ont résulté (*fondements de la physiognomonie*). Puisque la tension entre, d'une part, la matière organique et la pulsion et, d'autre part, les exigences du monde extérieur détermine pour l'essentiel la qualité « relative » de l'organe, la plus grande atteinte dans la succession des générations (maladie, surmenage, surabondance, disette) aura fait de lui un organe inférieur, profondément marqué par les traces de ces luttes. J'ai cherché ces traces et je les ai décelées *dans l'organe en tant que tel* : tendance à la maladie, signes et stigmates de dégénérescence, formations hypoplasiques et hyperplasiques, malformations infantiles et anomalies des réflexes. *Ainsi l'examen de l'organe est un outil important pour découvrir sa force pulsionnelle* : l'œil de qualité inférieure a une plus forte pulsion de regarder, l'appareil digestif de qualité inférieure, une plus forte pulsion de manger et de boire, l'organe sexuel de qualité inférieure, une plus forte pulsion sexuelle.

Or, ces pulsions, qui font pression pour avoir plus de plaisir, et leurs forces déterminent l'attitude de l'enfant face au monde extérieur. Son univers et ses performances psychiques résultent de la relation entre les deux, et l'on peut voir émerger très tôt chez l'enfant des phénomènes psychiques supérieurs liés à cette tension. *La pulsion de regarder (et la pulsion*

*d'entendre) conduisent à la curiosité et à la soif de savoir;
dirigées vers la personne propre, elles conduisent à la vanité et
à la folie des grandeurs infantile; renversées en leur contraire,
elles conduisent au sentiment de honte – liaison avec la pulsion
sexuelle! La pulsion de manger forme l'envie de nourriture,
l'avidité et la modération; tournée vers la personne propre,
elle forme la frugalité; si elle est au contraire renversée, elle
forme la générosité, etc.* Et cela est d'autant plus clair et varié
que la pulsion est fortement développée, de sorte que l'organe
de qualité inférieure épuise la plupart du temps tous ces usages
possibles et passe par tous les stades de la transformation
pulsionnelle. Car l'affrontement avec le monde extérieur, qu'il
fasse suite à des expériences de déplaisir ou à l'élargissement
du désir à des objets culturellement proscrits, *se produit à
coup sûr dans l'organe de qualité inférieure et entraîne alors
la transformation pulsionnelle.* Ainsi, il faut minimiser l'importance des expériences infantiles dans la névrose (Freud) ou
leur grand nombre (Abraham) dans la mesure où, pendant
l'enfance, *toute pulsion forte et les limites qu'elle rencontre
(soit le désir et son inhibition) apparaissent clairement et que
l'expérience (qui est le plus souvent oubliée) empêche, tel un
veilleur dans l'inconscient, l'élargissement nécessaire des
désirs pulsionnels au monde extérieur (psyché infantile du
névrosé), provoquant une transformation pulsionnelle trop
forte (ascèse).* En résumé, le destin de l'homme, et avec lui *la
prédisposition à la névrose, résident dans l'infériorité de
l'organe, si l'on considère un milieu culturel socialement
moyen et homogène ainsi que des exigences culturelles
semblables.*

Or, nous observons déjà dans la petite enfance, nous
pourrions même dire dès le premier jour (premier cri), une
attitude de l'enfant par rapport au monde extérieur, qui ne peut

être qualifiée autrement que d'*hostile*. Si l'on en recherche la raison, on la trouve dans la difficulté qu'a l'organe à obtenir sa satisfaction. Ce phénomène, tout comme l'attitude ultérieure, hostile et belliqueuse, de l'individu à l'égard de son environnement montrent que la pulsion qui vise à obtenir, même de haute lutte, sa satisfaction, que j'appellerai « pulsion d'agression », n'est pas directement liée à l'organe et à sa tendance à obtenir du plaisir ; elle relève au contraire de la superstructure dans son ensemble et représente un niveau psychique supérieur reliant les pulsions, niveau auquel, dès que la satisfaction est refusée à l'une des pulsions primaires, l'excitation inassouvie se répand (*c'est le cas le plus simple et le plus fréquent de déplacement affectif*). Aux pulsions les plus fortes, c'est-à-dire aux organes de qualité inférieure, correspond habituellement aussi la pulsion d'agression la plus forte ; elle indique une somme de sentiments, d'excitations et leur décharge (dont fait aussi partie la « décharge motrice » de Freud dans l'hystérie), dont le substrat organique et fonctionnel est inné chez l'homme. Un peu comme dans le cas des pulsions primaires, la décharge de la pulsion d'agression dans le comportement est provoquée par le rapport entre la force pulsionnelle et les exigences du monde extérieur ; son but est fixé par la satisfaction des pulsions primaires ainsi que par la culture et l'adaptation. L'équilibre instable de la psyché est toujours restauré lorsque la pulsion primaire est satisfaite par l'excitation et la décharge de la pulsion d'agression, à l'occasion de quoi on voit normalement les deux pulsions au travail (par exemple la pulsion de manger et la pulsion d'agression : la chasse). La pulsion d'agression est très excitée par ces pulsions primaires, dont la satisfaction ne peut attendre trop longtemps, c'est-à-dire par la pulsion de manger et de boire, de temps à autre par la pulsion sexuelle et la pulsion de regarder (vanité), et ce particulièrement si ces pulsions sont intensifiées comme lorsque l'organe est de qualité inférieure. Il en va de même des souffrances corporelles et psychiques, dont une grande partie empêche indirectement (blocage pulsionnel) ou directement (déplaisir) l'activité organique primaire, génératrice de plaisir. Le but et le destin de la pulsion d'agression sont soumis, comme ceux des pulsions primaires, à l'inhibition par la culture ; on y trouve aussi les mêmes transformations et les mêmes stades. *Si la pulsion d'agression se montre sous sa forme brute* dans la bagarre, les coups, les morsures, ou dans des actes cruels, sous sa forme raffinée et spécialisée, elle donne naissance au sport, à la compétition, au duel, à la guerre, à la soif de domination, aux luttes religieuses, sociales, nationales et raciales. (Lichtenberg dit à peu près : « On ne peut qu'être frappé de voir à quel point les hommes, qui se conforment rarement et à contrecœur à leurs commandements religieux, aiment se battre pour eux »). *Le retournement contre soi-même de la pulsion d'agression* produit des traits d'humilité, de servilité et de dévouement, de soumission, d'autoflagellation, de masochisme. Inutile d'ajouter qu'à cela s'associent des caractères culturels remarquables comme la docilité, la foi en l'autorité, mais aussi la suggestibilité, y compris hypnotique. Le suicide en est le cas le plus extrême.

On remarquera facilement que *la pulsion d'agression gouverne l'ensemble de la mobilité.* Qu'elle gouverne aussi les voies de la conscience (par exemple, la colère) comme toute pulsion et qu'elle y dirige l'attention, l'intérêt, le sentiment, la perception, le souvenir, l'imagination, la production et la reproduction sur les voies de l'agression brute ou raffinée. Ce faisant, elle s'aide des autres pulsions, surtout celles des organes de qualité inférieure (jurons lorsque l'organe de la parole est inférieur ; sarcasme), qui sont à la base des axes psychiques principaux, et elle explore ainsi *tout le domaine des agressions possibles*; tout cela, on peut l'observer régulièrement dans une vie pulsionnelle relativement forte. Dans ce genre de cas, j'ai toujours pu observer, entre autres, des *capacités et des tendances télépathiques* et, sur la base de mes psychanalyses, je suis prêt à soutenir que la télépathie se rapporte à une plus grande pulsion d'agression, qui offre une plus grande capacité à s'en sortir face aux dangers, et élargit considérablement la capacité d'intuition, *l'art du pronostic et du diagnostic.*

Tout comme elle génère les horreurs de l'histoire de l'humanité et des vies individuelles, la pulsion d'agression, quand elle est excitée mais contenue, engendre les productions atroces de l'art et de l'imagination. *La psychanalyse du peintre, du sculpteur et en particulier celle du poète tragique*, qui doit par ses créations éveiller «terreur et compassion», témoigne de la liaison de pulsions originellement fortes, les pulsions de voir, d'entendre (et de toucher), qui s'imposent sous une forme extrêmement raffinée par un détournement de la pulsion d'agression et livrent par là même une image éloquente de ce qu'est la transformation pulsionnelle. Sans même parler des *criminels* et des *héros révolutionnaires*, une pulsion forte d'agression mène à choisir un grand nombre de *métiers*. La carrière de juge, le métier de policier, celui de professeur, de prêtre (enfer!), la médecine et beaucoup d'autres sont choisis par ceux qui sont soumis à des pulsions d'agression importantes et s'inscrivent la plupart du temps dans la continuité de jeux d'enfants analogues. Que cela suffit, et souvent au premier titre, à transformer la pulsion (renversement dans son contraire, par exemple), est tout aussi compréhensible que la fuite de l'artiste dans une idylle. *Les jeux d'enfant*, l'univers des contes et ses personnages favoris, les légendes populaires, le culte des héros et les innombrables récits et poèmes cruels des livres pour enfants et des livres d'école sont les expressions de prédilection de la pulsion d'agression. La *politique*, avec ses innombrables occasions d'agir avec agressivité ou de se sentir agressé, constitue aussi un large réservoir de la pulsion d'agression. Napoléon, le héros par excellence, l'intérêt pour les cortèges funèbres et la rubrique nécrologique, la superstition, la peur de la maladie et des contagions, tout comme la peur d'être enterré vivant et l'attirance pour les cimetières trahissent souvent, même si la pulsion d'agression est habituellement refoulée, le jeu secret de la cruauté lubrique.

Si la pulsion d'agression se soustrait, comme c'est si souvent le cas, à notre observation par un retournement contre la personne propre ou par le raffinement et la spécialisation que lui impose la culture, *le renversement en son contraire*, l'anti-thèse de la pulsion d'agression, n'est tout bonnement qu'un « trompe l'œil ». *La miséricorde, la compassion, l'altruisme*, l'intérêt plein de sensibilité pour la misère ne sont que de nouvelles satisfactions dont se repaît la pulsion, qui penche à l'origine vers la cruauté. Si cela peut paraître étonnant, il est pourtant simple de reconnaître que seul peut comprendre vraiment les souffrances et les douleurs celui qui, au fond, s'intéresse personnellement au monde des tourments. Et cette transformation par la culture se développe de façon d'autant plus spectaculaire que la pulsion d'agression est forte. Le pessimiste devient ainsi celui là même qui protège des dangers, et Cassandre celle qui prévient et prophétise. Toutes ces manifestations de la pulsion d'agression, depuis sa forme brute, son retournement contre la personne propre, son renver-sement en son contraire, jusqu'à la manifestation de son inhibi-tion apparente (*aboulie, impuissance psychique*) se retrouvent dans les névroses et les psychoses. Par exemple, les *accès de rage et les crises d'hystérie, l'épilepsie, la paranoïa, sont à ranger dans la catégorie de l'expression brute de la pulsion; l'hypocondrie, les douleurs neurasthéniques et hystériques et même le sentiment d'être malade dans le cas de la neurasthénie, l'hystérie, la névrose traumatique, la folie qui consiste à se croire observé ou poursuivi, la mutilation et le suicide relèvent du retournement contre la personne propre de la pulsion d'agression; la douceur, les idées messianiques de l'hystérique et du psychotique, enfin, relèvent du retournement de la pulsion en son contraire.*

Suite à cette discussion, je dois encore évoquer un phénomène, qui tient la plus grande place dans la structure de la névrose : *l'angoisse. Elle représente un stade de la pulsion d'agression dirigée contre la personne propre, et ne peut être comparée qu'avec la phase hallucinatoire d'autres pulsions.* L'angoisse peut prendre différentes formes car la pulsion d'agression qui en est le fondement peut s'emparer de différents systèmes. Elle peut ainsi atteindre le système moteur (tremblements, bégaiements, convulsions toniques et cloniques, phénomènes catatoniques; paralysies fonctionnelles, en tant qu'inhibitions de l'agression); elle peut aussi atteindre le système vasomoteur (palpitations cardiaques, pâleur, rougeur) ou d'autres voies, si bien que cela peut conduire à des sécrétions de sueur, de matières fécales, d'urine, à des vomissements ou à des blocages de ces sécrétions comme manifestations de l'inhibition. Si l'angoisse se diffuse dans la conscience, elle donne lieu à des phénomènes conscients coordonnés, correspondant aux voies de qualité inférieure, comme des idées angoissantes et obsessionnelles, des hallucinations sensorielles, des aura et des images oniriques. *Mais l'angoisse s'orientera inévitablement vers l'organe de qualité inférieure, comme vers sa superstructure, vers la vessie, l'intestin, le larynx, l'appareil locomoteur, l'organe respiratoire (asthme), la circulation sanguine, si bien que, dans la crise, l'axe psychique central du malade apparaît à nouveau. Dans le sommeil, la perte de conscience et l'état d'absence qui est typique des états hystérique et épileptique, on peut constater au plus haut degré l'inhibition de l'agression.*

Les pulsions primaires mises à part, la douleur est elle aussi capable d'exciter la pulsion d'agression, de même que (comme cela transparaît dans la relation entre ses différentes manifestations) la pulsion d'agression dirigée vers la personne propre peut s'emparer des voies de la douleur pour produire, selon le degré d'infériorité de l'organe, migraines, clavus[1], névralgie du trijumeau, douleurs nerveuses dans la région de l'estomac, du foie, des reins et de l'appendice (mais aussi reflux, bâillements, hoquets, vomissements, cris hystériques). Au cours de l'analyse, on peut toujours déceler une inhibition pulsionnelle comme cause déclenchante ; de la même manière, un rêve d'agression accompagné ou non d'angoisse précède ou suit la crise de douleur. Mais le tableau peut aussi présenter des insomnies passagères ou durables, dont on peut découvrir que la pulsion d'agression non satisfaite est la cause la plus directe.

La diffusion motrice de la pulsion d'agression est tout à fait évidente *chez l'enfant.* Crier, gigoter, se jeter par terre, mordre, grincer des dents, etc., sont des formes simples de cette pulsion, qu'il n'est pas rare de retrouver dans la crise névrotique, particulièrement dans l'hystérie.

---

1. Il s'agit d'une douleur lancinante de la tête, comme si l'on y plantait un clou (*NdT*).

Sigmund Freud

CONTRIBUTIONS À LA PSYCHOLOGIE
DE LA VIE AMOUREUSE
(1910 ET 1912)

Présentation

Le texte qui suit est sans doute le moins commenté et peut-être le moins lu de Freud. Le 28 novembre 1906, Freud intervient, à la suite de la présentation d'un cas, à la Société psychanalytique de Vienne (devant 7 autres membres), en soulignant que « la façon dont est traité un enfant détermine sa vie amoureuse »[1]. Il annonce qu'il veut écrire une étude sur ce sujet et montrer que la compulsion dans l'amour est infantile. Cette étude, il en lit la première partie devant la Société de Vienne le 19 mai 1909. Il y parle des « conditions » de l'amour, de ce qui doit être réuni pour qu'une personne tombe amoureuse, conditions nécessaires qui lui sont d'ordinaire inconnues. Le texte est débattu et Freud en conclusion souligne que sa « description du type est basée sur l'individu normal qui, du moins à cet égard, n'est pas un névrosé ». Freud ajoute que la remarque de Stekel selon laquelle ces conditions peuvent

---

1. Voir *Les premiers psychanalystes ; Minutes de la Société psychana-lytiques de Vienne*, Paris, Gallimard, 1980, t. 3, p. 90.

relever du fantasme, s'applique ici et c'est ce qui explique l'amour de transfert (qui concerne les névrosés).

La discussion se poursuit le 26 mai : certains déclarent que leur propre vie amoureuse correspond plus ou moins à la description de Freud, et se demandent si elle est de type normal ou non[1]. Dans ces propos, on constate qu'au sein de cette Société peu nombreuse, la parole est libre, que chacun parle un peu comme s'il était le patient de Freud et livre sa vie privée. Celui-ci rappelle que ces propos imposent la plus grande discrétion de tous les présents. Alors que la question de la normalité du type de choix d'objet amoureux que décrit Freud se pose encore au lecteur aujourd'hui, à la fin de la discussion du 26 mai, ce dernier précise qu'il a, dans sa conférence, considéré quelque chose de frappant dans un domaine encore inexploré au plan analytique. Il ne qualifierait pas le type qu'il décrit de normal, même si chacun comme lui l'a rencontré, et conclut que ces sujets psychologiques sont délicats[2].

Ce texte aborde un thème qui est aujourd'hui au cœur des débats psychanalytiques et des réflexions générales sur les psychopathologies contemporaines : le lien, la relation d'objet, au sens de la relation avec un objet pris dans sa totalité, un objet d'amour. Freud, à plusieurs reprises, s'est intéressé à l'objet, mais du point de vue des investissements du sujet et de ce qui dirige en lui ses choix. Mais il n'a pas théorisé de manière approfondie la relation d'objet, c'est-à-dire la relation entre deux personnes. L'objet pour Freud n'est pas envisagé dans sa singularité, il est infiniment remplaçable par un autre. C'est plus tard dans l'histoire de la psychanalyse, avec les apports décisifs de Melanie Klein et de l'École anglaise que ces

1. *Ibid.*, p. 248-249.
2. *Ibid.*, p. 255.

théorisations seront menées. Les deux textes que nous avons choisis témoignent de ce manque dans la théorie, de cette tâche aveugle de la psychanalyse de Freud, aussi importants soient ses apports pour comprendre son œuvre et sa postérité.

Lorsque Freud parle de l'état amoureux, il le présente à l'occasion comme une folie passagère ou une névrose momentanée, dont la première caractéristique est que l'objet y est surestimé, en raison du transfert de puissants affects primaires sur l'objet qui s'y prête. Et quand cette surestimation ne peut s'établir, c'est la sous-estimation et la perversion qui caractérisent le choix et expliquent son agressivité fondamentale. Lorsque Freud étudiera plus précisément cette agressivité, cette négativité, il devra introduire le narcissisme, qui apparaît rétrospectivement comme la toile de fond des textes qui suivent.

Freud ne décrit pas là tout choix d'objet, mais un « type » névrotique. Cependant, ici ou là, il laisse entendre que ce type de choix est assez répandu, puisque le courant tendre et le courant érotique se rencontrent *rarement* chez l'homme, qui n'aime pas celles qu'il désire et ne désire pas celles qu'il aime. Cette rencontre, Freud la présente comme un idéal rarement atteint et dont il ne dit rien. De l'amour comme complétude, rassemblement du tendre et de l'érotique, on ne saura rien. Ramènerait-il Freud vers ce dont il veut éviter de parler, c'est-à-dire le réel, le conscient ? L'amour n'est-il pour lui qu'un leurre de la conscience ?

Dans le premier texte, Freud s'intéresse au choix de l'objet d'amour chez un certain type d'homme, celui qui choisit la femme quand elle est déjà celle d'un autre, et si possible une femme de réputation douteuse, voire une prostituée ; l'amant ensuite sauve la dame, l'arrache à sa dépravation. Et pourquoi cela ? Pour satisfaire ses pulsions agressives envers les autres hommes et, quand il choisit une courtisane, pour en tomber vraiment amoureux par le truchement de l'aiguillon de la jalousie. Pièce de boulevard, photographie sépia de la vie sociale de la bourgeoisie viennoise, quoi qu'il en soit c'est l'occasion pour Freud de «démontrer» l'importance du complexe d'Œdipe, de l'interdit de l'inceste, dans la préhistoire des choix d'objets : tous ces comportements auxquels Freud s'attache pour évoquer le choix d'objet masculin ont une seule source, la fixation infantile tendre sur la mère. La libido de ces hommes est restée fixée sur elle, qui appartient à un autre (le «tiers lésé»). Pourquoi aimer alors les courtisanes ? Freud trouve le chemin étroit de résolution de ce paradoxe : la mère et la putain *font* la même chose (elles s'accouplent), *sont* donc la même chose pour l'enfant sous la domination du complexe d'Œdipe, et ce «complexe» se retrouve dans le choix d'objet de ce type des adultes.

Dans le deuxième texte, Freud analyse l'impuissance masculine, l'impuissance psychique comme venant, là encore, de la fixation incestueuse sur la mère ou la sœur ; le courant tendre et le courant sensuel ne se sont pas rencontrés. Et c'est très fréquent. L'homme désire ce que la femme qu'il aime ne peut lui donner si elle reste «respectable». Ses vrais plaisirs il ne les prend pas avec sa respectable épouse.

Ce n'est pas tant l'élaboration théorique mais aussi concrète de la question du choix d'objet qui fait à notre sens l'intérêt de ces textes : c'est ce qu'ils disent de l'état des relations entre les hommes et les femmes dans les années où Freud élabore la psychanalyse. À l'heure où il a mis la sexualité au-devant de la scène, où il en a tracé le développement chez l'enfant, il met en pratique ses conceptions théoriques sur la relation amoureuse de manière unilatérale et non réciproque ; ce qui l'intéresse ce n'est pas le couple qui résulte du choix d'objet mais les déterminants de ce choix chez un individu. L'objet n'est compris que comme choix du sujet et ses réactions à ces choix n'entrent pas dans la théorie psychanalytique.

Par ailleurs, Freud présente le choix amoureux masculin comme dominé par la sexualité bien sûr, mais par une sexualité que les femmes trouveraient en quelque sorte « sale », indigne de leur respectabilité ; quand cependant certaines s'y abandonnent, ce sont des prostituées, des femmes de moindre vertu en tout cas. Du désir des femmes, Freud ne sait pas grand-chose comme il l'avouera lui-même d'ailleurs.

Dans ces textes sur la vie amoureuse, c'est le concept de surmoi qui commence à prendre forme, l'interdit intériorisé qui fait que la pulsion sexuelle ne peut jamais en réalité atteindre sa satisfaction.

CONTRIBUTIONS À LA PSYCHOLOGIE
DE LA VIE AMOUREUSE
(1910 ET 1912) *

I. À PROPOS D'UN CERTAIN TYPE DE CHOIX D'OBJET
CHEZ L'HOMME

Jusqu'à maintenant, les poètes ont eu le privilège de décrire ce qui guide les hommes dans leur choix d'objet amoureux et comment ils accordent avec la réalité les exigences de leurs fantasmes. Parmi toutes les qualités qui leur confèrent ce privilège, les poètes possèdent par-dessus tout celle de percevoir, avec une grande finesse, les émois dissimulés de l'âme d'autrui, et ont aussi le courage de faire entendre leur propre inconscient. Cependant, quelque chose vient relativiser la valeur scientifique de ce qu'ils nous livrent : ils doivent

* La première partie (« Über einen besonderen Typus der Objektwahl beim Manne ») est parue pour la première fois en 1910 dans le *Jahrbuch für psychoanalytische und psychopathologische Forschungen*, vol II ; la deuxième (« Über die allgemeinste Erniedrigung des Liebeslebens ») en 1912 dans la même revue, vol IV ; les deux parties ainsi que la troisième (« Das Tabu der Virginität ») sous le titre général (« *Beiträge zur Psychologie des Liebeslebens* ») dans le tome 4 des *Sammlung kleiner Schriften zur Neurosenlehre* (*Recueil de petits écrits sur la doctrine des névroses*, 1918). Traduction par Perrine Marthelot.

produire un plaisir intellectuel et esthétique, tout en éveillant certains sentiments. Ils ne peuvent donc pas dire la réalité telle qu'elle est, mais n'en présenter que certains pans, dissoudre des liens problématiques, adoucir le tout et combler des lacunes. Tel est l'apanage de ce qu'on appelle la « licence des poètes ». Ces derniers ne peuvent en outre s'arrêter trop sur l'origine et le développement de tels émois, qu'ils décrivent en quelque sorte dans leur état d'achèvement. Lorsque la science s'empare de ce qui, dans la poésie, fait le bonheur des hommes depuis des millénaires, il est inévitable que ces mains plus rudes ne leur procurent que moins de plaisir. Ces quelques remarques permettent de justifier un travail scientifique austère sur la vie amoureuse des hommes – la science étant bien le renoncement le plus complet au principe de plaisir dont soit capable le travail psychique.

Durant les cures analytiques, nombreuses sont les occasions de saisir les aspects de la vie amoureuse des névrosés, qu'on peut comparer ensuite au souvenir qu'on a d'avoir observé (directement ou indirectement) un comportement similaire chez des personnes normales très ordinaires ou même chez des hommes très éminents. Certains types se dessinent clairement, à la faveur d'une accumulation fortuite d'impressions. Dans un premier temps, je vais décrire l'un de ces types de choix masculin d'objet, parce qu'il se caractérise par une série de « conditions propices à provoquer l'amour » qui semble incompréhensible et pour le moins surprenante et parce qu'il admet une explication psychanalytique simple.

1. La première de ces « conditions propices à provoquer l'amour » est très spécifique : aussitôt qu'on la rencontre, il faut se mettre en quête de la présence d'autres caractères. On peut l'appeler la condition du « tiers lésé » ; le sujet en question ne choisit jamais comme objet d'amour une femme encore

libre (une jeune fille ou une femme célibataire) mais toujours une femme sur laquelle un autre homme, qu'il soit époux, fiancé ou ami, peut faire valoir un droit de propriété. Cette condition se révèle dans bien des cas tellement rigoureuse qu'une femme que le sujet n'avait d'abord pas remarquée, qu'il avait même dédaignée tant qu'elle n'appartenait à personne, devient objet d'amour aussitôt qu'elle s'engage dans l'une de ces relations avec un autre homme.

2. La deuxième condition est peut-être moins constante mais n'en est pas moins frappante. Elle ne se réalise que lorsqu'elle est accompagnée de la première condition, tandis que cette dernière semble pouvoir se présenter souvent seule. Selon cette deuxième condition, une femme chaste et à l'abri de tout soupçon n'exerce jamais un attrait suffisant pour devenir un objet d'amour; seules celles dont la réputation est particulièrement compromise et dont la fidélité et la fiabilité sont plus que douteuses exercent cet attrait. Cette dernière caractéristique présente des variations significatives : de l'ombre légère qui plane sur la réputation d'une épouse qu'un flirt ne rebute pas jusqu'aux mœurs ostensiblement polyandres d'une cocotte ou d'une professionnelle de l'amour; aucun de ceux qui appartiennent à ce type n'y échappe. On pourrait qualifier grossièrement cette condition d'« *amour de la putain* ».

La première de ces conditions permet de satisfaire les motions agonistiques et hostiles que le sujet ressent envers l'homme auquel il ravit la femme aimée; la seconde (qui fait de la femme une prostituée) est quant à elle liée à la *jalousie*, nécessaire aux amants de ce type. Ce n'est que lorsque ces derniers peuvent être jaloux que leur passion atteint son apogée et que la femme prend sa pleine valeur. Ils ne manquent jamais une occasion d'éprouver ce sentiment très puissant.

Curieusement, cette jalousie n'est pas dirigée contre le propriétaire légitime de l'aimée, mais contre les nouveaux-venus qui surgissent et jettent sur elle le soupçon. Dans les cas les plus aigus, l'amant ne manifeste pas le souhait de posséder la femme pour lui seul et semble s'accommoder parfaitement d'une relation triangulaire. L'un de mes patients, qui avait terriblement souffert des écarts de la femme qu'il aimait, n'éleva pourtant aucune objection contre son mariage mais l'encouragea au contraire par tous les moyens, ne manifestant par la suite pas la moindre trace de jalousie. Un autre cas typique s'était montré, dans ses premières relations amou-reuses, très jaloux de l'époux, contraignant la femme qu'il aimait à cesser tout rapport conjugal; dans les nombreuses liaisons qu'il entretint ensuite, il se comporta comme les autres, ne considérant plus guère l'homme légitime comme un rival.

Les conditions suivantes ne concernent plus ce qui est exigé de l'objet d'amour mais le comportement de l'amant envers l'objet de son choix.

3. Dans la vie amoureuse normale, l'intégrité sexuelle garantit la valeur de la femme tandis que tout ce qui la rappro-che d'une prostituée la rabaisse. Le fait que les amants relevant de notre type traitent ces dernières comme les objets d'amour de la plus grande valeur constitue donc une divergence parti-culièrement frappante d'avec les sujets normaux. Ils s'enga-gent dans des relations amoureuses avec ce genre de femmes en s'y investissant totalement, jusqu'à perdre tout autre centre d'intérêt : elles sont les seules dignes d'amour, et l'exigence de fidélité qu'ils s'imposent à eux-mêmes n'en est que renforcée chaque fois qu'elle se trouve menacée dans la réalité. La *compulsion*, qui caractérise dans une certaine mesure toutes les relations amoureuses, est ici tout à fait frappante. Mais il ne

faudrait pas déduire de la fidélité et de l'intensité de cette relation qu'elle comble à elle seule la vie amoureuse de ces hommes, ni qu'elle est unique. Bien au contraire, des passions similaires, avec les mêmes caractéristiques (l'une étant l'exacte copie de l'autre) se reproduisent de nombreuses fois dans leur vie ; les objets d'amour peuvent être si souvent remplacés au gré de circonstances extérieures, comme un changement de résidence ou d'environnement, qu'ils en viennent à *constituer une longue série*.

Le plus frappant, lorsqu'on observe des amants de ce type, est la tendance manifeste qu'ils ont à « sauver » la femme aimée. L'homme est persuadé que cette dernière a besoin de lui et que, sans lui, elle perdrait tout repère moral, ne tarderait pas à sombrer au plus bas niveau de la dépravation. Il la sauve donc en ne la quittant pas. Cette intention de sauver la femme aimée peut parfois se fonder sur son manque de fiabilité sexuelle ou sur sa position sociale menacée ; cependant, elle n'en est pas moins évidente quand ces prétextes font défaut dans la réalité. Un homme relevant du type qu'on décrit – particulièrement habile pour séduire les femmes par tout un art et une dialectique subtile – ne ménageait aucun effort, une fois engagé dans une relation amoureuse, pour maintenir la femme aimée sur la voie de la « vertu », par des traités de sa composition.

Si l'on considère les traits spécifiques du tableau que nous avons brossé (la femme aimée ne doit pas être disponible et doit ressembler à une prostituée, la grande valeur qu'on lui accorde, la jalousie nécessaire, la fidélité qui s'accommode fort bien d'une longue série de liaisons, la volonté de sauver la femme aimée), il peut paraître très improbable qu'ils dérivent tous d'une seule et même source. Et pourtant, c'est ce qu'un examen psychanalytique approfondi de l'histoire amoureuse des personnes en question permet de démontrer facilement.

Ce choix d'objet très caractéristique, ces comportements amoureux si particuliers ont la même origine psychique que la vie amoureuse des individus normaux : ils proviennent de la fixation infantile tendre sur la mère, et constituent l'un des effets possibles de cette fixation. Dans la vie amoureuse normale, seuls quelques traits subsistent, par lesquels on discerne clairement l'image de la mère dans le choix d'objet (comme par exemple l'amour des jeunes hommes pour des femmes plus mûres) ; mais la libido se détache d'ordinaire rapidement de la mère. Pour les sujets de notre type au contraire (y compris après la puberté) la libido est restée si longtemps fixée sur la mère que les objets d'amour choisis par la suite restent imprégnés des caractéristiques maternelles, et en deviennent tous des substituts facilement reconnaissables. La comparaison avec la formation du crâne des nouveau-nés s'impose ici : suite à un accouchement difficile, le crâne de l'enfant présente la forme du bassin de sa mère.

Il nous incombe à présent de démontrer que les traits caractéristiques de ce type d'individus (les conditions déterminant l'amour et le comportement amoureux) proviennent bien de la constellation maternelle. Cette explication est plus simple pour la première des conditions, celle selon laquelle la femme ne doit pas être disponible, ou condition du « tiers lésé ». On comprend immédiatement que, pour l'enfant qui grandit au sein de sa famille, le fait que la mère appartienne au père devient un élément inséparable de sa représentation de sa mère, et que le tiers lésé, c'est le père. La composante de la surestimation, selon laquelle la femme aimée est la seule et l'unique, l'irremplaçable, renvoie tout aussi clairement à la vie infantile : nous n'avons tous qu'une mère et ce qui nous relie à elle est un événement qui ne souffre aucun doute et qui ne se répétera pas.

Si les objets d'amour doivent avant tout, pour ceux qui relèvent de notre type, être des substituts de la mère, alors la série de passions devient compréhensible, même si elle semble contredire si directement celle de la fidélité. La psychanalyse nous apprend, par d'autres exemples, que ce qui pour l'inconscient est irremplaçable se répartit souvent dans plusieurs objets, dans une série sans fin puisque chaque « remplaçant » ne peut en fait satisfaire réellement ce à quoi le sujet aspire. Le plaisir insatiable des enfants d'un certain âge à poser des questions s'explique ainsi : ils n'ont en fait qu'une question à poser, mais elle ne franchit pas leurs lèvres ; tout comme la volubilité de nombreux névrosés s'explique par la pression d'un secret qui les pousse à s'exprimer, mais qu'ils ne formulent jamais, malgré l'envie qu'ils en ont.

La deuxième condition déterminant l'amour, selon laquelle l'objet choisi doit s'apparenter à une prostituée, semble contredire avec force l'hypothèse d'une dérivation à partir du complexe maternel. Pour la pensée consciente des adultes, la mère apparaît volontiers d'une pureté morale inviolable ; peu de choses blessent autant qu'un doute sur ce caractère de la mère quand il vient de l'extérieur, et lorsque ce doute taraude l'intériorité, rien n'est ressenti avec autant de peine. Or, c'est précisément cet écart fondamental entre la « mère » et la « prostituée » qui nous invite à explorer l'histoire du développement et de la relation inconsciente entre ces deux complexes : nous avons en effet appris depuis longtemps que ce qui, pour le conscient, est divisé en deux éléments contraires, n'en forme bien souvent qu'un dans l'inconscient. Notre enquête nous conduit alors à l'époque où le jeune garçon acquiert, pour la première fois, une connaissance assez complète des relations sexuelles entre adultes, dans les années qui précèdent sa puberté. Des révélations brutales, sans voile, avilissantes, révoltantes, le confrontent au secret de la vie sexuelle et sapent l'autorité des adultes, incompatible avec la découverte de leurs activités sexuelles. Dans ces révélations, ce sont les relations entre ses propres parents qui produisent la plus grande impression sur le nouvel initié. Il les rejette souvent directement en ces termes : « Il est possible que tes parents et d'autres fassent ce genre de choses ensemble, mais pas mes parents, c'est impossible ».

Ces « révélations sexuelles » sont souvent accompagnées du corollaire suivant : le jeune garçon découvre au même moment l'existence de certaines femmes qui pratiquent l'acte sexuel à titre professionnel, et que tout le monde méprise pour cette raison. Un tel mépris lui est étranger et il ne ressent pour ces infortunées qu'un mélange de désir et d'horreur aussitôt qu'il sait qu'elles peuvent l'initier, lui aussi, à la vie sexuelle, qu'il tenait jusqu'alors pour le domaine réservé des « grands ». Lorsqu'il ne peut plus persister dans le doute par lequel il exceptait ses parents de l'abominable norme de cette activité sexuelle, il se dit avec une logique cynique que la différence entre la mère et la putain ne doit pas être si grande, puisqu'au fond, elles font la même chose. Ces révélations ont en effet réveillé les traces mnésiques d'impressions et de désirs remontant à sa petite enfance, réactivant en lui certaines motions psychiques. Il commence à désirer sa mère dans le sens nouveau du terme et à haïr à nouveau le père, rival en travers du chemin de son désir ; il tombe sous ce que nous appelons la « domination du complexe d'Œdipe ». Il ne pardonne pas à sa mère et considère comme une infidélité qu'elle ne lui ait pas attribué à lui ses faveurs plutôt qu'à son père. Lorsqu'elles ne disparaissent pas rapidement, ces motions n'ont pas d'autre issue que de survivre dans les fantasmes sur l'activité sexuelle de la mère selon les relations les plus diverses, fantasmes dont la masturbation résout aisément la tension. Suite à la convergence durable des deux facteurs pulsionnels que sont le désir et la soif de vengeance, les fantasmes d'infidélité de la mère l'emportent de loin ; l'amant avec lequel la mère est infidèle prend presque toujours les traits du moi propre ou plus exactement, de son moi idéalisé et plus mûr, élevé au niveau du père. Ce que j'ai décrit ailleurs[1] comme « roman familial » comprend les multiples productions de cette activité fantasmatique ainsi que leur entrelacement avec divers intérêts égoïstes propres à cet âge. Suite à l'examen de cette partie du développement psychique, nous ne pouvons plus trouver contradictoire et inconcevable que la *nécessité* que la femme aimée s'apparente à une prostituée émane directement du complexe de la mère. Le type de vie amoureuse masculine que nous décrivons ici porte en lui les traces de l'histoire de ce développement et se laisse facilement comprendre comme la fixation aux fantasmes de la puberté du jeune garçon, fantasmes qui n'ont pu par la suite trouver une issue dans la réalité de la vie. On peut supposer sans peine que la pratique assidue de la masturbation pendant la puberté a contribué à fixer ces fantasmes.

Il semble que la tendance à *sauver* la femme aimée ne soit reliée à ces fantasmes parvenus à dominer la vie amoureuse réelle que par un lien ténu, superficiel et dont des raisons conscientes peuvent plus facilement venir à bout. La femme aimée se met en danger par son inclination à l'inconstance et à l'infidélité. Il est donc compréhensible que l'amant s'efforce de la protéger de ces dangers, en veillant sur sa vertu et en contrecarrant ses mauvais penchants. En outre, l'étude des

---

1. Voir « Le roman familial des névrosés », dans O. Rank, *Le mythe de la naissance du héros*, Paris, Payot, 2000.

souvenirs-écrans, des fantasmes et des rêves nocturnes des êtres humains montre qu'une « rationalisation » particulièrement efficace d'un motif inconscient est ici à l'œuvre, qui est comparable à une élaboration secondaire réussie dans le rêve. La motivation du sauvetage possède dans la réalité une signification et une histoire propres : elle dérive du complexe maternel, ou plus exactement, du complexe parental. Lorsque l'enfant apprend qu'il doit la vie à ses parents, que sa mère « lui a *donné* la vie », des motions tendres s'unissent en lui à l'aspiration à devenir un grand homme et à l'indépendance, et déterminent en lui le souhait de rendre autant qu'on lui a donné. Tout se passe comme si le jeune garçon se disait : « je n'ai pas besoin de mon père, je veux lui rendre tout ce que je lui ai coûté ». Il élabore alors un fantasme dans lequel il doit *sauver son père d'un danger de mort*, s'acquittant ainsi de sa dette envers lui. Ce fantasme est souvent déplacé sur un roi, un empereur, quelque grand homme ; cette transposition, accessible à la conscience, peut inspirer le poète. Dirigé vers le père, le fantasme de sauvetage est largement dominé par le défi ; dirigé envers la mère, c'est la tendresse qui le domine le plus souvent. La mère a donné la vie à l'enfant : ce n'est pas simple de rendre un tel cadeau par un autre de même valeur. Par une transformation légère de signification, facile à opérer dans l'inconscient (et qu'on pourrait comparer à l'entrelacs conscient des idées), sauver la mère prend le sens suivant : lui donner, lui faire un enfant, un fils bien sûr à sa propre image. L'écart n'est pas si grand par rapport au sens originel du « sauvetage », la transformation de la signification n'est pas trop arbitraire. La mère a donné à l'un une vie, sa vie propre, et celui-ci lui offre à son tour une autre vie, la vie d'un enfant qui lui ressemble à s'y méprendre. Le fils témoigne sa reconnaissance en souhaitant avoir avec sa mère un fils qui lui soit tout à fait identique ; il s'identifie alors, dans le fantasme de sauvetage, totalement à son père. Toutes ses pulsions, la tendresse, la reconnaissance, la concupiscence, le défi, l'autonomie, toutes sont satisfaites par ce seul souhait : *être son propre père*. La modification de signification n'a pas, dans ce fantasme, perdu ce que la naissance recèle de dangereux : elle est en soi le danger duquel on a été sauvé par les efforts de la mère. La naissance est tout autant le tout premier danger de mort que le prototype de tous ceux qui suivront, devant lesquels nous éprouvons de la peur ; naître, c'est très probablement à cette expérience que nous devons ce que nous appelons l'angoisse. C'est parce que sa mère ne l'avait pas mis au monde, mais qu'il avait été sorti de ses entrailles, que le Macduff de la légende écossaise ne connaissait pas l'angoisse.

Artémidore, l'ancien oniromancien, avait sans doute raison de dire que le sens du rêve change selon le rêveur. D'après les lois de l'expression des pensées inconscientes, le « sauvetage » peut voir sa signification varier selon qu'il est l'objet du fantasme d'une femme ou d'un homme. Il peut tout aussi bien signifier faire un enfant, provoquer sa naissance (pour un homme) que donner soi-même le jour à un enfant (pour une femme).

Les différentes significations du sauvetage dans les rêves et dans les fantasmes sont particulièrement claires lorsqu'il est question d'eau. Lorsqu'un homme sauve en rêve une femme des eaux, cela signifie qu'il la fait mère, ce qui, en vertu des explications précédentes, signifie la même chose que : il en fait *sa* mère. Lorsqu'une femme sauve quelqu'un (un enfant) des eaux, elle se reconnaît par là, telle la fille du roi dans la légende de Moïse, comme sa mère, celle qui lui a donné naissance.

Le fantasme de sauvetage du père peut aussi parfois traduire la tendresse. Il exprime alors le souhait d'avoir le père comme fils, c'est-à-dire d'avoir un fils semblable au père. Tout ce qui relie ainsi la motivation du sauvetage au complexe parental contribue à construire la tendance à sauver la femme aimée, tendance qui est un trait essentiel du type amoureux que nous décrivons ici.

Je ne trouve pas nécessaire de justifier ici ma méthode de travail, qui consiste (comme pour la présentation de l'érotisme anal) à faire émerger du matériel d'observation des types extrêmes et nettement circonscrits. Dans les deux cas, il existe un bien plus grand nombre d'individus chez lesquels on décèle l'un seulement, ou sous une forme atténuée, des traits de ce type mais il est évident que seule la description de toutes les conditions dans lesquelles s'insèrent ces types est à même de permettre leur juste évaluation.

II. À PROPOS DU RABAISSEMENT GÉNÉRAL
DANS LA VIE AMOUREUSE

1

Lorsque le psychanalyste se demande quelles sont les souffrances pour lesquelles il est le plus souvent appelé à l'aide, il se doit de répondre que (mises à part les angoisses de toutes formes) c'est l'impuissance psychique. Ce trouble étrange frappe des hommes à forte constitution libidinale et s'exprime par l'impossibilité des organes exécutifs de la sexualité d'accomplir l'acte sexuel, et cela alors même que ces organes se révèlent, avant et après, intacts et en bon état de fonctionnement, et en dépit aussi d'une forte inclination psychique à la réalisation de l'acte. Le malade approche lui-même d'un début de compréhension lorsqu'il constate que cet échec n'a lieu qu'avec certaines personnes, tandis qu'avec d'autres, il n'en est jamais question. Il sait alors que cette inhibition de sa puissance virile provient d'une propriété de l'objet sexuel, et rapporte parfois qu'il ressent un obstacle interne, une volonté contraire de cet objet qui perturbe avec succès son intention consciente. Il n'est cependant pas capable de deviner ce qu'est cet obstacle interne ni de quelle propriété de l'objet sexuel il procède. S'il revit une telle défaillance, il en déduit, selon une association bien connue mais tout à fait erronée, que le souvenir de la première fois, en tant que représentation angoissante, a conduit de force à cette répétition de sa défaillance; quant à la première fois, il l'impute à une impression « fortuite ».

Nombreux sont les auteurs[1] à avoir réalisé et publié des études sur l'impuissance psychique. Et chaque analyste peut confirmer, suivant sa propre expérience médicale, les explications qui sont données. Il s'agit véritablement de l'action inhibitrice de certains complexes psychiques qui se dérobent à la conscience de l'individu. La fixation incestueuse, non surmontée, sur la mère et la sœur apparaît comme le contenu le plus général de ce matériau pathogène. Il faut en outre prendre en compte l'influence d'impressions douloureuses et accidentelles liées à l'activité sexuelle infantile, ainsi que des facteurs qui, de manière très générale, diminuent[2] la libido dirigée sur l'objet sexuel féminin.

---

1. M. Steiner, *Die funktionelle Impotenz des Mannes und ihre Behandlung [L'impuissance fonctionnelle de l'homme et son traitement]*, 1907; W. Steckel, *Nervöse Angstzustände und ihre Behandlung [Les états d'angoisse nerveux et leur traitement]*, Vienne, 1908 (2ᵉ édition, 1912); S. Ferenczi, « Interprétation analytique et traitement de l'impuissance psychosexuelle », *Œuvres complètes*, Paris, Payot, 1968.

2. W. Steckel, *Nervöse Angstzustände...*, *op. cit.*, p. 191 *sq.*

Si l'on soumet les cas les plus clairs d'impuissance psychique à une étude psychanalytique approfondie, on parvient à mieux connaître les processus psychosexuels à l'œuvre. Le fondement de cette affection est ici encore (comme c'est très souvent le cas pour les troubles névrotiques en général) une inhibition qui a eu lieu au cours du développement de la libido vers sa forme finale, qu'on appelle normale. Deux courants, dont la réunion seule assure un comportement amoureux absolument normal, le *courant tendre* et le *courant sensuel*, ne se sont pas rencontrés.

Le plus ancien de ces deux courants est le courant tendre. Il remonte aux premières années de l'enfance, est né de la pulsion d'auto-conservation et se porte sur les membres de la famille ou sur la personne qui s'occupe de l'enfant. Il est alimenté, dès l'origine, par des contributions de la pulsion sexuelle, de composantes érotiques qui sont déjà plus ou moins marquées dans l'enfance et qu'une psychanalyse met au jour plus tard, en tous les cas chez les névrosés. Il correspond au *choix d'objet infantile primaire*. Il montre que les pulsions sexuelles trouvent leurs premiers objets sur le modèle des pulsions du moi, tout comme les premières satisfactions sexuelles sont éprouvées lors des fonctions corporelles nécessaires à la conservation de la vie. La «tendresse» des parents et des personnes qui prennent soin de l'enfant, laquelle n'est jamais dénuée d'un caractère érotique («l'enfant comme jouet sexuel»), contribue grandement à augmenter l'apport de l'érotisme dans la formation des pulsions du moi chez l'enfant, les conduisant à un degré qu'on doit prendre en compte dans le développement ultérieur, particulièrement lorsque certaines autres relations lui apporteront leur concours.

Ces fixations tendres de l'enfant se poursuivent durant l'enfance et se chargent toujours plus d'érotisme, détournant ce dernier de ses buts sexuels. À la puberté, le puissant courant sensuel vient s'y associer, n'ignorant plus ses buts. Selon toute apparence, il ne manque jamais d'emprunter les chemins précédents, et s'empare alors, avec une libido beaucoup plus puissante, des objets du premier choix infantile. Se heurtant là aux obstacles érigés entre temps par l'interdit de l'inceste, il s'efforcera de passer, aussitôt que possible, de ces objets réels inadéquats à d'autres objets étrangers avec lesquels il pourra mener une vie sexuelle réelle. Le choix de ces objets étrangers correspond toujours à la représentation (l'*imago*) des choix infantiles mais, avec le temps, la tendresse attachée aux premiers se déplace sur ces derniers. Suivant la prescription biblique, l'homme délaisse père et mère pour suivre sa femme – réunissant alors tendresse et sensualité. Les plus hauts degrés de l'amour sensuel entraîneront la plus haute estimation psychique, la surestimation normale de l'objet sexuel par l'homme.

Pour que ce déroulement du développement de la libido soit perturbé, deux facteurs sont déterminants. Le premier facteur est le degré de *frustration réelle* qui va s'opposer au nouveau choix d'objet et le dévaloriser aux yeux de l'individu. Se porter vers le choix d'un objet n'a aucun sens lorsqu'il est interdit de choisir, ou lorsqu'on n'a aucun espoir de pouvoir choisir un objet qui convient. Le second facteur est le degré d'*attirance* exercée par les objets infantiles qu'il faudrait délaisser, et qui est proportionnel à l'investissement érotique dont ils ont fait l'objet durant l'enfance. Si ces deux facteurs sont assez puissants, les mécanismes généraux de la construction de la névrose se déclenchent. La libido se détourne de la réalité, elle est absorbée par l'activité fantasmatique (introversion), elle renforce les images des premiers objets sexuels et se fixe sur eux. L'interdit de l'inceste contraint cependant la libido tournée vers ces objets à demeurer dans l'inconscient. Le courant sensuel, qui est resté à présent dans l'inconscient, se réalise dans des actes de masturbation et renforce cette fixation. Que les progrès qui ont échoué dans la réalité aient lieu dans le fantasme, et qu'on substitue dans ces fantasmes aux objets sexuels originaires des objets étrangers pour la satisfaction masturbatoire, ne change rien à la chose. Les fantasmes accèdent à la conscience par le biais de ces substituts mais aucun progrès n'est accompli dans l'orientation réelle de la libido.

Il peut arriver de cette manière que la sensualité entière d'un jeune homme soit liée à des objets incestueux dans l'inconscient ou, pour le dire autrement, qu'elle soit fixée sur des fantasmes incestueux inconscients. Il en résulte alors une impuissance totale, parfois renforcée par une faiblesse véritable, et acquise en même temps, de l'organe qui accomplit l'acte sexuel.

Pour qu'il y ait ce qu'on nomme en fait impuissance psychique il n'est pas nécessaire que toutes ces conditions strictes soient réunies. Le courant sensuel peut ne pas tomber tout entier sous l'emprise d'un destin qui l'obligerait à se dissimuler derrière le courant tendre; il peut être resté assez puissant ou assez libre pour s'ouvrir en partie une voie vers la réalité. Cependant, des signes très clairs révèlent que l'activité sexuelle de ces individus n'est pas sous-tendue par des pulsions très puissantes. Elle est capricieuse, facile à perturber, souvent incorrecte dans ses réalisations et peu satisfaisante. Elle doit avant tout éviter le courant tendre, et il en résulte une restriction dans le choix des objets. Le courant sensuel, resté actif, ne cherche que des objets qui ne lui rappellent pas les personnes incestueuses interdites et lorsqu'une personne déclenche une impression qui pourrait conduire à lui accorder une grande estime, elle n'excite pas la sensualité mais la tendresse, sans aucun effet érotique. La vie amoureuse de tels hommes se scinde en deux directions, représentées dans l'art comme l'amour céleste et l'amour terrestre (ou animal). Lorsqu'ils aiment, ils ne désirent pas, et lorsqu'ils désirent, ils ne peuvent aimer. Ils sont à la recherche d'objets qu'ils n'ont pas besoin d'aimer afin de tenir à distance la sensualité des objets qu'ils aiment. Et leur étrange défaillance, l'impuissance psychique, survient selon les lois de la « sensibilité complexuelle »[1] et du « retour du refoulé » lorsqu'un trait, souvent imperceptible, de l'objet choisi pour éviter l'inceste leur rappelle l'objet à éviter.

Le principal moyen auquel recourt un homme pris dans ce clivage amoureux pour se protéger d'un tel trouble, consiste à *rabaisser*, à déprécier psychiquement l'objet sexuel, en réservant à l'objet incestueux et à ses substituts la surestimation qui leur est normalement associée. Dès qu'est réalisé ce ravalement, la sensualité peut s'exprimer librement, accomplir des performances sexuelles significatives et atteindre un haut degré de plaisir. Une autre condition concourt également à ce résultat pour ceux chez qui les courants tendres et sensuels n'ont pas convergé correctement et qui n'ont, la plupart du temps, qu'une vie amoureuse assez peu raffinée. Des buts sexuels pervers se sont maintenus en eux, dont la non satisfaction est éprouvée comme une perte de plaisir, et qui ne peuvent être satisfaits que par un objet sexuel rabaissé.

Nous comprenons à présent les motifs des fantasmes du jeune garçon, mentionnés dans la première partie, qui rabais-

---

1. Ce terme vient de « complexe » ou « complexus », du vocabulaire de Jung ; il désigne un système de représentation durable à l'origine duquel on trouve une émotion forte, qui revient lorsqu'on l'évoque (*NdT*).

sent la mère au rang de prostituée. Ils sont autant d'efforts réalisés pour jeter un pont, au moins dans le fantasme, sur l'abîme qui sépare les deux courants de la vie amoureuse, pour faire de la mère, en la rabaissant, un objet de sensualité possible.

2

Ce n'est pas l'étude médico-psychologique de l'impuissance psychique, qui nous a occupée jusqu'ici, qui justifie l'intitulé de cet essai. Il va cependant devenir clair que cette introduction était indispensable pour ouvrir la voie à notre véritable thème.

Nous avons affirmé que l'impuissance psychique résulte de l'absence de rencontre entre les courants tendre et sensuel dans la vie amoureuse et expliqué ce défaut dans le développement par l'influence de puissantes fixations infantiles et par une frustration ultérieure quand l'interdit de l'inceste devient réalité. On peut avant tout objecter à cette théorie qu'elle en dit trop : elle explique pourquoi certains hommes souffrent d'impuissance psychique; mais alors pourquoi d'autres échappent-ils à ce trouble ? Les facteurs manifestes qui interviennent pour déterminer le trouble (la puissante fixation infantile, l'interdit de l'inceste, la frustration des années de développement à l'adolescence) pèsent sur presque tous les hommes dans la culture. On pourrait donc s'attendre à ce que l'impuissance psychique soit un mal culturel général et pas seulement la maladie de quelques-uns.

On pourrait facilement se soustraire à ce raisonnement, en montrant qu'un facteur quantitatif intervient dans le déclenchement d'une maladie, que celui-ci dépend du poids de la contribution des différents facteurs en jeu. Mais, bien que cet argument me semble fondé, je n'ai pas l'intention de m'en servir pour repousser le raisonnement lui-même. Je pense au contraire que l'impuissance psychique est beaucoup plus répandue qu'on ne le pense et que ce trouble caractérise en fait à un certain degré la vie amoureuse de l'homme civilisé.

Si l'on étend le concept d'impuissance psychique, sans plus le limiter à l'incapacité du coït et alors même que le désir d'éprouver du plaisir est intact tout comme l'organe génital, viennent s'ajouter tous les hommes qu'on décrit comme psychanesthésiques, qui n'échouent jamais dans l'acte lui-même mais qui n'y trouvent pas de plaisir particulier; de tels cas sont plus fréquents qu'on ne voudrait le croire. L'étude psychanalytique de ces cas révèle les mêmes facteurs étiologiques que ceux de l'impuissance psychique au sens étroit du terme, sans qu'on parvienne, dans un premier temps, à expliquer les différences symptomatiques. On peut facilement établir une analogie entre ces hommes anesthésiques et le grand nombre de femmes frigides, dont le comportement amoureux ne peut être vraiment mieux décrit ou compris qu'en l'assimilant à l'impuissance psychique plus manifeste de l'homme[1].

Mais si, indépendamment de l'extension du concept d'impuissance psychique, nous considérons attentivement les aspects de sa symptomatologie, il devient difficile de ne pas voir que le comportement amoureux de l'homme, dans le monde culturel contemporain, porte en lui, en général, cette impuissance psychique. Le courant tendre et le courant sensuel ne se fondent vraiment l'un dans l'autre que pour très peu d'hommes. L'homme se sent presque toujours restreint, dans son activité sexuelle, par le respect qu'il porte à la femme; mais cette activité atteint sa pleine puissance lorsqu'il a devant

---

1. Cependant je suis prêt à admettre que la frigidité féminine est un sujet complexe, qu'on peut aborder sous un autre angle.

lui un objet sexuel rabaissé avec lequel il ose libérer les composantes perverses qui participent à ses buts sexuels, ce qu'il ne s'autorise pas avec une femme qu'il respecte. La pleine jouissance sexuelle ne lui est possible que lorsqu'il ose se livrer sans réserve à l'assouvissement de plaisirs qu'il ne prend pas avec sa respectable épouse. De là, son besoin d'un objet sexuel rabaissé, d'une femme moralement inférieure, à laquelle il n'a pas besoin de supposer des scrupules, qui ne le connaît pas dans d'autres aspects de sa vie et ne pourra donc pas le juger. C'est à ce genre de femme qu'il accorde de préférence sa puissance sexuelle, même quand il réserve toute sa tendresse à une femme de plus haute vertu. Il se peut que la tendance si fréquente des hommes de la haute société à choisir comme maîtresse durable, ou même comme épouse, une femme de condition inférieure ne soit rien d'autre que la conséquence du besoin d'un objet sexuel rabaissé, duquel dépend psychologiquement la possibilité d'un plaisir sexuel complet.

C'est sans aucune hésitation que je tiens pour responsables de ce comportement, si courant dans la vie amoureuse des hommes, les deux facteurs dont dépend la véritable impuissance psychique : la fixation incestueuse intense dans l'enfance et la frustration réelle dans l'adolescence. Il faut bien dire, et même si cela semble un peu désagréable et de plus paradoxal, que pour être vraiment libre dans sa vie amoureuse, et par là même comblé, il faut avoir surmonté le respect de la femme et s'être habitué à la représentation de l'inceste avec la mère ou la sœur. Quiconque se soumet à cette exigence, par un examen de conscience sérieux, découvrira sans aucun doute qu'il juge l'acte sexuel fondamentalement avilissant, qu'il souille et salit, et pas uniquement le corps. Il lui faudra rechercher l'origine de ce jugement, auquel il ne se résoudra pas volontiers, dans une époque de sa jeunesse où le courant sensuel s'était déjà développé et avec puissance, mais sans pouvoir être satisfait par un objet étranger presqu'aussi interdit que l'objet incestueux.

Dans notre culture, les femmes subissent tout autant les effets de leur éducation et, de surcroît, l'effet en retour du comportement des hommes. Il est naturellement tout aussi peu souhaitable pour une femme qu'un homme l'approche sans exercer toute sa puissance sexuelle ou qu'il la surestime dans un premier temps pour, dès qu'il l'a possédée, lui retirer son estime. On constate moins ce besoin de rabaissement de l'objet sexuel chez la femme ; c'est certainement lié au fait qu'en règle générale, elle ne parvient pas à la même surestimation sexuelle que celle qu'on trouve chez l'homme. Mais une longue abstinence sexuelle, une sensualité attardée dans les fantasmes ont sur elle une autre conséquence significative. Il est fréquent qu'elle ne parvienne plus à dénouer le lien qui associait l'activité sensuelle à l'interdit, et qu'elle se révèle pour cela psychiquement impuissante, c'est-à-dire frigide, lorsqu'une telle activité lui est enfin autorisée. C'est pourquoi de nombreuses femmes s'efforcent de conserver un moment le secret de relations même autorisées, et pourquoi d'autres deviennent capables de sensations normales aussitôt l'interdit rétabli dans une relation amoureuse secrète : infidèles à leur mari, elles sont capables de garder pour leur amant une fidélité de deuxième ordre.

Je pense que cette condition de l'interdit dans la vie amoureuse féminine est assimilable au besoin masculin de rabaisser l'objet sexuel. Tous deux sont des conséquences du long délai, imposé par l'éducation pour des raisons culturelles, qui sépare la maturité de l'activité sexuelle. Tous deux cherchent à surmonter l'impuissance psychique qui résulte de l'absence de rencontre des motions tendre et sensuelle. C'est sans doute une autre différence dans le comportement des deux sexes qui explique que les mêmes causes aient des effets si différents pour les femmes et les hommes. La femme n'a pas l'habitude de franchir le seuil interdisant l'activité sexuelle pendant la période d'attente ; ainsi s'établit un lien intime entre interdit et sexualité. Mais l'homme enfreint la plupart du temps cet interdit, à la condition de rabaisser l'objet, ce qui le suivra dans sa vie amoureuse ultérieure.

Par rapport aux efforts si intenses menés dans notre monde contemporain pour réformer la vie sexuelle, il n'est pas superflu de souligner que la psychanalyse, pas plus que d'autres recherches, n'entend défendre aucun point de vue. Elle veut simplement découvrir les liens qui unissent ce qui est manifeste à ce qui reste caché. Elle serait satisfaite que les réformes à venir se servent de ses résultats pour substituer des approches plus éclairées à celles qui ont été dommageables. Mais elle ne peut assurer que d'autres conditions sociales n'auraient pas pour conséquence d'autres victimes, et peut-être plus graves.

3

Puisque les contraintes culturelles qui refrènent la vie amoureuse s'accompagnent d'un rabaissement général des objets sexuels, nous pourrions être conduit à tourner notre regard vers les pulsions et non plus vers les objets. La frustra-tion initiale du plaisir sexuel cause un dommage tel que, lorsque plus tard elle est libérée dans le mariage, l'activité sexuelle n'a plus d'effet pleinement satisfaisant. Mais une liberté sexuelle illimitée dès le début n'aboutit pas à un meilleur résultat. On constate facilement que la valeur psychi-que du désir amoureux diminue dès que sa satisfaction est facilitée. Un obstacle est nécessaire pour pousser la libido sur des sommets, et là où les résistances naturelles contre la satisfaction ne suffisent pas, les hommes ont toujours inventé des interdits culturels pour pouvoir jouir de l'amour. Et c'est vrai des individus comme des peuples. Aux temps où la satisfaction amoureuse ne se heurtait à aucune difficulté, comme lors du déclin de la culture antique, l'amour était sans valeur, la vie était vide et de puissantes formations de réaction furent nécessaires pour rétablir la valeur indispensable des affects. On peut affirmer dans ce contexte que le courant ascétique du christianisme a créé pour l'amour des valeurs psychiques que l'Antiquité païenne n'aurait jamais pu lui conférer. Un tel courant a atteint son apogée dans la vie ascétique des moines, presque intégralement occupés à combattre leurs tentations libidinales.

Il est certain qu'il est d'abord tentant de lier les difficultés dont nous parlons à des propriétés générales de nos pulsions organiques. Il est certainement vrai qu'en règle générale l'importance psychique d'une pulsion augmente avec sa frustration. Si l'on soumet à la faim pendant le même temps un nombre d'hommes totalement différents les uns des autres, toutes ces différences individuelles vont s'estomper lorsque s'accroît le besoin impérieux de nourriture et, à la place de ces différences, va apparaître une expression uniforme de cette seule pulsion inassouvie. Mais alors, est-il exact également que la satisfaction d'une pulsion fait aussi chuter sa valeur psychique ? Pensons par exemple à ce qui lie le buveur au vin. N'est-il pas vrai que le vin offre toujours au buveur la même satisfaction toxique, si souvent comparée en poésie à la satisfaction érotique (comparaison tout aussi fondée du point de vue scientifique) ? A-t-on jamais entendu dire que le buveur est obligé de changer perpétuellement de boisson parce qu'il

finit par ne plus sentir le goût de celle qu'il boit d'habitude ? Au
contraire, l'habitude resserre toujours plus le lien qui existe
entre le buveur et le vin qu'il boit. A-t-on entendu parler du
besoin qu'aurait le buveur de se rendre dans un pays où le vin
est plus cher ou interdit, afin de relever sa satisfaction
déclinante par l'ajout de ces complications ? En aucun cas.
Lorsque notre grand alcoolique, Böcklin [1] par exemple, évoque
sa relation au vin, il décrit l'harmonie la plus pure, le modèle
même du mariage heureux. Pourquoi la relation d'un amant à
son objet sexuel est-elle si différente ?

Je pense qu'il est tout à fait possible, aussi surprenant que
cela puisse paraître, que quelque chose, dans la nature même
de la pulsion sexuelle, s'oppose à sa pleine satisfaction. Dans
l'histoire longue et compliquée du développement de la pulsion, il apparaît immédiatement que deux facteurs pourraient
être responsables de cette difficulté. En premier lieu, le choix
d'objet se construit dans la vie en deux temps, séparés par
l'apparition de l'interdit de l'inceste, et l'objet définitif de la
pulsion sexuelle n'est donc jamais l'objet originaire, mais
seulement un substitut. Or la psychanalyse nous a appris que
lorsque l'objet originaire d'une motion de désir a été perdu à
la suite d'un refoulement, il est souvent remplacé par une
succession sans fin d'objets de substitution dont aucun ne la
satisfait pleinement. Ceci pourrait expliquer l'inconstance
dans le choix d'objet, cet « appétit d'attirances » qui caractérise
si souvent la vie amoureuse adulte.

Nous savons deuxièmement que la pulsion sexuelle se
subdivise initialement en un grand nombre de composantes,
dont en fait elle dérive ; celles-ci ne seront pas toutes présentes

1. G. Floerke, *Zehn Jahre mit Böcklin*, Charleston, BookSurge Publishing,
2000 (1902, p. 16).

dans sa configuration ultérieure, mais pour l'être elles devront auparavant avoir été réprimées ou utilisées différemment. Les composantes pulsionnelles coprophiles sont les premières à se révéler incompatibles avec nos goûts culturels, vraisemblablement depuis que la station debout a éloigné du sol notre organe olfactif; il en va de même d'une bonne part des impulsions sadiques dans la vie amoureuse. Mais tous ces processus de développement ne concernent que les couches supérieures d'une structure complexe. Les processus de base qui alimentent l'excitation amoureuse restent quant à eux inchangés. L'excrémentiel est trop intimement et indissociablement lié au sexuel : la position des organes génitaux (*inter urinas et faeces*) reste l'élément décisif et invariable. On pourrait dire ici, en modifiant une formule bien connue du grand Napoléon : l'anatomie, c'est le destin. Les organes génitaux eux-mêmes n'ont pas subi les développements esthétiques des formes du corps humain; ils sont restés de l'ordre de l'animalité, tout comme l'amour reste aujourd'hui aussi fondamentalement animal qu'il l'a toujours été. Les pulsions amoureuses sont difficiles à éduquer : elles le sont tantôt trop, tantôt trop peu. Ce que la culture veut en faire ne peut s'obtenir sans une perte réelle de plaisir, et des motions inemployées persistent qui se traduisent, dans l'activité sexuelle, par l'insatisfaction.

Il faudrait peut-être alors s'habituer à l'idée qu'il n'est pas du tout possible de concilier les revendications de la pulsion sexuelle avec les exigences de la culture; qu'on ne peut pas éviter le renoncement et la souffrance ni, dans un avenir lointain, le danger d'extinction de l'humanité par suite de son développement culturel. Il est vrai que ce pronostic sombre repose sur la seule hypothèse que l'insatisfaction d'origine culturelle est la conséquence nécessaire de certaines particularités que la pulsion sexuelle a contractées sous la contrainte de la civilisation. Et c'est cette incapacité même de la pulsion sexuelle de parvenir à sa pleine satisfaction dès qu'elle est soumise aux premières exigences de la culture qui sera, pourtant, la source des plus formidables productions culturelles, engendrées par la sublimation toujours plus grande de cette composante pulsionnelle. Quels motifs auraient donc les hommes de détourner à d'autres fins leurs pulsions sexuelles si celles-ci leur apportaient, quelle que soit la manière dont elles se répartissent, une satisfaction pleine et entière? Ils ne se détourneraient pas de ce plaisir et ne créeraient plus rien de nouveau. Il semble donc bien que ce soit la divergence irréductible entre les exigences des deux pulsions (sexuelle et égoïste) qui rende les hommes capables des progrès les plus grands, mais sous la menace constante toutefois, à laquelle succombent de nos jours les plus faibles, de la névrose.

La science n'entend pas plus effrayer que rassurer. Mais je suis moi-même tout à fait prêt à reconnaître que des conclusions d'une aussi grande portée que celles-ci devraient reposer sur une base plus large; peut-être que d'autres orientations, dans l'histoire de l'humanité, viendront corriger le résultat de ce qui a été ici traité isolément.

CONCEPT ET THÉORIE GÉNÉTIQUE
DE LA LIBIDO (1912)

Présentation

On pense parfois que la rupture entre Freud et Jung s'est produite parce que Jung voulait pousser la psychanalyse au-delà de l'observation scientifique, vers la mythologie et les sciences occultes. En réalité, la première et vraie raison de la rupture est la remise en question par Jung de la théorie freudienne de la libido qui place le facteur sexuel au centre de la constitution de la névrose.

Carl Gustav Jung (1875-1961) est déjà médecin psychiatre, élève du Pr Eugen Bleuler, lorsqu'il découvre la psychanalyse et entre en contact avec son fondateur. Il est le fils d'un pasteur et d'une mère dépressive, portée vers les sciences occultes. C'est d'ailleurs à l'instar de celle-ci qu'il s'intéressera aux phénomènes psychiques et au spiritisme. Ce qui, à l'époque, le mena tout droit vers la psychanalyse, après une thèse intitulée « À propos de certains phénomènes dits occultes ». Sa rencontre avec Freud eut lieu en 1907, après des échanges de lettres et en particulier en raison de l'intérêt que le psychanalyste viennois a porté à la notion de « complexe » élaborée par Jung. Cette notion désigne l'ensemble des représentations et des émotions qui forment le soubassement des inhibitions d'un individu.

La profonde amitié qui lia Freud et Jung dura près de six ans, entre 1906, date à laquelle commencent leurs échanges épistolaires, et 1912, où Jung publie la seconde partie des *Métamorphoses et symboles de la libido* d'où est extrait le texte ci-dessous. Bien que Jung ait toujours eu des doutes quant à la capacité de la théorie freudienne des désirs ou des fantasmes sexuels refoulés à expliquer certaines pathologies psychiques, il éprouvait une telle admiration pour Freud et pour la psychanalyse qu'il avait fini par l'admettre.

Cependant, Jung a beaucoup travaillé (en collaboration avec Bleuler) avec des patients psychotiques à la clinique psychiatrique de Burghölzli à Zürich. Il a d'ailleurs déjà rédigé, avant la rencontre avec Freud, son étude sur la *Psychologie de la démence précoce*. Or il ne parvient pas à appliquer la théorie freudienne de la libido à ces patients schizophrènes. Car la perte de réalité, typique de la psychose, n'est pas explicable par une simple perte d'intérêt érotique. C'est ce qu'il explique dans le présent texte et ce sont ses doutes sur cette question qui précipiteront sa rupture avec Freud.

Selon Jung, nous pouvons à la rigueur envisager que le modèle d'un déplacement de l'énergie libidinale fonctionne pour le cas de la névrose (en particulier la névrose de transfert) : dans ce cas le refoulement n'entame pas l'intégralité de la réalité mais seulement la partie qui aurait trait aux fantasmes sexuels refoulés. Le problème est que dans la psychose c'est l'intégralité de la fonction de réalité qui est altérée, y compris les parties qui n'ont, d'après Jung, rien à voir avec la sexualité. Il va alors jusqu'à remettre en doute l'origine sexuelle de la fonction de réalité en proposant une définition non pas *descriptive*, mais *génétique* de la libido et en étendant ainsi le concept à la sphère des instincts en général : il emploiera le terme plus général d'« énergie psychique » pour l'expliciter.

Selon l'approche descriptive de Freud, la libido est une sorte d'énergie sexuelle qui accompagne la plupart de nos instincts (ou pulsions), y compris ceux qui pourraient sembler n'avoir aucun caractère sexuel spécifique (comme la nutrition, par exemple). Suivant l'approche génétique de Jung, nos instincts se sont diversifiés au cours de l'évolution et, bien qu'ils émanent tous à l'origine de la fonction centrale de reproduction, ils ne peuvent plus désormais (à ce stade de l'évolution) être seulement rapportés à la pulsion sexuelle.

L'approche génétique conduit à étendre le concept de libido au delà de la sphère sexuelle : bien que la plupart de nos instincts émanent de la « libido primaire », c'est-à-dire d'un instinct primaire de reproduction et de conservation, ils « se détachent vers de nouvelles activités » pour finir par n'être plus sexuels du tout. Cette approche génétique des instincts, empreinte d'un vocabulaire évolutionniste, justifie ainsi que nous traduisions *Trieb* par « instinct » plutôt que par « pulsion » dans le texte de Jung.

Grâce à son concept étendu de libido, qu'il dit emprunter au moins en partie au Freud du fameux cas Schreber, Jung prétend pouvoir mieux expliquer le retrait spécifique de la réalité dans la schizophrénie par la construction par le patient d'un « équivalent intra-psychique de la réalité en recourant à des énergies autres que les apports érotiques ». Il explique ainsi dans ce texte les raisons pour lesquelles il préfère, pour rendre compte de ce phénomène, la notion d'« autisme », empruntée à Bleuler, plutôt que celle d'« auto-érotisme », proposée par Karl Abraham. Car la dernière est une tentative d'explication de ce retrait de la réalité par l'approche freudienne classique de la libido sexuelle, qui échoue de fait dans le cas de la schizophrénie.

Tout le problème est alors de montrer que ce concept étendu de libido s'applique aussi au cas plus classique des névroses, que Freud prétend expliquer par les fantasmes sexuels refoulés. C'est alors, même si le pas théorique décisif a déjà été franchi, que le lecteur assiste réellement à l'acte de dissidence de la part de Jung : il ne se contente pas de remettre en question le concept de libido dans son application à la psychose, mais il en tire toutes les conséquences, y compris pour l'explication des névroses. Freud y verra sans doute une résistance d'ordre névrotique, car c'est ainsi qu'il interprète généralement les résistances à son hypothèse du « tout sexuel » (sans aucun doute, à l'époque, l'une des thèses les plus controversées de la psychanalyse freudienne).

Quoi qu'il en soit, cette nécessaire adaptation de la théorie à la thèse jungienne d'un concept étendu de libido le conduit à faire l'hypothèse de « substituts archaïques » qui viendraient, chez nombre de patients (y compris névrosés), remplacer la fonction de réalité. Mais ce n'est pas dans ce texte qu'il en fera véritablement la démonstration. Il se contente ici de dire que la libido sexuelle s'est vue progressivement rem-placée par des substituts et des symboles non-sexuels, ce qui a contribué à désexualiser la libido.

Bien que les biographes reconnaissent que certaines tensions plus personnelles ont pu achever de consommer la rupture avec Freud – qui affectera son jeune élève (de quinze ans son cadet) très profondément –, au plan théorique elle semble désormais inévitable [1].

---

1. Voir pour s'en convaincre S. Freud, « Pour introduire le narcissisme », *infra*, p. 219-221.

L'extension du concept de libido conduit Jung à remettre en question la sexualité infantile et, avec elle, le caractère structurant du complexe d'Œdipe. Or, la sexualité infantile est alors un point sensible et controversé de la psychanalyse freudienne (elle fût déjà, on le sait, responsable de l'arrêt de la collaboration avec Breuer). En mettant l'accent sur la nutrition et sur le développement de l'enfant, il fait de la mère une figure nourricière et protectrice plutôt que l'objet d'un fantasme incestueux. Ceci lui vaudra d'être comparé par Freud à Adler, ce qui, au moment où la rupture avec ce dernier est bien consommée, marque un rejet irréversible.

Cette rupture finira par ailleurs par exacerber les tensions entre l'école de Vienne et l'école de Zurich. Jung sera finalement exclu en 1914 de l'Association Psychanalytique Internationale et abandonnera ses fonctions d'éditeurs du *Jahrbuch für psychoanalytische und psychopathologische Forschungen*.

CONCEPT ET THÉORIE GÉNÉTIQUE
DE LA LIBIDO[*]

L'histoire de ce concept a sa source principale dans les *Trois essais sur la théorie sexuelle* de Freud. Le terme de libido y est pris au sens propre (médical) d'*instinct sexuel*[1], de *besoin sexuel*. L'expérience nous oblige à admettre que la libido peut se déplacer. Il ne fait aucun doute que des fonctions ou des zones non sexuelles peuvent mobiliser une certaine quantité d'énergie sexuelle, « un afflux supplémentaire de libido »[2]. De ce fait, des fonctions ou objets qui n'entretiennent normalement aucun rapport avec la sexualité peuvent prendre une

---

[*] C.G. Jung, « Über den Begriff und die genetische Theorie der Libido », *Wandlungen und Symbole der Libido*, in *Jahrbuch für Psychoanalytische und Psychopathologische Forschungen*, 1912, Bd. IV, p. 71-186. Traduction par Valérie Aucouturier.

1. *Sexualtriebes* qui, chez Freud, désigne la pulsion sexuelle. Dans la traduction du reste de cet article, nous avons conservé, étant donné les conceptions de Jung, la traduction de *Trieb* par instinct (*NdT*).

2. La phrase de Freud ne figure que dans les deux premières éditions des *Trois essais* ; Freud écrit : « À côté d'une pulsion en soi non sexuelle, issues de sources d'impulsions motrices, on différencie, dans les pulsions partielles, une contribution d'un organe recevant des stimuli (peau, muqueuse, organe des sens). Ce dernier doit ici être qualifié de zone érogène, en ce qu'il est l'organe dont l'excitation confère à la pulsion son caractère sexuel ». S. Freud, *Œuvres complètes*, vol. VI, Paris, P.U.F., 2006, p. 101.

valeur sexuelle[1]. Freud a comparé la libido à un flux qui se divise, qui peut s'accumuler et se ramifier, etc.[2] Sa première conception n'interprétait donc pas « tout en termes de sexualité », comme nos adversaires se plaisent à le prétendre ; elle reconnaissait au contraire l'existence de forces pulsionnelles dont on ne connaît pas encore la nature ; Freud a bien dû, comme tout le monde, reconnaître à ces forces la faculté de recevoir des « afflux supplémentaires de libido ». On peut se représenter cette conception par l'image d'une « confluence d'instincts »[3], parmi lesquels l'instinct sexuel en tant qu'instinct partiel du système. L'expérience a démontré que l'instinct sexuel déborde sur les autres. Il me semble que les travaux de Freud et de son école ont montré le bien fondé de sa conception d'après laquelle les forces pulsionnelles d'un système névrotique correspondent à des afflux de libido dans d'autres fonctions pulsionnelles non sexuelles[4]. Depuis 1905,

1. Freud écrit : « L'un de ces contacts en particulier, le contact mutuel de la muqueuse labiale, a reçu en outre, chez beaucoup de peuples (y compris les plus hautement civilisés), sous l'espèce du baiser, une haute valeur sexuelle, bien que les parties du corps ici concernées n'appartiennent pas à l'appareil sexué, mais forment l'entrée du tube digestif » (« Trois essais sur la théorie sexuelle », *Œuvres complètes*, vol. VI, *op. cit.*, p. 82).

2. Voir S. Freud, *Trois essais, op. cit.*, p. 104.

3. C'est une vieille idée que Möbius a tenté de remettre en valeur. Fouillée, Wundt, Beneke, Spencer, Ribot et d'autres psychologues modernes reconnaissent le prima de l'ensemble des instincts dans la vie psychologique.

4. En effet Freud dit : « [C]es psychonévroses, aussi loin que portent mes expériences, reposent sur des forces de pulsion sexuelles. Je n'entends pas par là que l'énergie de la pulsion sexuelle fournit une sorte de contribution aux forces qui entretiennent les manifestations morbides (symptômes), mais je veux expressément affirmer que cette participation est la seule qui soit constante et qu'elle constitue la plus importante source d'énergie dans la névrose, de sorte que la vie sexuelle des personnes concernées se manifeste dans ces symptômes de façon exclusive, soit prépondérante, soit seulement partielle » (*Trois essais, op. cit.*, p. 97).

date de parution des *Trois essais*, le concept de libido a été largement étendu, ce dont témoigne notre présent travail[1]. Freud, comme moi, l'a élargi avec la prudence qui convient à un problème aussi délicat. C'est la paranoïa, si proche de la démence précoce, qui semble l'avoir poussé à le faire. Je cite en totalité le passage suivant :

> Une troisième réflexion, qui se place sur le terrain des points de vue développés ici, pose la question de savoir si nous devons admettre que le détachement général de la libido d'avec le monde extérieur est suffisamment efficace pour expliquer à partir de lui la « fin du monde », ou si, dans ce cas, les investissements du moi qui ont été sauvegardés ne devraient pas suffire à maintenir le rapport avec le monde extérieur. On devrait alors ou bien faire coïncider ce que nous appelons investissement libidinal (intérêt provenant de sources érotiques) avec l'intérêt tout court, ou bien prendre en compte la possibilité qu'un trouble de grande ampleur dans le placement de la libido peut introduire aussi un trouble correspondant dans les investissements du moi. Or ce sont là des problèmes pour lesquels nous n'avons pas de réponse, étant encore tout à fait démunis et maladroits. Si nous pouvions partir d'une doctrine des pulsions assurée, il en serait autrement. Mais en vérité nous ne disposons de rien de semblable. Nous concevons la pulsion comme le concept-frontière du somatique face au psychique, nous voyons en elle le représentant psychique de puissances organiques et admettons la différenciation populaire entre pulsion du moi et pulsion sexuelle, qui nous semble concorder avec la double position biologique de l'être individuel, position aspirant à sa

---

1. Notre époque est encore tellement imprégnée de scolastique qu'on a reproché à Freud d'avoir modifié certaines de ses conceptions. Malheur à qui force les autres à changer d'avis, à reconnaître leur erreur ! « Les savants ne sont pas curieux ».

propre conservation comme à celle de l'espèce. Mais tout ce
qui va au-delà, ce sont des constructions que nous mettons en
place et que nous sommes tout aussi prêt à laisser de nouveau
tomber pour nous orienter dans l'enchevêtrement des processus psychiques plus obscurs, et nous attendons justement des
investigations psychanalytiques sur des processus morbides
qu'elles viennent nous imposer certaines décisions dans les
questions de la doctrine des pulsions. Etant donné que de
telles investigations sont récentes et isolées, cette attente ne
peut pas encore avoir été comblée. La possibilité de répercus-
sions des troubles de la libido sur les investissements du moi
pourra tout aussi peu être écartée que l'inverse, à savoir le
trouble secondaire ou induit des processus libidinaux dû à des
modifications anormales dans le moi. Il est même vraisemblable que des processus de cette sorte constituent le caractère
différentiateur de la psychose. Quelle part de cela entre en
ligne de compte dans la paranoïa, c'est ce qui ne peut pas être
présentement indiqué. Je ne voudrais faire ressortir qu'un
seul point de vue. On ne peut pas affirmer que le paranoïaque
a totalement retiré son intérêt du monde extérieur, pas même
au comble du refoulement, ce que l'on ne manque pas de
trouver, par exemple, dans la description de certaines autres
formes de psychoses hallucinatoires (Amentia de Meynert).
Il perçoit le monde extérieur, il prend conscience de ses modifications, il est, par l'impression qu'elles lui font, incité à des
activités explicatives (les « ombres d'hommes bâclés à la six-
quatre-deux [1] »), et c'est pourquoi je tiens pour infiniment
plus vraisemblable l'idée que sa relation modifiée au monde

---

[1]. Nous reprenons pour la traduction de cette expression de Schreber, la
formulation de E. Pichon dans S. Freud, *Cinq Psychanalyses*, Paris, P.U.F.,
1954, p. 318.

est à expliquer uniquement ou principalement par le manque d'intérêt libidinal [1].

Freud aborde dans ce passage la question de savoir si la perte bien connue de la réalité dans la démence paranoïaque (démence précoce [2]) – sur laquelle j'ai attiré tout spécialement l'attention dans ma *Psychologie de la démence précoce* [3] – n'est due qu'au retrait de l'afflux de libido, ou si cette perte coïncide en général avec celle de l'intérêt dit objectif. Il est difficile de soutenir que la «fonction normale du réel» de Janet [4] n'est assumée que par des «afflux de libido» ou par l'intérêt érotique. En fait, chez un grand nombre de malades, la réalité disparaît totalement, si bien qu'on ne trouve plus chez eux aucune trace d'adaptation ou d'orientation psychologique (dans ces états, la réalité est refoulée et remplacée par le contenu du complexe). Il faut donc bien admettre dans ces pathologies la disparition non seulement de l'intérêt érotique mais de l'intérêt en général, c'est-à-dire que toute adaptation à la réalité a disparu. Dans cette catégorie entrent les patients atteints d'automatisme stuporeux et catatonique.

La différenciation entre l'instinct non sexuel et l'apport libidinal que nous constatons dans la psychologie des névroses (surtout l'hystérie et la névrose obsessionnelle) fait défaut dans la démence précoce (à laquelle appartient aussi la démence paranoïaque); et pour de bonnes raisons! Dans ma

1. Nous avons repris et modifié la traduction de ce texte sur le cas du Président Schreber dans les *Œuvres complètes*, vol. X, Paris, P.U.F., 1993, p. 296-298 (*NdT*).

2. Le cas Schreber n'est pas vraiment un cas de paranoïa au sens moderne.

3. Ainsi que dans mon «Contenu des psychoses» (1908), dans *Psychogénèse des maladies mentales*, Paris, Albin Michel, 2001, p. 191-220.

4. Comparer avec Jung, «Psychologie de la démence précoce», dans *Psychogénèse des maladies mentales*, Paris, Albin Michel, 2001, p. 13-187.

Psychologie de la démence précoce, j'avais tenté de me tirer d'affaire en employant l'expression d'«énergie psychique» parce que je n'étais pas à même d'étayer ma théorie de la démence précoce sur la thèse du déplacement de la libido. Mes expériences d'alors, surtout psychiatriques, ne me permettaient pas de comprendre cette thèse. Plus tard, à l'occasion de nombreuses observations de cas d'hystérie et de névrose obsessionnelle, j'ai reconnu que cette thèse valait pour les névroses (plus exactement pour les névroses de transfert). Dans celles-ci, la partie de la libido qui a échappé au refoulement spécifique s'introduit et régresse sur des voies de transfert déjà empruntées auparavant (sur les parents par exemple)[1]. Cependant, l'adaptation psychologique non sexuelle à l'entourage demeure préservée, mais pas ce qui relève de l'érotisme ou de ses orientations secondaires (les symptômes). La portion de la réalité dont manquent ces malades, c'est justement ce reste de libido dans la névrose. Au contraire, dans la démence précoce, il manque à la réalité non seulement la portion de libido qui a échappé au refoulement sexuel spécifique, mais aussi beaucoup plus que ce qu'on serait tenté d'attribuer à la sexualité au sens strict. La fonction de réalité est si diminuée que des forces instinctives ont dû être atteintes, qui sont de toute évidence de nature non sexuelle[2], puisque personne ne dira que la réalité est une fonction sexuelle. Si elle l'était, l'introversion de la libido au sens strict devrait entraîner, dans la névrose même, une perte de la réalité comparable à celle de

1. Ainsi, une femme frigide qui, à la suite d'un refoulement sexuel spécifique, ne peut pas diriger sur son mari sa libido sexuelle, garde présent en elle l'imago de ses parents et produit des symptômes.

2. De tels dépassements de la sphère des instincts sexuels peuvent aussi se rencontrer dans les psychoses hystériques; car les psychoses sont aussi un trouble général de l'adaptation.

la démence précoce. Ce sont ces phénomènes qui m'ont empêché d'appliquer la théorie de Freud à la démence précoce. A mon avis, ce que cherche à montrer Abraham[1] est donc difficile à soutenir du point de vue de la théorie freudienne de la libido. Abraham pense que le système paranoïaque ou la symptomatologie schizophrénique (que Freud nomme *paraphrénie*) provient du retrait de la libido du monde extérieur. Déjà en 1908, cette thèse n'était pas justifiée : Freud avait montré clairement qu'une simple introversion ou régression de la libido conduit inévitablement à une névrose (de transfert) et *non à la démence précoce. On ne peut pas* appliquer simplement la théorie de la libido à la démence précoce, puisque dans cette maladie il y a perte de la réalité, *ce qu'on ne peut pas expliquer par un déficit de libido au sens strict.*

Cela me fait particulièrement plaisir que notre professeur, lui aussi, en s'intéressant à l'étude complexe de la vie mentale des paranoïaques, ait été amené à mettre en doute la pertinence de sa propre conception de la libido. Mes réserves quant à l'omniprésence de la sexualité, que j'ai exprimées dans la préface de ma *Psychologie de la démence précoce*, étaient fondées sur l'état, à l'époque, de la théorie de la libido, même si j'en reconnaissais l'intérêt explicatif. La définition strictement sexuelle de cette libido ne me permettait pas de comprendre certains troubles fonctionnels qui concernent tout autant le domaine (inexploré) de l'instinct de nutrition que celui de l'instinct sexuel. La théorie de la libido m'a longtemps semblé inapplicable à la démence précoce. Mais, à mesure que grandissait mon expérience et que progressait mon travail

---

1. Voir K. Abraham, « Les différences *psychosexuelles* de l'hystérie et de la démence précoce » (1908), dans S. Freud, *Pour introduire le narcissisme*, Paris, Payot, 2012.

analytique, ma conception de la libido se modifiait : à la *définition descriptive* des *Trois essais*, je substituais peu à peu une *définition génétique*, qui me permit de remplacer par « libido » l'expression « énergie psychique ». J'en suis venu à penser que si, dans la fonction de réalité, il n'entre qu'une infime partie de libido sexuelle, que d'autres « forces pulsionnelles » en constituent l'essentiel, *il est décisif de savoir si, du point de vue phylogénétique, l'origine sexuelle de la fonction de réalité n'est pas moins importante qu'on ne le pense.* Il est impossible de répondre directement à cette question à propos de la fonction de réalité. Nous allons donc tenter de l'aborder indirectement.

Il suffit de regarder l'histoire de l'évolution pour voir que nombre de fonctions complexes, qui n'ont de toute évidence aucun caractère sexuel, n'étaient cependant à l'origine que des dérivés de l'instinct général de propagation. Dans l'évolution des séries animales, s'est produite une transformation importante des modes de propagation : la quantité des descendants, qui compensait les hasards de la fécondation, s'est réduite progressivement pour être remplacée par une fécondation plus maîtrisée et une protection plus efficace des petits. Ainsi, l'énergie employée à la production des œufs et du sperme a été consacrée aux mécanismes de séduction et de protection des petits. En effet, dans l'échelle animale, les arguments esthétiques de séduction sont mis au service de la reproduction et se limitent à l'époque du rut. L'origine sexuelle de ces dispositifs biologiques s'est estompée au moment où ils se sont fixés dans l'organisme et sont devenus indépendants de leur fonction sexuelle. Ainsi, il ne fait aucun doute que la musique a une origine sexuelle ; il serait cependant trop simple de mettre la musique en général dans la catégorie de la sexualité. A suivre un tel raisonnement, on considèrerait la cathédrale de Cologne comme une partie de la minéralogie sous prétexte qu'elle est en pierre.

Celui qui ne connaît rien de l'histoire de l'évolution peut être surpris par le nombre de choses qui peuvent être ramenées à l'instinct de propagation chez les être humains ; à mon avis, c'est le cas pour presque tout ce que nous aimons et qui nous est cher.

Nous avons parlé jusqu'ici de la libido en tant qu'instinct de propagation, nous ralliant ainsi à la conception qui oppose celui-ci à la faim, comme on oppose volontiers l'instinct de conservation de l'espèce à celui de conservation de l'individu. Cette séparation artificielle n'existe évidemment pas dans la nature. Nous n'y voyons qu'un instinct vital perpétuel, un vouloir vivre qui, au moyen de la conservation de l'individu, assure celle de toute l'espèce. Cette conception correspond au concept de *volonté* chez Schopenhauer : car le mouvement, qui se voit de l'extérieur, ne peut être saisi de l'intérieur que comme volonté (la langue l'indique : mouvoir, motiver). En philosophie, cette attribution à l'objet de perceptions internes est nommée « introjection » (Ferenczi au contraire, nomme « introjection » l'acte qui consiste à absorber le monde extérieur dans le monde intérieur[1]). Certes, l'introjection fausse l'image du monde. Selon Freud, le principe de plaisir est la formulation du concept d'introjection en termes de volonté, tandis que du point de vue fonctionnel son principe de réalité correspond, en termes de volonté, à ma correction de la réalité et à la coordination principielle empiriocritique de R. Avenarius. Le concept de force doit lui aussi son existence à l'introjection : Galilée a clairement

1. S. Ferenczi, « Transfert et introjection » (1909), dans *Psychanalyse*, *Œuvres complètes*, t. I (1908-1912), Paris, Payot, 1968, p. 100.

énoncé qu'il faut chercher l'origine de ce concept dans la perception subjective de sa propre force musculaire.

Nous sommes maintenant parvenus à l'hypothèse audacieuse qu'une partie de la libido, consacrée à l'origine à la production des œufs et du sperme, s'est déportée vers la fonction, solidement organisée, de construction des nids et ne peut plus s'en détourner; nous devons donc la relier à tout ce qui a trait au vouloir, *donc aussi à la faim*; en un certain sens, il n'y a plus de raison de distinguer, en principe, le «vouloir manger» du «vouloir construire des nids».

Ces observations nous conduisent à un concept de libido qui excède le domaine des sciences de la nature pour s'intégrer dans une conception philosophique de la volonté. J'abandonne volontiers aux philosophes l'analyse de cet élément psychologique de la volonté et je renvoie aux écrits de Schopenhauer[1]. Cette dimension psychologique du concept de volonté (qui selon moi n'a rien de métapsychologique ni de métaphysique) renvoie au concept cosmogonique de l'Eros de Platon et de la *Théogonie* d'Hésiode et à la figure orphique de Phanés, «le *lumineux*, le tout premier, le père d'Eros». Dans l'orphisme, Phanès est aussi synonyme de Priape; c'est un dieu d'amour, bisexué, l'équivalent de Lysios, ce Dyonisos thébain[2]. La signification orphique de Phanés est analogue à celle du Kâma indou, dieu d'amour et principe cosmogonique. Pour le néo-platonicien Plotin, l'âme du monde est *l'énergie de l'intellect*[3]. Plotin compare l'un (le principe originel de création) à la lumière en général, l'intellect au soleil (♂) et

---

1. A. Schopenhauer, *Le Monde comme volonté et représentation*, Paris, Gallimard, 2009, t. 1, § 54.

2. Voir V.H. Roscher, *Ausführliches Lexikon der Griechischen und Römischen Mythologie*, Leipzig, Teubner, 1884, p. 2248.

3. Voir A. Drews, *Plotin*, Iéna, 1907, p. 127 (*NdT*).

l'âme du monde à la lune (☿). Ailleurs, Plotin compare l'un au père et l'intellect au fils[1]. L'un, Uranus, est transcendant. Le fils, Chronos, règne sur le monde visible. L'âme du monde (nommée Zeus) lui est soumise. L'un, Ousia de toute l'existence, Plotin le nomme hypostase, ainsi que ses trois formes d'émanation, donc μια ούσια έν τρισὶν ὑποστάσεσιν; comme Drews le fait remarquer, c'est ainsi qu'est formulée la trinité chrétienne (Dieu le père, Dieu le fils et le Saint Esprit) telle qu'elle fut établie au concile de Nicée et de Constantinople[2]. On peut en outre remarquer qu'au début du christianisme, certaines sectes attribuaient une signification maternelle au Saint Esprit (âme du monde, lune)[3]. Chez Plotin[4], l'âme du monde tend à une *existence divisée*, *à la divisibilité*; c'est la condition sine qua non de toute modification, de toute création, de toute reproduction (c'est donc une qualité maternelle); elle est un «tout infini de la vie» et toute entière énergie; c'est l'organisme vivant des idées; c'est dans l'âme du monde que les idées deviennent actives et réelles. L'intellect est leur géniteur, leur père; ce qu'elles ont contemplé dans l'intellect, elles le déploient dans le monde sensible[5]. Ce qui est uni dans l'intellect se développe, dans l'âme universelle, sous forme de *logos*, l'emplit d'un contenu et l'enivre pour ainsi dire de nectar[6]. Le nectar est l'analogue du soma, la boisson de fertilité et de vie, donc le sperme. L'âme est fécondée par l'intellect, c'est-à-dire par le père (voir plus loin les conceptions égyptiennes). Quand elle est supérieure,

1. *Ibid.*, 1c, p. 132.
2. Voir *Ibid.*, p. 135.
3. Je parlerai plus loin du Chi de Timée.
4. Voir Plotin, *Ennéades*, II, 5, 3, Paris, Les Belles Lettres, 1995.
5. *Ibid.*, IV, 8, 3.
6. Jung cite librement Plotin, *Ennéades*, III, 5, 9 (*NdT*).

comme âme, elle est l'Aphrodite céleste; quand elle est inférieure, l'Aphrodite terrestre. Elle connaît les douleurs de l'enfantement, etc.[1] C'est la raison pour laquelle l'oiseau d'Aphrodite, la colombe, symbolise le Saint Esprit.

Ce fragment d'histoire de la philosophie, qu'on pourrait sans doute développer, montre l'importance de la perception endopsychique de la libido et de ses symboles dans la pensée humaine.

La volonté, la libido, se manifeste au sein des phénomènes naturels sous les formes et dans les domaines les plus variés. D'abord, dans l'enfance, presque toute la libido est mobilisée par l'instinct de nutrition, qui assure le développement du corps. Au cours de ce développement, la libido se manifeste dans divers domaines et, pour finir, dans la sexualité, fonction capitale qui semble d'abord étroitement liée à la fonction de nutrition (chez les animaux inférieurs et les plantes, l'accès à la nourriture influence la reproduction). C'est avec la sexualité que la libido prend une forme dont l'importance est capitale, ce qui justifie notre emploi généralisé du terme libido. Celle-ci est alors, au sens propre, un instinct de propagation, d'abord sous la forme de libido sexuelle primaire, indifférenciée, qui, en tant qu'énergie de croissance, pousse les individus à croître et se multiplier, etc. (la distinction la plus claire entre ces deux formes de libido s'observe chez des animaux dont le stade de nutrition est séparé du stade de reproduction par celui de la chrysalide).

Au cours de l'évolution, à partir de la libido sexuelle primaire qui, avec un seul être, permettait de produire des millions d'œufs et de semences, se sont différenciées des fonctions qui proviennent d'une libido différenciée tandis

1. Voir A. Drews, *Plotin*, *op. cit.*, 1c, p. 141.

que diminuait considérablement la fécondité. Cette libido différenciée s'est alors « désexualisée » puisqu'elle a perdu sa fonction primaire de former œufs et semence, et ce de manière irréversible. Le processus d'évolution consiste donc en une redirection progressive de la libido primaire propagatrice vers des fonctions secondaires de séduction et de protection des petits. Cette évolution suppose une relation très différente et bien plus complexe à la réalité, une vraie *fonction de réalité*, inséparable des besoins de reproduction : en d'autres termes, les nouvelles modalités de propagation sont corrélées à une adaptation plus grande à la réalité[1].

Nous parvenons ainsi à nous représenter certaines origines de la fonction de réalité. Dès lors, on ne peut pas dire que sa force instinctive est sexuelle mais qu'elle l'a été à un très haut degré.

Le processus de redirection de la libido primaire vers des activités secondaires s'est très probablement traduit par un « afflux de libido », c'est-à-dire que la sexualité a perdu sa destination première et, au cours de la phylogenèse, s'est mise au service de l'activité des mécanismes de séduction et de protection des petits. Cette redirection de la libido sexuelle vers des fonctions secondaires se poursuit de nos jours[2] ; quand elle s'opère sans dommage pour l'adaptation de l'individu, on la nomme *sublimation*. Qu'elle échoue, on parle de *refoulement*.

En psychologie, selon le *point de vue descriptif*, on observe une multitude d'instincts, parmi lesquels l'instinct sexuel

1. Ce qui ne veut bien sûr pas dire que la différenciation des modes de reproduction soit la seule source de la fonction de réalité ; celle-ci procède aussi largement de la fonction de nutrition.

2. Le malthusianisme est la poursuite artificielle de cette tendance naturelle.

comme phénomène partiel et on observe des afflux de libido vers des instincts non sexuels.

Selon le *point de vue génétique*, cette multiplicité des instincts émerge d'une unité relative, la libido primaire[1] dont des afflux se détachent continuellement vers de nouvelles activités qui finissent par les absorber. Par la suite, le point de vue génétique ne peut maintenir ce concept de libido (restreint selon le point de vue descriptif) et doit l'élargir impérativement. Nous voici donc parvenus à une théorie génétique de la libido, introduite subrepticement dans la première partie pour préparer le lecteur à notre conception génétique; j'ai réservé à la deuxième partie l'explication de cet innocent tour de passe-passe.

Grâce à cette conception génétique, qui dépasse largement le point de vue descriptif (qui considère la sexualité sous sa forme récente), on peut appliquer aux états psychotiques la théorie freudienne de la libido. Le passage cité plus haut montre que la conception de Freud n'est pas applicable au problème des psychoses[2]. Donc, lorsqu'ici ou là, je parle de libido, il s'agit toujours du concept génétique, qui ajoute à la sexualité récemment apparue une quantité indéterminée de libido primaire, désexualisée. Quand je dis qu'un malade détourne sa libido du monde extérieur et la tourne vers son monde intérieur, je ne veux pas dire qu'il détourne l'afflux de libido de la fonction de réalité, mais qu'il le soustrait à des forces

1. D'abord sous forme d'instinet de propagation, qui est une manifestation de la volonté en général.

2. Dans son étude sur la paranoïa, Freud (dont je défendrai toujours, contre ceux qui disent le contraire, qu'il a une attitude vraiment empirique) a étendu, en raison des caractéristiques particulières de cette maladie, son concept primaire de libido. Il emploie même ce terme pour désigner la fonction de réalité, ce qui contredit le point de vue qu'il défend dans les *Trois essais*.

instinctives (désexualisées) qui entretiennent normalement la fonction de réalité.

Cette conception implique inévitablement une révision partielle de la terminologie. Abraham a entrepris d'appliquer, comme on le sait, la théorie freudienne de la libido à la démence précoce et a considéré comme *auto-érotisme* le manque de rapports affectifs et la disparition de la fonction de réalité qui sont caractéristiques de cette maladie. Le mot doit être précisé : l'introversion hystérique de la libido conduit à l'*auto-érotisme*, puisque le malade détourne vers lui-même les apports *érotiques* destinés à la fonction de réalité, si bien que son moi est l'objet d'une certaine quantité de libido érotique. Mais le schizophrène enlève à la réalité plus que l'afflux de libido, et c'est la raison pour laquelle il produit des manifestations très différentes de celles de l'hystérie. Il y a chez lui *plus que de l'auto-érotisme*; il se construit un *équivalent intrapsychique de la réalité* en recourant à des énergies autres que les apports érotiques. Aussi Bleuler a-t-il raison de rejeter le concept d'auto-érotisme, qui vient de la neurologie (où il est à sa place), pour le remplacer par celui d'*autisme* [1]. Je considère que ce terme rend mieux compte des faits que celui d'auto-érotisme, et je profite de ma révision (radicale, je l'espère) du concept de libido pour reconnaitre que, par le passé, j'ai eu tort d'assimiler l'*autisme* de Bleuler à l'*auto-érotisme* de Freud. Mais il est vrai que Bleuler parvient à son concept par des voies qui ne me plaisent pas toujours.

1. Bleuler a de toute façon recours à ce concept sur la base d'autres expériences dont je ne peux pas parler d'avantage ici (voir sa *Dementia praecox ou groupe des schizophrénies*, Paris, E.P.E.L./G.R.E.C, 1993, p. 112, et ma critique de sa « théorie du négativisme schizophrène » dans C.G. Jung, *Psychogénèse des maladies mentales*, *op. cit.*, p. 13-52).

Il convient donc plutôt de renoncer à la conception descriptive de la libido, de manière à pouvoir utiliser aussi le concept de libido pour la démence précoce. C'est tout à fait faisable, comme le démontre la brillante étude de Freud sur les fantasmes du patient Schreber. Mais il faut aussi s'assurer que ma conception génétique s'applique bien aux névroses, comme je le pense, car *la nature ne fait pas de saut*[1]. Il est même tout à fait possible que des troubles fonctionnels temporaires et plus ou moins importants apparaissent dans les névroses, ce qui dépasse la portée de la sexualité récemment apparue ; en tout cas, c'est ce qu'on observe lors des épisodes psychotiques.

Cette extension du concept de libido, fondée sur les derniers travaux psychanalytiques, constitue à mon sens un progrès considérable, qui sera surtout important pour le domaine des psychoses d'introversion, domaine dans lequel on a déjà des preuves de la validité de mon hypothèse. Un ensemble de travaux réalisés à Zürich[2], mais publiés en partie seulement, montrent en effet que des *substituts fantasmatiques des idées, qui remplacent la fonction de réalité ici désorganisée, présentent d'évidentes similitudes avec la pensée archaïque*. Et c'est ce qui vient corroborer le postulat que j'ai énoncé plus haut, à savoir qu'est enlevée à la réalité non seulement la libido récente (individuelle) mais aussi la libido déjà différenciée (désexualisée), qui entretient depuis des temps reculés la fonction de réalité chez l'individu normal. La

1. Il s'agit d'une affirmation d'Aristote (*Politique* I, 1, 10) maintes fois reprise de Leibniz à Darwin (*NdT*).

2. Voir la thèse de S. Spielrein, « Sur le contenu psychologique d'un cas de schizophrénie », *Archives de psychanalyse* 5, 1991 publié dans le tome III du *Jahrbuch für Psychoanalytische und Psychopathologische Forschungen*, 1912, p. 329.

disparition des derniers acquis de la fonction de réalité (ou adaptation) ne peut qu'entraîner son remplacement par un moyen ancien d'adaptation. C'est ce qui se passe dans les névroses : les transferts récents, mis en échec par le refoulement, sont remplacés par un transfert de type ancien, par exemple par la réanimation progressive de l'imago des parents. Dans la névrose (de transfert), dans laquelle n'est enlevée à la réalité (par le refoulement sexuel spécifique) que la partie récente de la libido sexuelle, ce substitut est un fantasme de source et de nature individuelles ; mises à part quelques traces, on ne retrouve plus de traits archaïques dans les fantasmes des patients qui ont cette pathologie qui résulte de l'atteinte de la fonction humaine générale de réalité mise en place depuis des siècles. Ce qui s'y substitue alors ne peut être qu'un succédané habituellement adapté et archaïque. En voici un exemple clair et simple que je dois à Honegger[1] : un paranoïaque d'intelligence moyenne, qui sait très bien que la terre est ronde et tourne autour du soleil, remplace les connaissances astronomiques modernes par un système qu'il a construit en détail : ce système mérite d'être qualifié d'archaïque puisque la terre y est un disque plat au-dessus duquel évolue le soleil[2]. (Se rappeler ici l'exemple du phallus solaire, cité plus haut, que nous devons également à Honegger).

Spielrein a également donné quelques exemples très éclairants de *définitions archaïques qui, dans la maladie, remplacent la signification réelle des termes modernes* ; par exemple, sa malade retrouve exactement le sens mythologique de l'alcool, du breuvage de l'ivresse : c'est un « écoulement de

---

1. Ces recherches sont entre mes mains et leur publication est en cours.

2. Honegger a présenté cet exemple en 1910 à l'Association psychanalytique de Nuremberg.

sperme »[1]. Sa représentation symbolique de la cuisson se rapproche de la vision alchimiste de Zozimos[2] qui, dans le creux d'un autel, trouve de l'eau bouillante et des hommes dedans[3]. La malade emploie *terre* ou *eau* pour *mère*[4]. Je me limite à ces exemples, mais l'école de Zurich peut en donner bien d'autres.

Le principe exposé précédemment de remplacement d'une fonction de réalité défectueuse par des substituts archaïques est illustré par un propos de Spielrein (p. 397) : « J'eus maintes fois l'impression que les malades étaient simplement les victimes d'une superstition populaire ». En effet, les malades remplacent la réalité par des fantasmes semblables aux conceptions fausses de l'Antiquité, mais qui ont été autrefois des compréhensions intuitives de la réalité. Le point de vue de Zozimos montre que les vieilles superstitions étaient des symboles[5] qui permettaient d'accéder à des rivages lointains ; dans les temps reculés, c'étaient des canaux aussi utiles que pratiques pour conférer de la libido au domaine spirituel. Spielrein pense vraisemblablement à un sens biologique de ce type quand elle écrit page 399 : « Il me semble d'ailleurs que le symbole vient de la tendance d'un complexe à se dissoudre

1. S. Spielrein, « Sur le contenu psychologique d'un cas de schizophrénie », *op. cit.*, p. 338, 353 et 387.

2. Consulter M. Berthelot, *Les alchimistes grecs*, Paris, Steinheil, 1888, et S. Spielrein, « Sur le contenu psychologique d'un cas de schizophrénie », *op. cit.*, p. 353.

3. Cette conception révèle bien la signification primaire de l'alchimie comme magie primitive de la propagation, ici un moyen de créer des enfants sans mère.

4. S. Spielrein, « Sur le contenu psychologique d'un cas de schizophrénie », *op. cit.*, p. 338 et 345.

5. Rappelons que, pour certains Indiens, les premiers hommes étaient nés de l'union d'une poignée de glaive et d'une navette.

dans le tout général de la pensée et c'est ce qui lui ôte son caractère individuel. Cette tendance à la dissolution (transformation) de chaque complexe est le ressort même de la poésie, de la peinture, de l'art ».

Si nous remplaçons le concept formel de « complexe » par celui de « quantité de libido » (c'est-à-dire la charge affective du complexe), ce que permet la théorie de la libido, la théorie de Spielrein devient proche de la mienne : en admettant qu'un primitif sache ce qu'est l'acte sexuel, jamais il ne lui viendrait à l'esprit de remplacer les organes sexuels par une poignée de glaive et une navette (comme dans l'exemple de la note 5, p. 184) et ce à cause du principe de moindre effort. Il lui faudrait en effet imaginer alors quelque chose qui conférerait *un intérêt sexuel à une expression asexuelle*. Ce qui pousse à exprimer la libido sexuelle *récemment apparue* par des représentations non sexuelles, c'est à mon avis une résistance à la sexualité primitive.

La formation d'analogies fantasmatiques n'a semble-t-il pas cessé de désexualiser la libido. Le remplacement progressif des besoins primitifs de la libido sexuelle par ces substituts a conduit à une extension considérable du monde par l'assimilation de nouveaux objets à des symboles sexuels. On peut se demander si les contenus de la conscience humaine ne se sont pas en fait, entièrement ou partiellement, formés par hasard. Quoiqu'il en soit la tendance à trouver des analogies a, de toute évidence, été capitale pour l'évolution mentale de l'homme. Steinthall a raison d'écrire qu'on doit accorder au petit mot « comme » une importance extraordinaire dans l'histoire du développement de la pensée. Il est facile d'imaginer que le fait d'attribuer de la libido à des substituts fantasmatiques a fait faire à l'humanité bien des découvertes capitales !

SIGMUND FREUD

LA DYNAMIQUE DU TRANSFERT (1912)

PRÉSENTATION

« Je commence à comprendre que le caractère apparemment sans fin de la cure est quelque chose de régulier et qui dépend du transfert ». Voilà comment Freud explique à Fliess le 16 avril 1900 pourquoi il a mis un terme au traitement d'un patient qui, dit-il juste avant, « se porte magnifiquement ». Comme d'autres, ce patient semblait vouloir poursuivre sa relation avec son médecin, par une sorte de compromis entre maladie et santé, « ce que le médecin ne doit pas accepter ». Ce qui s'annonce, et que Freud n'a pas encore théorisé, c'est le caractère central de ce phénomène pour la cure analytique.

Le transfert est en effet, comme Freud l'écrira lui-même, un « phénomène humain général », une disposition à déplacer sur un objet présent des affects anciens ; en soi, cette disposition pourrait permettre au thérapeute de comprendre que telle relation aliénante ou désagréable de son patient avec l'une des personnes qu'il connaît n'est en fait que la répétition d'une relation qu'il a eue avec l'un de ses parents par exemple. C'est donc déjà un outil précieux pour la compréhension du mode de fonctionnement psychique des patients. Mais le transfert est appelé à jouer un rôle supplémentaire, et décisif : dans la cure, le patient transfère inévitablement des affects sur le

« médecin ». La raison en est sans doute qu'il se dit là, dans ce qui n'est justement pas un face à face, des propos très intimes, sur lesquels le médecin ne porte aucun jugement. Et ce dernier se garde aussi d'adopter toute attitude qui contraindrait le patient à rester attentif à la personne de son thérapeute, qui se doit en quelque sorte de n'être personne pour pouvoir jouer le rôle qu'il faut pour que le patient se délivre de ses contraintes anciennes. Comme l'écrit Freud dans ce texte, le transfert intervient précisément quand quelque chose dans le complexe se prête, du point de vue du patient, à un transfert sur le médecin. Alors, le patient résiste à cela, qui lui vient à la conscience, et donc se tait : c'est son silence qu'il faut interpréter comme une résistance et cette résistance, qui se reproduira dans la cure, montre qu'on a alors touché le complexe. « Liquider le transfert », c'est liquider le complexe. Les phénomènes de transfert sont donc bien ce qu'il faut analyser, la seule chose, si l'on en croit André Green, qui soit analysable[1]. Ainsi, la résistance, silence ou encore mieux dénégation, est bien le signe qu'on est tombé sur le noyau problématique ; l'idée restera que celui qui refuse une interprétation s'en défend justement parce qu'on a vu juste.

Avant de parvenir à cette conviction que le transfert est l'outil central de la cure analytique, Freud y avait vu un obstacle, celui-là même qui avait contraint Dora[2] (voir *Cinq psychanalyses*) à arrêter brutalement le traitement avec Freud. Le transfert était alors à maîtriser, un symptôme de plus, intempestif, et surtout, selon Freud, la manifestation de cette influence mystérieuse typique de la thérapie hypnotique qu'il

1. A. Green, *La Folie privée*, Paris, Gallimard, 1990, p. 16.
2. S. Freud, « Fragment d'une analyse d'hystérie », *Œuvres complètes*, vol. VI, Paris, P.U.F., 2006, p. 187-302.

voulait éviter, influence liée au besoin d'autorité, en particulier chez les hystériques. Freud a compris que la disparition des symptômes due à l'influence hypnotique n'est que de courte durée. Pour faire naître une relation psychothérapeutique efficace et profonde, il faut théoriser le transfert, apprendre à le manier et libérer le patient en lui permettant de se détacher du médecin.

Le texte de 1912 est l'un des premiers sur ce sujet; d'autres vont suivre, comme les «Remarques sur l'amour de transfert»[1], en 1914. Il présente le transfert comme un afflux libidinal inconscient qui surgit lorsque le patient trouve l'occasion de mobiliser un «stéréotype», une relation d'objet stéréotypée issue de l'enfance. Mais cette libido tente d'échapper à la prise de conscience, se retranche dans des «cachettes», oppose donc une résistance à l'analyse. Lorsque la résistance se manifeste nettement, l'idée qui vient ensuite au patient dans les associations est un compromis entre les nécessités du traitement et celles de la résistance. Et c'est là, écrit Freud, que se manifeste le transfert, quand le patient se tait, tait l'idée qui lui est venue : «L'idée de transfert (sur le médecin) est parvenue à la conscience avant toutes les autres idées possibles, justement *parce qu*'elle satisfait aussi la résistance». Le tout pour le médecin est de saisir cette occasion au bon moment. L'ensemble de ces manifestations est une «névrose de transfert», à laquelle Freud, dans un texte de 1920 (*Au-delà du principe de plaisir*[2]), donne le statut d'objet d'étude propre de la psychanalyse puisque le transfert produit des symptômes

1. Voir S. Freud, *Œuvres complètes*, vol. XII, Paris, P.U.F., 2005, p. 199-211.
2. Voir S. Freud, *Œuvres complètes*, vol. XV, Paris, P.U.F., 2002, p. 278-338.

comme le fait la névrose. La névrose de transfert est bien pour Freud la preuve majeure de l'existence de phénomènes inconscients, ceux qui déplacent, condensent, distordent et déguisent le matériel inconscient, comme le font les rêves.

Le malade déplace sur le médecin dans la cure des sentiments tendres (positifs) et des sentiments hostiles (négatifs). Les seconds, isolés, nuisent au traitement, et l'empêchent même. Mais dans les cas d'ambivalence, comme disait Breuer, où les sentiments positifs se mêlent aux sentiments négatifs, il convient d'utiliser les premiers, dont Freud réaffirme qu'ils sont, comme tous les affects tendres d'origine érotique, en fait de nature sexuelle. Le transfert est toujours un transfert de désirs refoulés et l'analyse freudienne vise la liquidation de ces désirs « déplacés » par la prise de conscience de leur véritable nature. Pour que ce but thérapeutique soit atteint, il convient de faire prendre au malade un chemin qui va de sa volonté de revivre, dans la réalité de la situation analytique, ses motions inconscientes qui l'incitent à agir sans tenir compte de la situation réelle, jusqu'à la capacité de les intégrer dans l'histoire même de sa vie, « à les soumettre à la réflexion et à les apprécier selon leur valeur psychique » écrit Freud. Sur ce chemin, l'analyste sera parvenu, non sans difficulté, à prendre le contrôle sur ces motions « déplacées », à les ramener là où elles doivent être, dans le passé. Alors, le patient sera devenu « adulte », l'éducation par la psychanalyse aura atteint son but : le patient saura de quoi il retourne et le voile des illusions de la conscience aura été levé.

Mais pour mener le patient sur ce chemin, une lourde tâche attend l'analyste, comme le montre Freud dans d'autres textes : se méfier de sa propre réponse à ce transfert de motions tendres. Le contre-transfert, qu'il a défini en 1910 dans « Les chances d'avenir de la thérapie psychanalytique »[1], comme le résultat de l'influence du malade sur les sentiments inconscients du médecin, désigne l'écho que fait naître en lui son patient en projetant sur lui des affects. Tous les analystes savent déjà, en 1912, que la route est piégeuse, qu'il faut avoir la peau dure, toujours se remettre soi-même dans le droit chemin, placer ses affects correctement. Et c'est dans une lettre de 1909 que Freud fait cette leçon à Carl Jung, en raison d'une liaison que son collègue de Zürich entretient avec l'une de ses patientes. L'analyste a lui aussi quelquefois fort à faire pour résister.

Le texte qui suit décrit pour la première fois dans l'œuvre de Freud que le transfert est en même temps un instrument de résistance et ce qui permet à l'analyse d'avancer, en surmontant cette résistance-là et en la dépassant. Si le malade ne peut pas « transférer », comme dans les troubles du narcissisme, il n'y a pas d'analyse possible. Le transfert dans la cure psychanalytique ne peut être utilisé que pour certaines pathologies : les névroses « de transfert ». Quand il n'y a pas de transféré dans la névrose du patient, il n'y a pas de transfert dans la cure, et il ne peut y avoir d'analyse.

---

1. Voir S. Freud, *Œuvres complètes*, vol. X, Paris, P.U.F., 2009, p. 64-78.

LA DYNAMIQUE DU TRANSFERT (1912) *

Dans l'article de Wilheim Stekel paru dans le *Zentralblatt*
(1911), le thème inépuisable du « transfert » est brièvement
traité, de manière descriptive. Je voudrais simplement ajouter
ici quelques remarques qui doivent permettre de comprendre
comment le transfert, pendant une cure psychanalytique, a
nécessairement lieu et comment, au cours du traitement, il joue
le rôle qu'on sait.

Il ne faut pas perdre de vue que chaque être humain, par
l'action de prédispositions et d'influences subies pendant son
enfance, a acquis une manière singulière de mener sa vie
amoureuse, de tomber amoureux dans certaines conditions, de
satisfaire certaines pulsions et de se fixer certains buts[1]. Il en

---

* S. Freud, « Zur Dynamik der Übertragung », *Zentralblatt für Psychoanalyse*, 1912, 2 (4), p. 167-173. Traduction par Perrine Marthelot.
1. Répondons ici au reproche injustifié selon lequel nous aurions nié
l'importance des facteurs innés (constitutionnels) en mettant trop l'accent sur
les expériences vécues dans l'enfance. Un tel reproche résulte de la tendance
humaine à se satisfaire d'un seul type de cause, mais ce n'est pas ce qui se passe
dans la réalité. La psychanalyse s'est beaucoup exprimée sur le rôle des facteurs
accidentels dans l'étiologie et moins sur celui des facteurs constitutionnels ;
mais c'est seulement parce qu'elle était en mesure d'apporter quelque chose de
nouveau à propos des premiers et qu'elle n'avait rien à ajouter sur les seconds à
ce qu'on sait déjà. Nous refusons toute opposition de principe entre les deux
types de facteur étiologique ; nous admettons au contraire une coopération

résulte pour ainsi dire un stéréotype[1] (ou même plusieurs) qui se répète régulièrement au cours de la vie, se reproduit, si les circonstances extérieures et la nature des objets d'amour accessibles le permettent, et qui bien sûr ne reste pas complètement imperméable aux impressions récentes. Notre expérience montre qu'une partie seulement de ces motions déterminantes dans la vie amoureuse est parvenue à son plein développement psychique; cette partie est tournée vers la réalité, est à la disposition de la personnalité consciente et en constitue une composante. Une autre partie de ces motions libidinales a été interrompue dans son développement, est maintenue hors de la personnalité consciente comme de la réalité et ne peut se déployer que dans les fantasmes ou rester toute entière dans l'inconscient et être alors ignorée de la personnalité. Si le besoin d'amour n'est pas complètement assouvi par la réalité, on se tourne avec des attentes libidinales vers toute nouvelle personne rencontrée, et il est tout à fait probable que les deux types de libido, celle qui peut devenir consciente comme celle qui reste inconsciente, participent à la formation de ces attentes.

régulière entre ces facteurs dans l'apparition des effets observés. *Daimôn kai tychê* (constitution et hasard) déterminent le destin d'un homme mais rarement, peut-être jamais, un de ces facteurs à lui seul. On ne peut évaluer le rôle de chacun de ces facteurs dans l'étiologie qu'à l'échelle individuelle. Il est possible d'ordonner les cas individuels sur une échelle selon le poids de chacun des deux facteurs, et à chaque extrémité, on trouvera sans doute des cas. Nous estimerons différemment la part de la constitution ou du vécu et nous nous garderons le droit de modifier notre jugement, au fur et à mesure que nous en saurons plus. On pourrait d'ailleurs se hasarder à considérer la constitution elle-même comme la sédimentation des facteurs accidentels qui ont agi sur la série infinie de nos ancêtres.

1. Nous avons préféré ce terme à celui de cliché, fréquent dans les traductions, mais moins usité de nos jours (*NdT*).

Il est donc complètement normal et compréhensible que l'investissement libidinal de celui qui est en partie insatisfait se tourne aussi, plein d'espoir, vers la personne du médecin. Conformément à notre hypothèse, cet investissement va s'en tenir à des modèles, à l'un des stéréotypes du sujet en question ou, pour le dire autrement, va intégrer le médecin dans l'une des « séries » psychiques que le malade a déjà mises en place. L'*imago* du père (selon l'expression heureuse de Jung)[1] joue un rôle décisif dans cette intégration et concorde avec les relations réelles au médecin. Mais le transfert n'est pas toujours lié à ce modèle et peut également avoir lieu sur le modèle de l'*imago* de la mère ou du frère, etc. On comprend mieux les particularités du transfert sur le médecin, dont la nature et les proportions sont telles qu'elles résistent à toute justification rationnelle, lorsqu'on considère que ce transfert ne se fonde pas seulement sur les attentes conscientes, mais aussi sur celles qui ont été refoulées ou sont devenues inconscientes.

On n'aurait pas besoin d'en dire davantage, ni de se préoccuper de ces caractères du transfert, si deux points, qui sont pour le psychanalyste d'un intérêt majeur, ne restaient pas à élucider. Premièrement, on ne comprend pas pourquoi le transfert est bien plus intense chez les névrosés qui sont en analyse que chez les autres ; deuxièmement, il reste à comprendre pourquoi le transfert constitue la plus grande source de résistance au traitement dans l'analyse, alors qu'en dehors de cette dernière il est considéré comme un vecteur de guérison, voire comme une condition du succès de celle-ci. On peut faire souvent l'expérience suivante : quand les associations libres

---

1. Freud renvoie ici à un article de Jung paru en 1911, repris dans C.G. Jung, *Métamorphoses de l'âme et ses symboles*, Genève, Librairie de l'université et Georg et Cie, 1967, p. 100 (*NdT*).

d'un patient viennent à faire défaut[1], il est possible de lever cet obstacle en lui assurant qu'il se trouve alors sous la domination d'une idée liée à la personne du médecin ou à quelque chose qui le concerne. Aussitôt cet éclaircissement donné, l'obstacle est levé, sauf dans la situation où l'arrêt des associations correspond à une dissimulation des idées.

Ce qui apparaît à première vue comme un inconvénient méthodologique majeur de la psychanalyse, c'est que le transfert (qui est le facteur le plus puissant de notre succès) est aussi un agent très puissant de résistance. Mais en y regardant de plus près, on évacue au moins le premier des deux problèmes. Il n'est pas vrai que le transfert est plus intense et plus excessif dans l'analyse qu'en dehors d'elle. On observe, dans les établissements où les patients qui souffrent de troubles nerveux ne sont pas traités par l'analyse, les formes les plus intenses et les plus impensables de transfert allant jusqu'à la soumission, avec quelquefois une coloration érotique évidente. Une observatrice subtile comme Gabriele Reuter a décrit, à une époque où la psychanalyse existait à peine et dans un livre remarquable qui rend finement compte de la nature et de la formation des névroses[2], que ces caractéristiques du transfert ne tiennent pas à la psychanalyse mais aux névroses elles-mêmes. Jusqu'ici le second problème reste entier.

Venons-en maintenant à ce problème : pourquoi le transfert dans la psychanalyse oppose-t-il une résistance ? Considérons la situation psychologique du patient pendant la cure : le processus que Jung a décrit de manière pertinente comme *introversion* de la libido est une condition constante et

---

1. Je veux dire qu'elles manquent vraiment et non lorsqu'il les passe sous silence à la suite de quelque banal sentiment d'ennui.

2. G. Reuter, *Aus guter Familie. Leidensgeschichte eines Mädchens*, Berlin, S. Fischer, 1895.

nécessaire pour le traitement de chaque psychonévrose[1]. Cela signifie que la partie de la libido capable de devenir consciente et qui est tournée vers la réalité s'amenuise, tandis qu'augmente d'autant la partie inconsciente non tournée vers la réalité, qui peut encore alimenter les fantasmes bien qu'elle relève de l'inconscient. La libido s'est (tout entière ou en partie) engagée dans la régression et a ravivé les imagos infantiles[2]. La cure analytique suit la libido sur cette voie, voudrait la rendre à nouveau consciente et finalement la mettre au service de la réalité. Quand la recherche analytique tombe sur l'une des cachettes de la libido, une lutte s'engage : toutes les forces qui ont œuvré à la régression de la libido vont se dresser comme « résistances » contre notre travail pour la maintenir dans ce nouvel état. Si en effet l'introversion ou la régression de la libido n'avaient pas été motivées par une relation particulière avec le monde extérieur (en général par la privation de la satisfaction), si elles n'avaient pas été appropriées à un certain moment, elles ne se seraient absolument pas produites. Mais les résistances de cette origine ne sont ni les seules, ni les plus fortes. Il arrive que la libido dont dispose le sujet reste tournée vers les complexes inconscients (plus exactement

1. Bien que de nombreuses remarques de Jung laissent penser qu'il voit dans cette introversion quelque chose de caractéristique de la démence précoce et qui ne vaudrait pas pour d'autres névroses.

2. Il serait simple de dire qu'elle a réinvesti les « complexes » infantiles, mais ce serait incorrect : il faudrait spécifier, pour que ce soit correct : la part « inconsciente » de ces complexes. En raison de la complexité extraordinaire de ce sujet, il est tentant de chercher à clarifier un certain nombre de problèmes connexes avant de pouvoir parler en termes clairs des processus psychiques qu'on a décrits ici. Ces problèmes sont, entre autres : différencier l'introversion de la régression, insérer la théorie du complexe dans la théorie de la libido, examiner les relations des fantasmes avec le conscient et l'inconscient comme avec la réalité. Il n'est pas nécessaire que je m'excuse d'avoir ici résisté à cette tentation.

vers la partie de ces complexes qui appartient à l'inconscient)
et régresse parce que l'intérêt pour la réalité a diminué. Pour
libérer la libido, il faut vaincre cette attraction pour les
complexes inconscients, c'est-à-dire que doit être supprimé le
refoulement (installé jusque-là dans l'individu) des pulsions
inconscientes et de leurs dérivés. C'est ce qui constitue de loin
la part la plus importante de la résistance, à cause de laquelle la
maladie persiste souvent, même quand on n'a plus de raison de
se détourner de la réalité. L'analyse doit lutter contre les
résistances qui proviennent de ces deux sources. La résistance
accompagne le traitement à chaque pas; chaque idée particulière, chaque acte du patient porte la marque de ces résistances et se présente comme un compromis entre les forces qui
tendent à la guérison et celles qu'on a énumérées, qui s'y
opposent.

Si l'on suit à présent un complexe pathogène (que le
symptôme soit clair ou très discret) depuis sa manifestation
dans le conscient jusqu'à sa racine dans l'inconscient, on
arrive assez vite dans une région où la résistance se manifeste
si distinctement que l'idée qui suit en porte la trace et apparaît
comme un compromis entre les exigences de cette résistance et
celles du travail d'investigation. L'expérience montre que
c'est ici qu'intervient le transfert. Lorsque quelque chose dans
le complexe (dans le contenu du complexe) se prête à un transfert sur la personne du médecin, alors le transfert s'établit,
engendre l'idée suivante et se manifeste sous la forme d'une
résistance, d'une interruption des associations. On en déduit
que l'idée de transfert est parvenue à la conscience avant toutes
les autres idées possibles, justement *parce qu'*elle satisfait
également la résistance. Un tel processus se répète dans le
cours d'une analyse un nombre incalculable de fois. Chaque
fois qu'on se rapproche d'un complexe pathogène, la partie du

complexe qui se prête au transfert sera portée à la conscience et défendue avec une grande ténacité[1].

Après qu'on a vaincu cette résistance, les autres parties du complexe sont moins difficiles à surmonter. Plus une cure analytique dure longtemps, plus le malade se rend compte que les déformations du matériel pathogène, à elles seules, ne suffisent pas à dissimuler celui-ci; c'est alors qu'il se sert résolument d'une déformation qui est tout à son avantage : la déformation par le transfert. On arrive alors dans une situation où tous les conflits doivent être surmontés dans le cadre du transfert.

Le transfert apparaît ainsi, dans un premier temps, comme l'arme la plus puissante de la résistance. On peut en conclure que l'intensité et la durée du transfert sont l'effet et l'expression de la résistance. Il est vrai qu'on peut traiter le mécanisme du transfert en le rapportant à une disposition d'une libido restée sous l'empire des imagos infantiles; cependant on ne peut comprendre le rôle du transfert dans la cure qu'en mettant en évidence ses relations avec la résistance.

D'où vient que le transfert est un si bon moyen de résistance? On pourrait penser qu'il n'est pas difficile de répondre à cette question. Il est clair qu'il n'est pas simple d'avouer une motion de désir réprouvée par tous, en particulier à quelqu'un qui en est l'objet. Devoir faire un tel aveu crée une situation qui, dans le monde réel, serait quasi impossible. Mais c'est pourtant ce que veut l'analysant lorsqu'il fait coïncider

---

1. Il ne faut cependant pas en conclure que l'élément choisi pour la résistance de transfert a, en général, une importance pathogène particulière. Lorsqu'une lutte âpre a lieu pour la possession d'une église ou d'une ferme, il n'est pas nécessaire de supposer que cette église est un sanctuaire national ni que cette ferme abrite le trésor de l'armée. Ces objets peuvent n'avoir qu'un intérêt tactique qui ne vaudra que pour un seul combat.

l'objet de sa motion affective avec le médecin. À y regarder de plus près, on comprend que le gain apparent ne peut apporter de solution au problème. Pourtant il est vrai qu'une relation d'attachement tendre et passionnée peut aider à surmonter les difficultés de l'aveu ; il arrive souvent de dire, dans le cadre de relations affectives réelles : « Devant toi, je n'ai pas honte, à toi je peux tout dire ». Le transfert sur le médecin pourrait donc aussi faciliter l'aveu et l'on ne comprend pas pourquoi il complique les choses.

On n'obtiendra pas la réponse à cette question, qui ne cesse de revenir ici, en réfléchissant davantage ; c'est en examinant les résistances de transfert dans chaque cas particulier que nous y répondrons. On remarque finalement qu'on ne peut pas comprendre que le transfert est utilisé pour les résistances tant qu'on en a une conception trop simple. Il faut distinguer un transfert « positif » d'un transfert « négatif », le transfert de sentiments tendres de celui de sentiments hostiles, et traiter séparément ces deux types de transfert sur le médecin. Dans le transfert positif, on doit encore distinguer les sentiments amicaux ou tendres accessibles à la conscience, de leurs prolongements qui demeurent inconscients. L'analyse montre que ces derniers émanent invariablement de sources érotiques ; nous devons donc admettre que toutes les relations affectives dans la vie courante comme la sympathie, l'amitié, la confiance, etc. ont une origine sexuelle. Bien que consciemment nous les percevions comme pures et dénuées de sensualité, elles proviennent en réalité de désirs purement sexuels, mais dont s'est effacé tout but sexuel. À l'origine, nous n'avons connu que des objets sexuels ; la psychanalyse montre que les personnes de notre entourage que nous croyons seulement estimer ou respecter peuvent continuer, dans notre inconscient, d'être des objets sexuels.

La solution de l'énigme, c'est que le transfert sur le médecin ne produit de résistance à la cure que si, positif ou négatif, il est un transfert de désirs érotiques refoulés. Lorsqu'on « liquide » le transfert en le rendant conscient, on ne fait que détacher de la personne du médecin ces deux composantes de la relation affective. Ce qui n'émane pas d'un désir érotique refoulé et qui n'est pas réprouvé demeure et devient alors porteur de succès dans la cure analytique comme dans les autres méthodes de traitement. Dans cette mesure, nous admettons volontiers que les résultats de la psychanalyse reposent sur la suggestion, terme qu'il faut comprendre au sens de Ferenczi[1], à savoir une influence exercée sur quelqu'un en mobilisant les phénomènes de transfert dont il est capable. Parce que nous voulons préserver l'indépendance du malade, nous ne recourons à la suggestion que pour que s'accomplisse le travail nécessaire à l'amélioration durable de son état psychique.

On peut encore se demander pourquoi les phénomènes de résistance de transfert n'apparaissent que dans la psychanalyse et pas dans d'autres types de traitement, dans les hôpitaux par exemple. La réponse est la suivante : ils se manifestent partout, mais il faut simplement qu'ils soient reconnus comme tels. Le transfert négatif est assez courant dans les hôpitaux ; le malade, dès lors qu'il est sous l'influence de ce transfert, quitte l'hôpital sans être guéri ou même en allant plus mal. Le transfert érotique ne se manifeste pas dans les institutions de soin parce qu'il est là, comme dans la vie courante, passé sous silence plutôt que dévoilé. Il s'exprime pourtant très clairement comme résistance à la guérison, non pas en poussant le

---

1. S. Ferenczi, « Transfert et introjection » (1909), dans *Psychanalyse, Œuvres complètes*, t. I, 1908-1912, Paris, Payot, 1968, p. 93-125.

malade hors de l'institution (il l'y retient au contraire) mais en le tenant à l'écart de la vie. Du point de vue de sa guérison, il importe peu en effet que le malade surmonte dans l'institution telle ou telle angoisse ou inhibition ; ce qui compte bien plus, c'est qu'il s'en libère dans la vie réelle.

Le transfert négatif mériterait un examen plus détaillé, dans lequel nous ne nous engagerons pas ici. Dans les formes curables de psychonévroses, il se trouve aux côtés du transfert tendre, dirigé souvent sur la même personne que celui-ci ; c'est ce que Bleuler appelle très justement *ambivalence*[1]. Cette ambivalence des sentiments semble être normale dans certaines limites, mais une trop grande ambivalence des sentiments caractérise les névrosés. Dans les névroses obsessionnelles, la « division précoce des deux types de sentiments opposés » caractérise la vie pulsionnelle du patient et fait partie de sa constitution. L'ambivalence des sentiments est la meilleure explication de l'aptitude à mettre le transfert au service de la résistance. Quand seul un transfert négatif est possible, comme dans le cas des troubles paranoïdes, il ne peut y avoir ni influence, ni guérison.

Au cours de toutes ces réflexions, nous ne nous sommes intéressés qu'à une seule facette du phénomène de transfert ; il convient de nous tourner vers un autre aspect de ce phénomène. L'analysant, dès lors qu'il est sous la domination d'une forte résistance de transfert, est rejeté hors de la réalité de sa relation avec le médecin ; il se sent libre de négliger la règle fondamentale de la psychanalyse (on doit dire sans exclusive tout ce qui vient à l'esprit), il oublie les résolutions qu'il avait

---

1. E. Bleuler, Conférence sur l'ambivalence à Bern 1910, recensée dans le *Zentralblatt für Psychoanalyse*, 1911, 1, p. 266. W. Stekel avait proposé le terme de « bipolarité » pour les mêmes phénomènes.

prises au début du traitement, il devient indifférent aux arguments logiques et aux conclusions qui avaient auparavant fait sur lui la plus grande impression. Quand on constate tous ces phénomènes, il semble nécessaire de les expliquer par d'autres facteurs que ceux qu'on a déjà mis en évidence. Il ne faut pas les chercher bien loin : ils tiennent encore une fois à l'état psychologique dans lequel la cure place le patient.

En recherchant la libido qui n'est pas accessible à la conscience, on pénètre dans le domaine de l'inconscient. Les réactions que cela provoque révèlent certains des traits caractéristiques que nous avons découverts dans l'étude des rêves. Les motions inconscientes ne peuvent pas être remémorées comme le voudrait la cure mais tendent à se reproduire, puisque l'inconscient ne connaît pas le temps et peut produire des hallucinations. Comme dans les rêves, le malade attribue actualité et réalité à ce qui résulte de l'éveil de ses motions inconscientes ; il veut agir conformément à ses passions sans tenir compte de la situation réelle. Le médecin veut le contraindre à intégrer ces motions affectives dans le traitement et dans l'histoire de sa vie, à les soumettre à la réflexion et à les apprécier selon leur valeur psychique. Cette lutte entre le médecin et le patient, entre l'intellect et la vie des pulsions, entre la raison et la volonté d'agir se joue presque exclusivement dans le phénomène de transfert. C'est sur ce champ qu'il faut gagner la bataille, et la guérison durable de la névrose en est la victoire. Il est indéniable que la prise de contrôle sur le transfert réserve les plus grandes difficultés au psychanalyste ; mais on ne doit pas oublier que ce sont précisément ces difficultés qui rendent le service inestimable d'actualiser et de manifester les motions amoureuses cachées et oubliées par les malades, car au bout du compte nul ne peut être tué *in absentia* ou *in effigie*.

SIGMUND FREUD

POUR INTRODUIRE LE NARCISSISME (1914)

PRÉSENTATION

L'introduction du narcissisme dans la psychanalyse en 1914 apparaît à Freud comme nécessaire moins de quinze ans après la publication de son grand livre sur l'interprétation des rêves ; deux ans auparavant, il a répondu à l'insistance de Jung sur la mythologie dans *Totem et Tabou*, et réaffirmé le complexe d'Œdipe dont une résolution incomplète est source d'angoisse et de culpabilité pathologiques. L'image du père, qui traverse ce texte de 1912, peut sembler paradoxale : il est le pouvoir, l'autorité, il impose la dépendance qui invite à la révolte mais il répond aussi au besoin de protection de l'enfant et il en est aimé. Cette configuration est un « complexe ». Et ce qui en fait sortir est la « démolition de l'imago paternelle », comme l'écrit Ferenczi à Freud le 25 octobre 1912.

Cependant, l'évolution de la société, qui se reflétait dans celle du mouvement analytique lui-même, permettait aux femmes de prendre, lentement, un rôle de plus en plus important. Abraham lui-même, dans une lettre à Freud du 7 avril 1909, avait suggéré que le père n'était peut-être pas la seule influence décisive pour le destin de l'individu. Freud prend alors le chemin d'une transition fondamentale, qui va le conduire à lier la psychologie féminine au narcissisme.

Lou Andreas-Salomé, féministe et cosmopolite, écrit sur le narcissisme et semble servir de modèle à Freud quand il écrit ce texte d'introduction du narcissisme, lors des « dix-sept jours merveilleux » qu'il passe à Rome en 1913, comme il l'écrit à Jones le 1er octobre 1913.

Ce texte, écrit donc en peu de jours, jaillissant sous la plume après plusieurs mois de débats avec les uns et les autres, est particulièrement difficile et Freud le sait. Son cercle rapproché en est déstabilisé. Jones par exemple y voit la mise en cause de ce que Freud a auparavant écrit sur les pulsions : jusque là, on distingue deux types de pulsions, les pulsions du moi, qui n'ont rien de sexuel et assurent l'autoconservation de l'individu, et les pulsions sexuelles qui, tout en servant la satisfaction érotique, assurent la conservation de l'espèce. En introduisant le narcissisme, Freud introduit dans le moi des propriétés sexuelles, libidinales. Et il ne convainc personne en affirmant qu'il n'y a là qu'une « indispensable extension » du schéma initial. Introduire de la libido dans le moi, c'est y introduire du refoulement ; Freud prend ici le chemin de la deuxième topique et les conséquences en seront lourdes pour la thérapie analytique, comme on le verra dans « Analyse terminée, analyse interminable »[1].

C'est en partant des questions difficiles posées par la psychose, en particulier par la paranoïa, qu'il appelle « névrose narcissique » en l'opposant aux névroses de transfert, que Freud en vient à supposer que, dans ces cas graves, la libido se retourne vers le moi et abandonne les objets. Dans les névroses de transfert, comme dans la névrose narcissique, le malade renonce à la réalité, mais dans la dernière, il renonce aussi aux relations avec les autres et réoriente sa libido.

1. *Infra*, p. 307-353.

Certes, le narcissisme est d'abord, sous sa forme primaire donc, une étape inévitable du développement de la libido, et Freud prend plusieurs exemples pour en convaincre : le bébé est la cible de ses propres pulsions libidinales qui prennent son corps d'enfant lui-même pour objet d'amour. Ces pulsions s'appuient, s'étayent, sur la satisfaction des besoins vitaux qu'assure la mère (ou son substitut) ; mais comme le moi n'est pas encore construit, « qu'il n'existe pas dès le début, dans l'individu, une unité comparable au moi », il faut ensuite que, dans la relation avec la mère, le bébé la perçoive comme une autre personne. Quand tout va bien, la libido se détourne alors du corps propre et se tourne vers l'objet, vers la mère puis vers d'autres objets. Mais une pathologie liée à ce narcissisme primaire peut apparaître lorsque la libido tournée vers les objets ne peut trouver à se satisfaire : elle est alors réorientée vers le moi, ne reste pas attachée aux objets ou, comme chez les névrosés, à leurs substituts imaginaires ; se développe alors une image idéale du moi, correspondant aux exigences communes, qui fonctionne comme substitut du moi de la petite enfance et qui a intégré les attentes de l'environnement de l'enfant.

On constate immédiatement à la lecture du texte qui suit que la question du narcissisme est très délicate pour Freud : il n'a de cesse de dire qu'il peut se tromper, qu'on verra ce qu'en montrera la biologie quand elle aura progressé ; il l'aborde par des chemins détournés et, faute de pouvoir observer le narcissisme qu'il postule, il s'attarde sur les vraies maladies organiques et l'hypocondrie, parce qu'elles mobilisent toute l'attention que le moi conscient se porte à lui-même. Ces détours l'autorisent à faire l'hypothèse d'une libido du moi à côté d'une libido d'objet et à imaginer qu'elles doivent être en relation l'une avec l'autre : plus la libido du moi est faible, plus la libido d'objet est puissante; mais elles ne disparaissent ni l'une ni l'autre complètement. Quelque chose contraint alors Freud à considérer que le narcissisme primaire peut se transformer en narcissisme secondaire: il existe un choix d'objet narcissique qui ne s'est pas développé sur le modèle de la mère mais sur celui de la personne propre, celui des pervers et des homosexuels. Dès 1910, dans les *Trois essais sur la théorie sexuelle*, Freud emploie le concept de narcissisme comme un assez vague synonyme d'homosexualité, mais il ne l'avait cependant pas encore introduit dans la *théorie* psychanalytique.

Dans ce texte comme dans certains des précédents, Freud s'applique à montrer la différence fondamentale entre les hommes et les femmes du point de vue du narcissisme: le plein amour d'objet, dit «par étayage», est caractéristique de l'homme, qui transfère son narcissisme primaire sur un objet sexuel qu'il surestime; mais la femme vit quant à elle en autosuffisance et, surtout si elle est belle, n'aime vraiment qu'elle-même; narcissiques en diable ces femmes restent froides envers l'homme et ne donnent enfin le plein amour qu'à un objet qui, un moment, a fait partie de leur propre corps que justement elles aiment tant: un enfant. Si elles n'ont pas d'enfant, elles aspirent à un idéal masculin qui prolonge le garçon qu'elles ont été. Et qu'en est-il de l'homosexualité masculine? Freud pose cette question mais n'y répond pas clairement, en tout cas pas dans ce contexte.

Dans cet article, Freud est sur la voie du concept de surmoi, qui prendra forme dans les années suivantes: en témoigne l'apparition ici de l'expression «idéal du moi»: ce serait un élément du psychisme, une «instance» qui viendrait rassembler le narcissisme primaire et l'identification aux figures parentales et servirait au moi de référence pour évaluer ses actions. Alors que le petit enfant, narcissique, est à lui-même son propre idéal, celui-ci doit en quelque sorte être éduqué pour être confronté aux idéaux familiaux et généraux. Les critiques qui ne cessent autour de lui vont être intériorisées sous forme d'une instance psychique «inférée», comme l'écrit Freud, qui deviendra le surmoi. La seconde topique prend lentement forme.

Le narcissisme ne fera plus l'objet chez Freud de textes métapsychologiques; en 1915, il reprendra le concept dans *Deuil et mélancolie*, en expliquant que le patient mélancolique tourne vers lui-même son deuil, qui devient un «deuil du moi narcissique»[1], au cours duquel le moi est celui qui n'est plus aimé. Si le narcissisme est abandonné, comme concept, si peu de temps après son introduction, c'est que Freud a fondé sa théorie sur les pulsions et leur primauté et qu'il est délicat de la conjuguer avec un intérêt centré sur l'objet, ici surestimé ou sous-estimé. C'est que la relation d'objet recèle une part consciente vers laquelle, pour continuer d'asseoir la psychanalyse, Freud ne souhaite pas tourner l'attention. Mais comme on le sait, le narcissisme devait, indépendamment de Freud, connaître en tant que concept de larges développements, dans la psychologie du moi américaine bien sûr, mais aussi dans les thèses d'André Green.

---

1. Comme l'exprimera Ferenczi dans une lettre à Freud du 7 février 1915.

POUR INTRODUIRE LE NARCISSISME (1914) *

I

Le mot « narcissisme » vient de la description clinique et a été choisi par Paul Näcke en 1899 pour désigner le comportement par lequel un individu traite son propre corps de la manière dont on traite d'ordinaire le corps d'un objet sexuel : il le contemple, le caresse, le cajole donc avec un plaisir sexuel, jusqu'à obtenir une pleine satisfaction. Un narcissisme si exacerbé a la signification d'une perversion qui domine l'ensemble de la vie sexuelle et nous devons donc nous attendre à y rencontrer les mêmes manifestations que lorsque nous étudions toute perversion.

L'observation psychanalytique a ensuite mis en évidence que les traits particuliers du comportement narcissique se retrouvent chez beaucoup de ceux qui souffrent d'autres troubles, par exemple, selon Sadger, chez les homosexuels. On en est venu finalement à supposer que l'orientation de la libido caractéristique du narcissisme doit en fait être étendue à un champ plus vaste et qu'on peut lui accorder une place dans le

* S. Freud, « Zur Einführung des Narzissmus », *Jahrbuch der Psycho-analyse*, 1914, 6, p. 1-24. Traduction par Charlotte Gauvry.

développement sexuel normal de l'être humain[1]. On est parvenu à la même supposition en partant des difficultés du travail psychanalytique avec les névrosés : il semble en effet que le comportement narcissique en lui-même limite l'influence qu'on peut avoir sur eux. Le narcissisme, en ce sens, ne serait pas une perversion mais le complément libidinal à l'égoïsme de la pulsion d'autoconservation dont on attribue à juste titre une part à tout être vivant.

Une raison sérieuse de s'intéresser au narcissisme primaire et normal s'est fait jour lorsqu'on a entrepris de comprendre la démence précoce (Kraepelin) ou schizophrénie (Bleuler) à la lumière de la théorie de la libido. Ces malades, que j'ai proposé de désigner comme *paraphrènes*, présentent deux traits de caractère fondamentaux : le délire des grandeurs et un retrait de leur intérêt pour le monde extérieur (pour les personnes et les choses). En conséquence de ce dernier trait, ils se soustraient à l'influence de la psychanalyse et nos efforts pour les guérir ne peuvent aboutir. Mais le fait que le paraphrène se détourne du monde extérieur mérite une caractérisation plus précise. L'hystérique ou l'obsessionnel a aussi renoncé, tant que dure sa maladie, à sa relation à la réalité. L'analyse montre cependant qu'il ne cesse en aucun cas d'entretenir une relation érotique aux personnes et aux choses. Il la maintient encore par ses fantasmes, c'est-à-dire que, d'un côté, il a remplacé les objets réels par des objets imaginaires dans son souvenir ou les a confondus avec eux ; d'un autre côté, il a renoncé à déclencher les actions motrices nécessaires pour atteindre ses buts avec ces objets. L'expression que Carl G. Jung utilise sans distinction, *introversion* de la libido, ne devrait valoir que pour

1. O. Rank, « Ein Beitrag zum Narzißmus », *Jahrbuch für psycho-analytische Forschungen*, 1911, III, p. 401-406.

cet état de la libido. Il en va autrement pour le paraphrène. Celui-ci semble avoir vraiment retiré sa libido des personnes et des choses du monde extérieur sans les avoir remplacées par quoi que ce soit d'autre dans ses fantasmes. Quand, ensuite, ce remplacement se produit, il apparaît comme secondaire et fait partie d'une tentative de guérison qui entend reconduire la libido à un objet[1].

Cela pose la question suivante : quel est le destin de la libido retirée des objets dans la schizophrénie ? Le délire des grandeurs propre à cet état nous indique ici la voie. Il a vraisemblablement surgi aux dépens de la libido d'objet. La libido retirée du monde extérieur a été réorientée vers le moi, de telle manière qu'une attitude est apparue qu'on peut nommer narcissisme. Le délire des grandeurs lui-même n'est pas une création *ex nihilo* mais, comme nous le savons, c'est l'amplification et la manifestation d'un état qui existait déjà avant. Ainsi sommes-nous conduit à considérer le narcissisme qui apparaît quand les investissements sont retirés des objets comme un narcissisme secondaire qui se bâtit à partir d'un narcissisme primaire, obscurci par de nombreuses influences.

Je fais remarquer une nouvelle fois que je ne veux ici ni clarifier ni approfondir le problème de la schizophrénie, mais seulement rassembler ce qui a déjà été dit par ailleurs, afin de justifier une introduction du narcissisme.

Cette extension de la théorie de la libido, selon moi légitime, repose aussi sur un troisième type d'observations et

---

1. On renvoie sur ce point à la discussion de la « fin du monde » dans l'analyse du Président Schreber, in *Œuvres complètes*, vol. X, Paris, P.U.F., 1993, p. 232-304. Voir aussi, K. Abraham, « Les différences psychosexuelles de l'hystérie et de la démence précoce » (1908), *Œuvres complètes*, t. I, Paris, Payot, 1973, p. 36-47.

de conceptions de la vie psychique des enfants et des peuples primitifs. Nous trouvons chez ces derniers des traits qu'on pourrait attribuer, s'ils étaient isolés, au délire des grandeurs : une surestimation de la puissance de leurs désirs et de leurs actes psychiques, une « toute puissance de la pensée », une croyance au pouvoir magique des mots, une technique à l'encontre du monde extérieur, la « magie », qui apparaît comme la mise en pratique de ces présupposés mégaloma-niaques[1]. Nous nous attendons à trouver une disposition tout à fait analogue à l'égard du monde extérieur chez l'enfant de notre époque dont le développement nous est bien plus opaque[2]. Nous nous représentons ainsi un investissement de la libido originaire sur le moi qui, par la suite, s'est tournée vers les objets ; mais, fondamentalement cet investissement du moi se maintient et se comporte dans les investissements d'objet comme le corps d'un organisme protoplasmique envers ses pseudopodes. Cette partie de la libido ainsi orientée nous est d'abord restée cachée parce que notre recherche partait de l'analyse des symptômes névrotiques. Nous n'étions attentif qu'aux seules émanations de la libido, aux investissements d'objet qui peuvent être émis puis retirés. Nous voyons aussi, schématiquement, une opposition entre la libido du moi et la libido d'objet. Plus l'une dépense, plus l'autre s'appauvrit. Le stade ultime de développement que peut atteindre la libido d'objet apparaît dans le cas de l'amour qui se présente pour nous comme un renoncement à sa personne propre au profit de

1. Voir le paragraphe correspondant dans mon livre *Totem et tabou*, *Œuvres complètes*, vol. XI, Paris, P.U.F., 2009, p. 190-386.
2. Voir S. Ferenczi, (1913), « Le développement du sens de réalité et ses stades », dans *Psychanalyse, Œuvres complètes*, t. II, 1913-1919, Paris, Payot, 1970, p. 51-65.

l'investissement d'objet; son contraire se retrouve dans le fantasme (ou dans l'autoperception) de fin du monde chez le paranoïaque[1]. Finalement nous en déduisons que les différentes énergies psychiques sont d'abord rassemblées dans le narcissisme, de manière indiscernable par une analyse approximative, et que c'est seulement avec l'investissement d'objet qu'il devient possible de distinguer une énergie sexuelle, la libido, d'une énergie des pulsions du moi.

Avant d'aller plus loin, je dois soulever deux questions qui se trouvent au cœur des difficultés de notre sujet. La première : quelle est la relation du narcissisme, dont il est ici question, avec l'autoérotisme que nous avons décrit comme un état précoce de la libido ? Deuxièmement : si nous attribuons au moi un investissement primaire de la libido, pourquoi est-il alors absolument nécessaire de séparer encore une libido sexuelle et une énergie non sexuelle des pulsions du moi ? Considérer qu'il n'y a qu'un seul type d'énergie psychique ne nous épargnerait-il pas toutes les difficultés que pose la distinction entre énergie des pulsions du moi et libido du moi, et entre libido du moi et libido d'objet ? Pour ce qui concerne la première question, je remarque la chose suivante : il est nécessaire d'admettre qu'on ne trouve pas dans l'individu, dès le début, une unité comparable au moi : le moi doit se développer. Mais les pulsions autoérotiques sont originelles : on doit donc ajouter quelque chose à l'autoérotisme, une nouvelle action psychique, pour donner forme au narcissisme.

La demande pressante de répondre à la deuxième question de manière différente suscite un malaise évident chez chaque psychanalyste. On se refuse à abandonner l'observation pour

1. Il existe deux mécanismes de cette fin du monde : quand tout l'investissement de la libido se dirige vers l'objet aimé et quand tout revient au moi.

des débats théoriques stériles; on ne peut pourtant pas se soustraire à une tentative de clarification. Il est certain que des idées comme celle d'une libido du moi, de l'énergie des pulsions du moi, etc., ne sont pas particulièrement claires ni d'un contenu suffisamment riche; une théorie spéculative des relations en question devrait reposer avant tout sur un concept rigoureusement défini. Mais précisément, voilà selon moi la différence entre une théorie spéculative et une science bâtie sur l'interprétation des observations empiriques. Cette dernière n'enviera pas à la théorie spéculative le privilège d'un fondement stable, logiquement irréfutable, mais se satisfera volontiers de pensées fondamentales nébuleuses, évanescentes, à peine représentables qu'elle espérera saisir de manière plus claire au cours de son développement et qu'elle sera éventuellement prête à échanger contre d'autres. En effet, ce ne sont pas les idées qui sont le fondement de la science, sur lequel tout repose, c'est plutôt l'observation seule qui tient ce rôle. Elles ne constituent pas les fondations de tout l'édifice mais son dernier étage et elles peuvent sans dommage être remplacées ou retirées. Il se passe la même chose de nos jours en physique : les intuitions fondamentales au sujet de la matière, des centres de force, de l'attraction, etc., sont à peine moins discutables que les mêmes intuitions en psychanalyse.

La valeur des concepts de libido du moi et de libido d'objet provient de leur élaboration à partir des caractères intimes des processus névrotiques et psychotiques. La séparation de la libido en libido propre au moi et libido dépendante des objets prolonge inévitablement une première hypothèse qui séparait les pulsions sexuelles des pulsions du moi. J'ai été de toute façon conduit à cette séparation par l'analyse des névroses de transfert (l'hystérie et la névrose obsessionnelle) et je sais seulement que toutes les tentatives pour rendre compte de ces phénomènes par d'autres moyens sont fondamentalement vouées à l'échec.

En l'absence totale de toute théorie des pulsions, quelle que soit son orientation, il est permis (et même recommandé) de tester d'abord toute hypothèse en la mettant à l'épreuve jusqu'à ce qu'elle soit réfutée ou validée. À vrai dire, indépendamment de son utilité pour l'analyse des névroses de transfert, beaucoup d'arguments plaident en la faveur de l'hypothèse d'une séparation originelle entre les pulsions sexuelles et les autres, les pulsions du moi. J'admets que cette affirmation à elle seule n'est pas sans équivoque car il pourrait s'agir d'une énergie psychique indifférenciée qui ne deviendrait libido que par l'acte d'investissement d'un objet. Mais cette séparation conceptuelle correspond en premier lieu à la distinction populaire si courante entre la faim et l'amour ; ensuite, l'attention que lui accorde la *biologie* plaide en sa faveur. L'individu mène véritablement une existence double en tant qu'il est sa propre fin et en tant que maillon d'une chaîne qu'il doit servir contre sa volonté, ou du moins sans elle. Il tient lui-même la sexualité pour l'un de ses buts, alors même que, d'un autre point de vue, il n'est qu'un appendice de son plasma germinal auquel il donne ses forces contre une prime de plaisir ; il est le porteur mortel d'une substance (peut-être) immortelle, tout comme un chef ne détient que momentanément l'autorité qui lui survivra. La séparation des pulsions sexuelles et des pulsions du moi ne reflèterait rien d'autre que cette double fonction de l'individu. Enfin, on doit se souvenir que toutes nos conceptions psychologiques provisoires devront un jour reposer sur le terrain organique. Il est vraisemblable que ce sont des substances et des processus chimiques particuliers qui exercent des effets sur la sexualité et permettent la survie de l'individu dans celle de l'espèce. Nous tenons compte de cette hypothèse vraisemblable quand nous substituons aux substances chimiques particulières des forces psychiques particulières.

C'est précisément parce que je me suis efforcé en général de tenir éloigné de la psychologie tout ce qui n'en relève pas, y compris la pensée biologique, que je concède maintenant volontiers que la supposition de pulsions du moi séparées des pulsions sexuelles, c'est-à-dire la théorie de la libido, repose dans une très faible mesure sur un fondement psychologique mais s'appuie de manière essentielle sur la biologie. Je serai donc assez conséquent aussi pour abandonner cette hypothèse si une autre supposition sur les pulsions émergeait du travail psychanalytique lui-même et apparaissait plus féconde. Jusqu'à présent, cela n'a pas été le cas. Il se pourrait donc bien que l'énergie sexuelle, la libido (en son fondement le plus profond et en dernière instance) ne soit qu'un produit de la différenciation de l'énergie qui est par ailleurs en jeu dans la psyché. Mais cette affirmation n'a pas grande conséquence : elle porte sur ce qui est déjà si loin des problèmes qui se posent à nous et qui est si mal connu qu'il est aussi vain de la contester que de l'utiliser. Il est probable que cette identité originaire a aussi peu à voir avec nos intérêts psychanalytiques que la parenté originaire de toutes les races humaines avec la preuve, qu'on doit apporter au service légal des successions, de sa parenté avec le testateur. Toutes ces spéculations ne nous mènent à rien. Comme nous ne pouvons pas attendre qu'une autre science nous offre des résultats décisifs pour la théorie des pulsions, il faut bien essayer de voir, grâce à une synthèse des phénomènes psychologiques, quelle lumière nous pouvons jeter sur les énigmes fondamentales de la biologie. Admettons que nous pouvons nous tromper, mais ne nous laissons pas dissuader de prolonger l'hypothèse, que nous avions énoncée dans l'analyse des névroses de transfert, d'une opposition entre les pulsions du moi et les pulsions sexuelles. Voyons si elle peut être développée sans contradiction, de manière féconde, et si on peut l'appliquer aussi à d'autres troubles, comme à la schizophrénie par exemple.

Il en irait naturellement autrement si la preuve était apportée que la théorie de la libido a échoué à expliquer cette dernière maladie. Jung l'a déjà affirmé[1] et m'a imposé ainsi ces derniers développements, que je me serais volontiers épargnés. J'aurais préféré mener jusqu'à son terme le chemin que j'ai emprunté dans l'analyse du cas Schreber, en gardant le silence sur ces présupposés. Mais l'affirmation de Jung est pour le moins hâtive. Ses fondements sont fragiles. Il en appelle d'abord à mon propre témoignage, au fait que je me serais vu moi-même forcé, étant données les difficultés de l'analyse de Schreber, d'étendre le concept de libido, c'est-à-dire de renoncer à son contenu sexuel, d'associer la libido à des intérêts psychiques en général. Sándor Ferenczi a déjà formulé, dans une critique de fond du travail de Jung[2], ce qu'il fallait dire pour corriger cette erreur d'interprétation. Je ne peux qu'approuver sa critique et répéter que je n'ai jamais exprimé un renoncement de ce type à la théorie de la libido. Un autre argument de Jung consiste à dire qu'on ne peut pas admettre que le seul retrait de la libido puisse être l'origine de la perte de la fonction de réalité[3] normale. Il ne s'agit pas d'un argument

1. C.G. Jung, *Métamorphoses et symbole de la libido*, Paris, Aubier Montaigne, 1927.

2. S. Ferenczi, «Critique de *Métamorphose et symboles de la libido*», *Psychanalyse, Œuvres complètes*, t. II, *op. cit.*, p. 109-116.

3. Nous avons choisi de remplacer l'expression de Janet «perte de la fonction du réel» par celle, plus courante aujourd'hui de «perte de la fonction de réalité» (*NdT*).

mais d'un décret : *it begs the question*, il anticipe la décision et se dispense de discussions alors qu'il faudrait précisément examiner si et quand cela est possible. Dans son grand travail ultérieur[1], Jung est passé très près de la solution que j'avais entrevue depuis longtemps : « Sur ce point, il reste en effet encore à envisager le fait – auquel Freud fait du reste référence dans son travail sur le cas Schreber – que l'introversion de la libido *sexualis* conduit à un investissement du "moi" qui, potentiellement, aurait pour effet la perte de la réalité. En fait, il est tentant d'expliquer de cette manière la psychologie de la perte de réalité ». Pourtant, Jung ne laisse pas longtemps libre cours à cette possibilité. Quelques pages plus loin, il l'écarte avec la remarque suivante : de cette condition « pourrait résulter la psychologie d'un anachorète ascétique mais non pas une démence précoce ». La remarque selon laquelle un tel anachorète qui « s'est efforcé d'éliminer toute trace d'intérêt sexuel » (mais seulement au sens populaire du mot « sexuel ») ne présente pas nécessairement une orientation pathogène de la libido, montre combien cette comparaison inappropriée est incapable d'emporter la décision. Il peut avoir détourné complètement son intérêt sexuel des gens et l'avoir cependant sublimé par un intérêt accru pour le divin, le naturel ou l'animal, sans que sa libido ait subi une introversion dirigée vers ses fantasmes ou vers un retour à son moi. Il semble que cette comparaison néglige dès le départ la séparation possible entre l'intérêt d'origine érotique et celui qui vient d'autres sources. Souvenons-nous par ailleurs que les recherches de l'école suisse, malgré tout leur mérite, n'ont apporté d'explication du tableau de la démence précoce que sur deux points : l'existence

1. C.G. Jung, *La théorie psychanalytique* (1913), Paris, Aubier Montaigne, 1932 (notre traduction).

de complexes déjà connus chez les personnes normales ou les névrosées et la similitude entre les fantasmes qu'ils produisent et les mythes populaires. Mais elles n'ont pu jeter aucune lumière sur le mécanisme de la maladie. Nous pouvons ainsi récuser l'affirmation de Jung selon laquelle la théorie de la libido aurait échoué à prendre en compte la démence précoce et qu'elle serait, par là même, invalidée pour ce qui concerne les autres névroses.

II

L'étude directe du narcissisme n'est pas possible, et ce du fait de difficultés particulières. La voie d'accès principale restera probablement l'analyse des paraphrénies. Étant donné que les névroses de transfert nous ont permis de suivre les motions de la libido, la démence précoce et la paranoïa nous permettront aussi de comprendre la psychologie du moi. De nouveau, nous devrons imaginer la simplicité apparente du normal à partir des déformations et des exagérations du pathologique. Quelques autres chemins, que je veux maintenant décrire l'un après l'autre, restent cependant ouverts pour nous approcher de la connaissance du narcissisme : l'étude de la maladie organique, de l'hypocondrie et de la vie amoureuse des deux sexes.

Pour estimer l'influence de la maladie organique sur la distribution de la libido, je suis une indication verbale de Ferenczi. Il est généralement connu et il nous semble aller de soi que celui qui souffre d'une douleur organique et de malaises perd tout intérêt pour le monde extérieur, tant que cela n'a pas de rapport avec sa souffrance. Une observation plus précise révèle qu'il retire aussi son intérêt libidinal des objets qu'il aime, qu'il cesse d'aimer aussi longtemps qu'il souffre. La banalité de ce phénomène ne doit pas nécessairement nous empêcher de lui donner une traduction dans la langue de la théorie de la libido. Nous dirions alors : le malade ramène les investissements de sa libido vers son moi pour les retourner vers les objets extérieurs après la guérison. «L'âme séjourne seule dans le trou étroit de la molaire» nous dit Wilhelm Busch à propos du poète qui a mal aux dents. Libido et intérêt du moi connaissent alors le même sort et sont de nouveau impossibles à distinguer l'un de l'autre. L'égoïsme bien connu du malade recouvre les deux. Nous trouvons que cela va vraiment de soi car nous sommes certains de nous comporter de cette manière dans un cas semblable. Que des élans amoureux très intenses s'évanouissent devant des troubles corporels et soient soudainement remplacés par une complète indifférence, voilà qui a été amplement exploité par la comédie.

De même que la maladie, l'état de sommeil entraîne lui aussi un retrait narcissique de la libido sur la personne propre, plus précisément sur le désir de dormir. L'égoïsme des rêves s'insère bien dans ce contexte. Dans les deux cas, nous observons, même si ce n'est que cela, des exemples de modifications de la distribution de la libido provoquées par une modification du moi.

L'hypocondrie, comme la maladie organique, se traduit par des sensations corporelles pénibles et douloureuses et lui ressemble aussi pour ses effets sur la distribution de la libido. L'hypocondriaque détourne son intérêt comme sa libido (c'est particulièrement clair pour cette dernière) des objets du monde extérieur et concentre l'un et l'autre sur l'organe qui le préoccupe. Mais une différence entre l'hypocondrie et la maladie organique est ici manifeste : dans le cas de la maladie organique, les sensations pénibles sont fondées sur des modifications qui peuvent être prouvées mais pas dans le cas de l'hypocondrie. On ne sortirait cependant pas de notre conception des processus névrotiques si l'on adoptait la proposition suivante : l'hypocondriaque doit avoir raison, des modifications organiques ne peuvent pas manquer dans ce cas non plus. En quoi pourraient-elles consister ?

Nous nous laisserons ici convaincre par l'expérience que des sensations corporelles déplaisantes, comparables à celles qu'on trouve dans l'hypocondrie, ne manquent pas non plus dans le cas des autres névroses. J'ai déjà dit une fois que j'étais tenté de considérer l'hypocondrie comme la troisième névrose actuelle, au côté de la neurasthénie et de la névrose d'angoisse. Il n'est vraisemblablement pas exagéré de considérer qu'une petite part d'hypocondrie participe aussi régulièrement à la formation des autres névroses. La plus belle illustration, c'est bien le cas de la névrose d'angoisse et de l'hystérie qui en résulte. En effet, nous connaissons un modèle de l'organe génital en état d'excitation : c'est un organe douloureusement sensible, qui se modifie d'une manière ou une autre, mais qui n'est pas malade au sens habituel. Il est alors congestionné, turgescent, humide et le siège de sensations variées. Si nous nommons *érogénéité* l'activité d'une partie du corps qui consiste à envoyer dans la vie psychique un stimulus qui l'excite sexuellement et si nous songeons que, grâce aux analyses de la théorie sexuelle, nous sommes habitués depuis longtemps à l'idée que d'autres parties déterminées (les zones *érogènes*) peuvent remplacer les organes génitaux et se comporter de la même manière qu'eux, alors il ne nous reste plus qu'à oser faire un pas supplémentaire. Nous pouvons nous décider à considérer l'érogénéité comme une propriété générale de tous les organes, ce qui nous permettra ensuite de parler de l'augmentation ou de la diminution de celle-ci dans une partie du corps déterminée. Chacune de ces modifications de l'érogénéité dans les organes pourrait engendrer en parallèle une modification de l'investissement de la libido sur le moi. Chaque fois, il nous faut chercher ce qui est au fondement de l'hypocondrie et qui peut avoir la même influence sur la distribution de la libido que la maladie réelle des organes.

Nous remarquons que quand nous prolongeons nos réflexions dans cette voie, nous nous heurtons non seulement au problème de l'hypocondrie mais aussi à celui des autres névroses actuelles : la neurasthénie et la névrose d'angoisse. C'est pourquoi nous voulons nous arrêter là ; une recherche purement psychologique n'a pas à aller au-delà des frontières du domaine de la recherche physiologique. On peut supposer, à partir de ce qui précède, que l'hypocondrie est avec la paraphrénie dans une relation similaire à celle qu'ont les autres névroses actuelles avec l'hystérie ou la névrose obsessionnelle : elle dépend de la libido du moi comme les autres névroses dépendent de la libido d'objet. L'angoisse hypocondriaque serait le pendant, du côté de la libido du moi, de l'angoisse névrotique. Nous sommes déjà familier de la thèse selon laquelle[1] le mécanisme d'entrée dans la maladie et de formation des symptômes dans les névroses de transfert, ainsi que le passage de l'introversion vers la régression, sont liés à une accumulation de la libido d'objet ; nous sommes donc aussi autorisé à en venir à l'idée d'une accumulation de la libido du moi et à la mettre en rapport avec les phénomènes de l'hypocondrie et de la paraphrénie.

Naturellement, notre besoin de savoir nous mène à la question suivante : pourquoi cette accumulation de la libido dans le moi doit-elle être ressentie comme déplaisante ? J'aimerais me contenter de répondre que le déplaisir est en

---

1. Voir S. Freud, « Des types d'entrée dans la maladie névrotique », *Œuvres complètes*, vol. XI, Paris, P.U.F., 1998, p. 119-126.

général l'expression d'une tension plus grande, que c'est donc un élément quantitatif matériel qui se transforme, ici comme ailleurs, en qualité psychique de déplaisir. Il se peut toutefois que ce soit non pas l'ampleur absolue de ce processus matériel mais l'une de ses fonctions déterminées qui soit décisive dans le développement du déplaisir. À partir de là, on peut même se risquer à aborder la question suivante : d'où vient donc la contrainte qui pousse la vie psychique à sortir des frontières du narcissisme et à poser sa libido sur des objets ? La réponse, fidèle à la ligne de pensée que nous avons adoptée, pourrait consister de nouveau à dire que cette contrainte se manifeste quand l'investissement du moi par la libido a dépassé un certain seuil. Un égoïsme fort protège de la maladie mais, à la fin, on doit se mettre à aimer pour ne pas tomber malade, et on doit tomber malade quand on ne parvient pas à aimer suite à une frustration. C'est un peu sur ce modèle que Heinrich Heine se représente la psychogenèse de la création du monde [1] :

Krankheit ist wohl der letze Grund (C'est bien la maladie qui a été l'ultime fond)

Des ganzen Schöpferdrangs gewesen (De toute poussée créatrice)

Eschaffend konnte ich genesen (En créant je pus guérir)

Erschaffend wurde ich gesund. (En créant je trouvais la santé.)

Nous avons considéré que l'appareil psychique est d'abord un moyen destiné à canaliser des excitations qui seraient sinon ressenties comme pénibles ou auraient des effets pathogènes. Le travail psychique suppose des efforts exceptionnels pour détourner intérieurement des excitations qui ne sont pas susceptibles d'un rejet immédiat vers l'extérieur ou pour

1. H. Heine, *Neue Gedichte, Schöpfungslieder*, 7.

lesquelles un tel rejet ne serait pas souhaitable sur le moment. Mais pour cette élaboration interne, il est tout à fait indifférent qu'elle concerne des objets réels ou imaginaires. La différence ne se manifeste que plus tard, quand le retournement de la libido vers les objets irréels (introversion) a conduit à une accumulation de la libido. Dans les paraphrénies, le délire des grandeurs permet une élaboration interne similaire de la libido qui s'est réorientée vers le moi. Ce n'est peut-être qu'après l'échec de ce délire que l'accumulation de libido dans le moi devient pathogène et appelle à un processus de guérison ; elle se présente comme une maladie.

Je cherche ici à pénétrer plus avant le mécanisme de la paraphrénie et je résume les conceptions qui m'apparaissent encore aujourd'hui dignes d'attention. À la différence des névroses de transfert, la libido, libérée à cause de la frustration, ne reste pas, dans ces paraphrénies, attachée aux objets dans le fantasme mais se retire vers le moi. Dans le délire des grandeurs, il y a maîtrise psychique de cette accumulation de libido, ce qui est l'équivalent de l'introversion dans le fantasme qui caractérise les névroses de transfert. L'hypocondrie, dans la paraphrénie, qui est l'homologue de l'angoisse dans les névroses de transfert, résulte de l'échec de cette production psychique. Nous savons que cette angoisse peut se résorber par un travail psychique supplémentaire, donc par conversion, formation réactionnelle, formation de protection (phobie). Ce travail psychique est réalisé, dans les paraphrénies, par la tentative de réorientation qui produit des phénomènes pathologiques frappants. Dans la mesure où fréquemment (pour ne pas dire le plus souvent) dans la paraphrénie la libido ne se détache que partiellement des objets, on peut distinguer trois groupes de manifestations dans son tableau clinique : 1) les manifestations qui préservent l'état normal ou la névrose (manifestations résiduelles), 2) le processus pathologique (le détachement de la libido des objets et, en conséquence, le délire des grandeurs, l'hypocondrie, la perturbation des affects, toutes les régressions), 3) la réorientation qui fixe à nouveau la libido aux objets comme dans l'hystérie (démence précoce, vraie paraphrénie) ou comme dans la névrose obsessionnelle (paranoïa). Ce nouvel investissement de la libido provient d'un autre niveau, dans d'autres conditions, que l'investissement primaire. La différence entre les névroses de transfert qui sont alors créées et les formations correspondantes du moi normal devrait permettre une intuition plus profonde sur la structure de l'appareil psychique.

*

La vie amoureuse des êtres humains, qui se décline de manière différente chez l'homme et la femme, est une troisième voie d'accès à l'étude du narcissisme. De la même manière que la libido d'objet nous a d'abord caché la libido du moi, nous avons aussi d'abord pensé, à propos du choix d'objet d'un enfant (et d'un adolescent), qu'il tire ses objets sexuels de ses expériences de satisfaction. Ces premières satisfactions sexuelles autoérotiques sont vécues en lien avec les fonctions vitales qui servent à la conservation de l'individu. Les pulsions sexuelles s'étayent d'abord sur la satisfaction des pulsions du moi, et n'en deviennent indépendantes que plus tard. Mais cet étayage se manifeste ensuite lorsque les personnes qui nourrissent l'enfant, prennent soin de lui et le protègent, deviennent les premiers objets sexuels : en premier lieu la mère ou son substitut. Mais à côté de ce type et de cette source de choix d'objet, qu'on peut appeler par étayage, la recherche psychanalytique nous a appris à en connaître un autre, auquel nous ne nous attendions pas. Nous avons découvert, de manière particulièrement claire chez des personnes dont le développement de la libido est perturbé, comme les pervers et les homosexuels, qu'elles ne choisissent pas leur objet d'amour ultérieur selon le modèle de la mère mais selon celui de leur propre personne. Manifestement, elles se cherchent elles-mêmes comme objet d'amour et font un type de choix d'objet qu'on peut qualifier de *narcissique*. C'est cette observation qui a constitué la raison profonde qui nous a contraint à l'hypothèse du narcissisme.

À vrai dire, nous n'en avons pas déduit que les êtres humains se divisaient en deux groupes strictement distincts selon qu'ils adoptent un choix d'objet de type par étayage ou de type narcissique. Nous préférons l'hypothèse selon laquelle ces deux voies de choix d'objet sont ouvertes à chacun, si bien que l'une ou l'autre peut être préférée. Nous disons que l'être humain a deux objets sexuels originaires : lui-même et la femme qui s'occupe de lui. Nous présupposons donc un narcissisme primaire chez chaque être humain qui peut s'exprimer surtout dans son choix d'objet.

La comparaison entre homme et femme montre ensuite qu'il y a des différences fondamentales, même si elles ne sont pas absolument régulières, dans leur rapport au type de choix d'objet. Le plein amour de l'objet du type par étayage est proprement caractéristique de l'homme. Il présente la surestimation sexuelle frappante qui provient bien du narcissisme originaire de l'enfant et correspond par conséquent à un transfert de ce narcissisme sur l'objet sexuel. Cette surestimation sexuelle permet la formation de l'état particulier de passion amoureuse qui rappelle la compulsion névrotique et qui se réduit à un appauvrissement de la libido dirigée vers le moi au profit de la libido dirigée vers l'objet. Le développement de la femme le plus fréquent, probablement le plus pur et le plus authentique, se configure autrement. Avec le développement de la puberté, par la formation des organes sexuels féminins qui étaient jusqu'à présent latents, il semble qu'apparaisse une augmentation du narcissisme originaire, défavorable à la formation d'un amour d'objet ordinaire avec surestimation sexuelle. Un état d'autosuffisance de la femme se met en place, en particulier dans les cas où elle devient belle, ce qui la dédommage de la liberté de choix d'objet dont elle est socialement privée. De telles femmes n'aiment, à strictement parler, qu'elles-mêmes, avec une intensité comparable à celle de l'homme qui les aime. Elles n'ont pas d'inclination à aimer mais à être aimées et elles se laissent séduire par l'homme qui remplit cette condition. Ce type de femme est porté en très haute estime dans la vie amoureuse de l'être humain. De telles femmes exercent le plus grand charme sur les hommes, non seulement pour des raisons esthétiques, car elles sont habituellement les plus belles, mais à cause des caractéristiques psychologiques intéressantes qui s'ensuivent. Il semble en effet que le narcissisme d'une personne exerce une grande attirance sur ceux qui ont renoncé à leur propre narcissisme et se trouvent en quête d'objet à aimer. Le charme de l'enfant relève en bonne partie de son narcissisme, de son autosuffisance, de son caractère impénétrable, de même que le charme de certains animaux qui semblent ne pas se préoccuper de nous, comme les chats et les grands fauves. Et même le grand criminel ou l'humoriste force notre intérêt à cause de la représentation poétique qui souligne le narcissisme par lequel ils savent éloigner leur moi de tout ce qui le diminuerait. C'est donc comme si nous leur envions leur état psychique bienheureux, une position libidinale inattaquable, que nous avons nous-même abandonnée. Mais le grand charme de la femme narcissique n'est pas sans revers : une bonne part de l'insatisfaction de l'homme amoureux, ses doutes sur l'amour de la femme, ses plaintes sur sa nature énigmatique trouvent leur origine dans cette grande différence des types de choix d'objet.

Peut-être n'est-il pas superflu de donner l'assurance que je n'ai nullement l'intention de dénigrer les femmes dans cette description de leur vie amoureuse. Indépendamment du fait que cette intention m'est absolument étrangère, je sais aussi que ces choix variés correspondent, dans un contexte biologique extrêmement compliqué, à une différenciation des fonctions. De plus, je suis prêt à concéder qu'il y a quantité de femmes qui aiment selon le type masculin et qui développent aussi la surestimation sexuelle correspondant à ce type.

Même pour les femmes narcissiques qui restent froides envers l'homme, il existe une voie qui les mène au plein amour d'objet. Dans l'enfant qu'elles mettent au monde, une partie de leur propre corps se présente pour elles comme un objet étranger auquel elles peuvent, du fait du narcissisme, offrir le plein amour d'objet. D'autres femmes encore n'ont pas besoin d'attendre un enfant pour prendre le chemin qui mène du narcissisme (secondaire) à l'amour d'objet. Elles se sont elles-mêmes senties masculines avant la puberté et ont parcouru une partie de ce chemin. Quand apparaît leur maturité féminine, cette tendance cesse et il leur reste la possibilité d'aspirer à un idéal masculin qui est le prolongement même du garçon qu'elles ont été elles-mêmes auparavant.

Un rapide survol des voies du choix d'objet pourrait conclure les remarques esquissées. On aime :

1. *D'après le type narcissique* :

a) ce que l'on est soi-même (soi-même),

b) ce que l'on a été soi-même,

c) ce que l'on aimerait être soi-même,

d) la personne qui a été une partie du moi propre.

2. D'après le type par étayage :
a) la femme qui nourrit,
b) l'homme qui protège,
et les séries des personnes qui s'y substituent par la suite.

Le cas c) du premier type ne pourra être justifié que plus loin.

Il reste à apprécier, dans un autre contexte, la signification du choix d'objet narcissique dans le cas de l'homosexualité masculine.

Le narcissisme de l'enfant, que nous avons supposé primaire (l'une des suppositions de nos théories sur la libido), est moins facile à saisir par l'observation directe qu'à confirmer en raisonnant d'un autre point de vue. Quand on regarde de près l'attitude de parents tendres envers leurs enfants, on doit y reconnaître une résurgence et une reproduction de leur propre narcissisme depuis longtemps abandonné. Le bon indice qu'est la surestimation, que nous avons déjà appréciée comme un stigmate narcissique dans le choix d'objet, domine, c'est bien connu, cette relation affective. Il existe donc une compulsion qui consiste à attribuer à l'enfant toute perfection, ce qui ne résiste pas à une observation lucide et qui consiste à dissimuler et à oublier tous ses défauts. C'est bien dans ce contexte que s'inscrit le déni de la sexualité infantile. Il existe aussi une tendance à oublier, devant l'enfant, tout ce qu'on a appris de la société, tout ce que notre narcissisme a bien dû admettre, et à revendiquer pour cet enfant des privilèges qu'on a perdus depuis longtemps. L'enfant doit avoir une vie meilleure que celle de ses parents, il ne doit pas être soumis à ces nécessités dont on a appris qu'elles contraignaient notre vie. La maladie, la mort, le renoncement au plaisir, la restriction de la volonté ne doivent pas valoir pour l'enfant. Les lois de la nature comme de la société s'arrêtent devant lui; il doit vraiment être à nouveau le centre, le noyau de la création. *His Majesty the Baby*, comme on a pensé l'être soi-même autrefois. Il doit accomplir les rêves que ses parents n'ont pas pu réaliser, devenir un grand homme ou un héros à la place de son père, épouser un prince pour consoler plus tard sa mère. Le point le plus délicat du système narcissique, l'immortalité du moi durement mise à mal par la réalité, a retrouvé une protection en se réfugiant chez l'enfant. L'amour des parents, touchant mais au fond si infantile, n'est pas autre chose que la résurgence de leur narcissisme qui, même s'il s'est transformé en amour d'objet, manifeste indéniablement son ancienne nature.

III

J'aimerais laisser de côté ce qui est un objet d'étude important mais qui reste à traiter, à savoir la question des perturbations auxquelles le narcissisme originaire de l'enfant est exposé, les réactions par lesquelles il s'en défend et la question des directions qu'il est donc obligé d'emprunter. On peut souligner que l'élément le plus important en est le « complexe de castration » (l'angoisse à propos du pénis chez le garçon, l'envie du pénis chez la fille) et le mettre en relation avec l'influence de l'intimidation sexuelle précoce. La recherche psychanalytique nous permet d'habitude de suivre le destin des pulsions de la libido quand celles-ci sont isolées des pulsions du moi et se trouvent en opposition avec elles; mais, dans le domaine du complexe de castration, elle nous permet de remonter, par déduction, à une époque et à une situation psychique où les pulsions des deux sortes, agissant encore de concert, sont inextricablement liées et apparaissent comme des intérêts narcissiques. Alfred Adler a créé, en partant de ce contexte, son concept de « protestation virile » qu'il érige presque au rang d'unique puissance pulsionnelle dans la formation du caractère comme des névroses; il ne la fonde pas sur une tendance narcissique, et donc là encore libidinale, mais sur une valorisation sociale. Du point de vue psychanalytique, l'existence et l'importance de la « protestation virile » ont été reconnues dès le début mais, à l'inverse d'Adler, on a soutenu que sa nature était narcissique et que son origine provenait du complexe de castration. Cette « protestation virile » participe à la formation du caractère, dans la genèse duquel elle intervient au côté de nombreux autres facteurs; elle ne peut absolument pas expliquer les problèmes des névroses auxquels Adler n'accorde aucune attention, sauf si elles servent les intérêts du moi. Je pense qu'il est complètement impossible de fonder la genèse de la névrose sur la base trop étroite du complexe de castration, aussi puissant soit-il, chez les sujets de sexe masculin, quand il intervient comme résistance à la guérison de la névrose. Pour finir, je connais aussi des cas de névrose dans lesquels la « protestation virile », ou ce que nous entendons par complexe de castration, ne joue pas de rôle pathogène ou n'intervient pas du tout.

L'observation de l'adulte normal montre que sa mégalomanie passée s'évapore et que s'estompent les caractères psychiques dont nous avions déduit son narcissisme infantile. Qu'est-il advenu de sa libido du moi? Devons-nous supposer qu'elle s'est entièrement transformée en investissements d'objet? Cette possibilité contredit manifestement la logique de notre argumentation. Nous pouvons tirer de la psychologie du refoulement une autre réponse à cette question.

Nous avons appris que des motions pulsionnelles libidinales subissent le destin du refoulement pathogène quand elles entrent en conflit avec les représentations culturelles et éthiques de l'individu. On n'entend jamais par là que la personne n'a qu'une connaissance intellectuelle de l'existence de ces représentations, mais qu'elle les reconnaît comme autorité et qu'elle se soumet à leurs exigences. Le refoulement, avons-nous dit, provient du moi ; nous pourrions préciser : de l'amour de soi que se voue le moi. Les mêmes impressions, expériences, impulsions, motions de désir que tel homme ne rejette pas ou que, du moins, il traite de manière consciente, seront repoussées par un autre avec la plus complète indignation ou étouffées avant d'être devenues conscientes. Mais la différence entre ces deux personnes, qui concerne le refoulement, s'exprime facilement dans des termes qui permettent à la théorie de la libido d'en rendre compte : nous pouvons dire que l'un a érigé en lui un *idéal* auquel il mesure son moi actuel, alors qu'il manque chez l'autre une telle formation d'un idéal. La formation d'idéal serait, du côté du moi, la condition du refoulement.

L'amour de soi dont a joui dans l'enfance le moi réel concerne maintenant ce moi idéal. Le narcissisme apparaît comme déplacé vers ce nouveau moi idéal qui, comme le moi infantile, possède toutes les perfections. Le sujet s'est ici révélé incapable, comme chaque fois dans le domaine de la libido, de renoncer à la satisfaction dont il a déjà joui une fois. Il ne veut pas être privé de la perfection narcissique de son enfance ; s'il n'a pas pu la conserver parce qu'il a été perturbé au cours de son développement par des critiques venant des autres et par l'éveil de son propre jugement, il cherche à retrouver sa perfection sous la nouvelle forme de l'idéal du moi. Ce qu'il projette devant lui comme son idéal, c'est ce qui se substitue au narcissisme perdu de son enfance, pendant laquelle il était son propre idéal.

Il nous faut donc explorer les rapports entre cette formation idéale et la sublimation. La sublimation est un processus de la libido d'objet par lequel la pulsion se projette vers un autre but, éloigné de la satisfaction sexuelle. L'accent est mis en conséquence sur ce qui détourne du sexuel. L'idéalisation est un processus qui concerne l'objet, par lequel celui-ci gagne en grandeur et en dignité psychiques, mais sans que sa nature soit modifiée. L'idéalisation est possible aussi bien dans le domaine de la libido du moi que dans celui de la libido d'objet. Par exemple, la surestimation sexuelle de l'objet est une idéalisation de celui-ci. Ainsi, dans la mesure où la sublimation désigne ce qui concerne la pulsion et l'idéalisation ce qui concerne l'objet, il convient de les distinguer conceptuellement.

La formation du moi idéal est souvent confondue, au détriment de la compréhension, avec la sublimation des pulsions. Celui qui a échangé son narcissisme contre le culte d'un idéal du moi élevé n'a pas besoin d'être parvenu à sublimer ses pulsions libidinales. L'idéal du moi réclame certes une telle sublimation mais il ne peut pas la forcer. La sublimation demeure un processus particulier ; il se peut que son déclenchement soit stimulé par un idéal mais sa réalisation reste tout à fait indépendante d'une telle stimulation. On trouve justement, chez les névrosés, les plus grandes différences de tension entre la formation de l'idéal du moi et la force de la sublimation de leurs pulsions libidinales primitives. Et il est en général beaucoup plus difficile de convaincre du caractère mal placé de la libido celui qui s'idéalise que celui qui a des prétentions modérées. La formation de l'idéal du moi et la sublimation ont une responsabilité complètement différente face à la névrose : la formation de l'idéal du moi augmente, comme nous l'avons vu, les exigences du moi et c'est elle qui favorise le plus le refoulement ; la sublimation représente l'issue par laquelle l'exigence peut être satisfaite sans aboutir au refoulement.

Il ne serait pas étonnant que nous découvrions une instance psychique particulière qui ait pour fonction de veiller au maintien de la satisfaction narcissique issue de l'idéal du moi et qui, à cette fin, surveille constamment le moi actuel et le mesure à l'idéal. Si une telle instance existe, alors il nous est impossible de tomber immédiatement dessus; nous ne pouvons que l'inférer et nous autoriser à dire que ce que nous appelons notre *conscience morale* remplit cette fonction. L'inférence de cette instance nous permet de comprendre ce qu'on désigne comme délire d'attention ou, plus précisément, délire *d'être observé* qui apparaît si clairement dans la symptomatologie des maladies paranoïdes; ce délire peut peut-être aussi se produire comme trouble isolé et l'on peut en trouver des traces dans une névrose de transfert. Les malades se plaignent dans ce cas qu'on connaisse toutes leurs pensées, qu'on observe et surveille leurs actions. Ils sont informés du pouvoir de cette instance morale par des voix qui leur parlent, de manière caractéristique, en troisième personne (« Maintenant elle y pense à nouveau, maintenant il part »). Cette plainte est justifiée, elle décrit la vérité. Une puissance de ce genre, qui observe, évalue et critique toutes nos intentions, existe effectivement, et chez chacun de nous, dans la vie normale. Le délire d'être observé en présente une forme régressive, révèle ainsi sa genèse et la raison pour laquelle le malade se révolte contre elle.

Ce qui a suscité la formation de l'idéal du moi auquel la conscience est chargée de se conformer, c'est effectivement l'influence des parents, les critiques qu'ils ont exprimées verbalement. Au fil du temps, l'éducateur, le professeur et tout un essaim indéfini et innombrable d'autres personnes du milieu s'y sont ajoutés (les proches, l'opinion publique).

Une grande quantité de libido essentiellement homo-sexuelle a donc été attirée pour former l'idéal du moi narcissique et, tout en le maintenant, elle a des raisons de s'en détourner et de se satisfaire. L'institution de la conscience morale était tout d'abord, au fond, une incarnation de la critique des parents et, par la suite, de la critique de la société ; c'est un processus qui se répète lorsqu'une tendance au refoulement provient d'une interdiction ou d'un obstacle d'abord extérieur. Les voix, et cette foule indéterminée de critiques, se manifestent à cause de la maladie, de sorte que l'histoire du développement de la conscience morale se reproduit de façon régressive. L'opposition à cette *instance de censure* vient, quant à elle, chez le sujet conformément au caractère même de sa maladie, de sa volonté de se détacher de toutes ces influences, à commencer par celle de ses parents, et elle en retire sa libido homosexuelle. Sa conscience morale se manifeste alors par une représentation régressive, comme une action hostile de l'extérieur.

Les plaintes du paranoïaque montrent aussi que l'autocritique de la conscience morale coïncide, au fond, avec l'auto-observation sur laquelle elle est bâtie. La même activité psychique qui a assumé la fonction de conscience morale s'est aussi mise au service de l'introspection qui livre à la philosophie la matière de ses réflexions. Il se peut que cela ne soit pas sans rapport avec la propension à former des systèmes spéculatifs qui caractérise la paranoïa [1].

---

1. J'ajoute, seulement à titre d'hypothèse, que la formation et la consolidation de cette instance qui surveille pourraient aussi impliquer la genèse tardive de la mémoire (subjective) et du facteur temps qui ne vaut pas pour les phénomènes inconscients.

Il sera certainement important pour nous de reconnaître dans d'autres domaines encore les signes de l'activité de cette instance critique qui surveille – élevée au rang de conscience morale et d'introspection philosophique. Je fais ici référence à ce que Herbert Silberer a décrit comme « phénomène fonctionnel », l'un des rares ajouts à la théorie des rêves dont la valeur est incontestable. Comme chacun sait, Silberer a montré que l'on peut observer directement, dans des états qui se situent entre le sommeil et la veille, la transposition des pensées en images visuelles, mais que, souvent, dans ces conditions, on n'obtient pas une représentation du contenu de la pensée mais de l'état dans lequel se trouve la personne qui lutte contre le sommeil (bonne disposition, fatigue, etc.). Il a également montré que fréquemment la fin d'un rêve ou certains passages dans le contenu d'un rêve ne correspondent à rien d'autre qu'à l'autoperception du sommeil et de l'éveil. Il a ainsi mis en évidence la part d'auto-observation (au sens de délire d'observation paranoïaque) dans la formation du rêve. Cette participation est variable et c'est vraisemblablement pour cette raison que je l'ai négligée, car elle ne joue pas un grand rôle dans mes propres rêves. Il se peut qu'elle apparaisse très clairement chez des personnes qui sont douées pour la philosophie et habituées à l'introspection.

Souvenons-nous que nous avons découvert que la formation du rêve se réalise sous la domination d'une censure qui force les pensées du rêve à se déformer. Mais, par ce terme de censure, nous n'entendons pas une puissance particulière ; nous avons choisi cette expression pour désigner une partie des tendances au refoulement qui dominent le moi, celles qui concernent les pensées du rêve. Si nous progressons dans la structure du moi, nous pouvons retrouver aussi, dans l'idéal du moi et dans les expressions dynamiques de la conscience morale, ce *censeur du rêve*. Si ce censeur se manifeste aussi un peu pendant le sommeil, nous comprenons que son activité supposée, à savoir l'auto-observation et l'autocritique, apportent une contribution aux contenus du rêve comme : maintenant il est trop endormi pour penser, maintenant il se réveille[1].

À partir de là, nous pouvons tenter de discuter de l'estime de soi chez la personne normale et chez le névrosé.

L'estime de soi apparaît d'abord comme l'expression de la grandeur du moi, sans considération de ce qui la détermine. Tout ce qu'on possède ou qu'on a atteint, tout ce qui reste du sentiment primitif de toute-puissance, qui a été confirmé par l'expérience, augmente l'estime de soi.

Quand on distingue les pulsions sexuelles et les pulsions du moi, on doit considérer que cette estime de soi est particulièrement dépendante de la libido narcissique. Et ce pour deux raisons fondamentales : l'estime de soi augmente dans les paraphrénies alors qu'elle diminue dans les névroses de transfert ; dans la vie amoureuse, ne pas être aimé diminue l'estime de soi alors qu'être aimé l'accroît. Nous avons indiqué qu'être aimé représente le but et la satisfaction dans le choix d'objet narcissique.

De plus, il est facile d'observer que l'investissement libidinal sur les objets n'augmente pas l'estime de soi. La dépendance envers l'objet aimé a pour effet de la diminuer : celui qui est amoureux est humble. Celui qui aime a, pour ainsi dire, perdu une partie de son narcissisme et il ne peut la remplacer qu'en étant aimé. Dans tous ces cas, il semble que

---

1. Je ne peux pas décider ici si la distinction entre cette instance de censure et le reste du moi est en mesure de fonder psychologiquement la séparation philosophique entre conscience et conscience de soi.

l'estime de soi reste en relation avec la part narcissique de la vie amoureuse.

La perception qu'a quelqu'un de son impuissance, de sa propre incapacité à aimer, à la suite de perturbations psychiques et corporelles, influe au plus haut degré sur la diminution de l'estime de soi. C'est là qu'il faut chercher, d'après moi, l'une des sources des sentiments d'infériorité qui se manifestent si fréquemment chez les malades atteints de névrose de transfert. Mais la source principale de ces sentiments, c'est l'appauvrissement du moi qui résulte du retrait au moi des investissements exceptionnellement grands de la libido et donc de la blessure qu'infligent au moi les tendances sexuelles qui ne sont plus soumises au contrôle.

Adler a fait valoir avec raison que la perception qu'a quelqu'un de ses propres infériorités d'organe incite une vie psychique à la performance et à un meilleur rendement par la surcompensation. Mais il serait très exagéré de renvoyer, comme le fait Adler, toute bonne performance à cette conscience de l'infériorité d'organe originaire. Tous les peintres ne sont pas atteints de troubles visuels, tous les orateurs n'étaient pas bègues à l'origine. Il existe aussi une quantité de performances remarquables qui reposent sur un don d'organe exceptionnel. Dans l'étiologie des névroses, l'infériorité ou l'atrophie d'organe joue un rôle insignifiant, comme le matériel perceptif dans la formation des rêves. La névrose s'en sert comme prétexte, comme de tout ce qui est disponible. Si l'on accorde à une certaine patiente névrosée qu'elle devait tomber malade parce qu'elle n'est pas belle, qu'elle est mal faite et terne, et que personne ne peut l'aimer, la patiente suivante nous détrompe : elle persiste dans sa névrose et son rejet de la sexualité bien qu'elle apparaisse plus désirable et qu'elle soit plus désirée que la moyenne. Les femmes hystériques font partie, pour la plupart, des représentantes attirantes et même belles de ce sexe et, inversement, le grand nombre de laideurs, d'atrophies d'organe et d'infirmités dans les tranches inférieures de notre société n'y augmente pas la fréquence des maladies névrotiques.

Les relations de l'estime de soi avec l'érotisme (avec les investissements d'objet de la libido) peuvent être formulées de la manière suivante : on doit distinguer deux cas, selon que les investissements d'amour sont *conformes au moi* ou, au contraire, ont fait l'objet d'un refoulement. Dans le premier cas (dans l'emploi de la libido conforme au moi), l'amour, comme toute activité du moi, est valorisé. L'amour en soi, quand il est désir ardent et manque, diminue l'estime de soi ; être aimé, aimer en retour, posséder l'objet aimé la renforce. Quand la libido est refoulée, l'investissement d'amour est ressenti comme un cruel amoindrissement du moi : la satisfaction de l'amour est impossible, le renforcement du moi n'est possible qu'en retirant la libido des objets. Le retour de la libido d'objet sur le moi, sa transformation en narcissisme, représente pour ainsi dire un retour à un amour heureux et, inversement, un amour réellement heureux correspond à l'état originaire dans lequel la libido d'objet et la libido du moi ne peuvent être séparées l'une de l'autre.

L'importance de notre objet d'étude et l'impossibilité d'en offrir une vue d'ensemble justifient peut-être l'ajout de quelques considérations supplémentaires, dans un ordre plus arbitraire.

Le développement du moi consiste en un éloignement du narcissisme primaire et provoque une intense aspiration à le retrouver. Cet éloignement se produit par un déplacement de libido sur un idéal du moi imposé de l'extérieur, et la satisfaction est produite par l'accomplissement de cet idéal.

Simultanément, le moi a envoyé des investissements libidinaux d'objet. Il s'appauvrit au bénéfice de ces investissements et de l'idéal du moi et il s'enrichit à nouveau par les satisfactions d'objet ainsi que par l'accomplissement de cet idéal.

Une part de l'estime de soi est primaire, c'est ce qui reste du narcissisme infantile, l'autre part provient de la confirmation par l'expérience de la toute-puissance (de l'accomplissement de l'idéal du moi), et une dernière partie de la satisfaction de la libido d'objet.

L'idéal du moi a imposé à la satisfaction libidinale avec les objets des conditions difficiles, puisqu'il a fait rejeter par son censeur une part de cette satisfaction, considérée comme incompatible. Là où un tel idéal ne s'est pas développé, la tendance sexuelle en question pénètre dans la personnalité, inchangée, en tant que perversion. Être à nouveau son propre idéal, comme dans l'enfance, même pour ce qui concerne ses tendances sexuelles, voilà le bonheur que veut atteindre l'être humain.

La passion amoureuse consiste en un débordement de la libido du moi sur l'objet. Elle a la force d'annuler les refoulements et de rétablir les perversions. Elle élève l'objet sexuel en idéal sexuel. Comme elle se produit, dans le type objectal (ou par étayage), en vertu de l'accomplissement des conditions de l'amour infantile, on peut dire : ce qui remplit cette condition de l'amour sera idéalisé.

L'idéal sexuel peut entrer dans une relation d'assistance intéressante avec l'idéal du moi. Là où la satisfaction narcissique se heurte à des obstacles réels, l'idéal sexuel peut être utilisé comme satisfaction de substitution. On aime alors, selon le type du choix d'objet narcissique, ce qu'on a été et qu'on a perdu, ou bien ce qui possède des qualités qu'on n'a absolument pas (à comparer avec le point *c*, p. 230). On peut énoncer la formule parallèle à celle citée plus haut : ce qui possède la qualité qui manque au moi pour atteindre l'idéal sera aimé. Cette voie de secours a une importance particulière pour le névrosé qui, du fait de ses investissements d'objet excessifs, appauvrit son moi et n'est pas en mesure d'accomplir son moi idéal. Une fois sa libido gaspillée sur les objets, il cherche à retourner au narcissisme, en se choisissant un idéal sexuel selon le type narcissique qui possède des qualités qu'il ne peut pas atteindre. En règle générale, il préfère à l'analyse la guérison par l'amour. En effet, il est incapable de croire à un autre mode de guérison ; la plupart du temps, il apporte cet espoir-là dans la cure et l'adresse à la personne du médecin qui le soigne. Ce projet de guérison se heurte naturellement à l'incapacité d'aimer du malade, du fait de l'étendue de ses refoulements. Si l'on a remédié à ceux-ci jusqu'à un certain point dans le traitement, on expérimente fréquemment le résultat imprévu suivant : le malade se retire alors du processus de traitement pour faire un choix amoureux et laisse à sa vie commune avec la personne aimée la tâche de poursuivre son rétablissement. On pourrait se satisfaire de cette issue si elle ne comportait pas tous les dangers d'une dépendance accablante à l'égard de ce sauveur.

À partir de l'idéal du moi, s'ouvre une voie importante pour comprendre la psychologie des masses. L'idéal, en plus de son aspect individuel, a aussi une part sociale : c'est également l'idéal commun d'une famille, d'une classe, d'une nation. Il ne contraint pas seulement la libido narcissique, mais aussi une bonne part de la libido homosexuelle qui de ce fait se retourne vers le moi. Quand cet idéal du moi n'est pas atteint, l'insatisfaction qui en résulte libère de la libido homosexuelle, ce qui se transforme en culpabilité consciente (angoisse sociale). Celle-ci était à l'origine la peur d'être sanctionnée par les parents, plus précisément de perdre leur amour. Ultérieurement, c'est la foule indéterminée de nos camarades qui tient le rôle des parents. Ainsi, on comprend mieux pourquoi la paranoïa est fréquemment causée par un trouble du moi, par une impossibilité de satisfaire l'idéal du moi ; de même, on comprend mieux le lien entre la formation de l'idéal du moi et la sublimation, la régression de la sublimation et l'éventuel remaniement des idéaux dans les troubles paraphréniques.

LA DEUXIÈME TOPIQUE : RÉGRESSION, PULSION DE MORT ET ANALYSE INTERMINABLE

LE TRAUMATISME DE LA NAISSANCE (1924)

PRÉSENTATION

Fils de joailler, Otto Rank (1884-1939) n'était pas destiné, contrairement à son frère avocat, à une carrière académique. C'est sa lecture de Freud puis sa rencontre avec lui, par l'intermédiaire de son médecin Alfred Adler, qui réorienta profondément sa carrière, lui accordant une place centrale dans l'élaboration et la promotion de la psychanalyse naissante.

Issu d'une famille où régnait la terreur d'un père alcoolique et la passivité d'une mère pas assez protectrice, Rank est alors très isolé. Lorsqu'il fit la connaissance de Freud en 1905, il travaillait à l'usine. Mais le psychanalyste est impressionné par son manuscrit sur *L'art et l'artiste*, qui témoigne d'une grande connaissance autodidacte de la psychanalyse, de l'art et de la littérature. Il prend alors le « petit Rank » sous son aile. Il l'incite à reprendre des études au lycée puis à l'université et en fait le principal secrétaire de la Société Viennoise de Psychanalyse. Rank obtiendra son doctorat de l'Université de Vienne en 1912, grâce à une thèse sur le mythe du héros, sans doute la première réflexion sur les rapports entre psychanalyse et littérature[1].

Après une longue période d'au moins 10 ans de grande déférence envers la théorie freudienne, *Le traumatisme de la naissance* (1923), dont est extrait le texte ci-dessous, contient les éléments théoriques qui, sans le vouloir, signeront la rupture avec Freud en 1926. Quelques années passées dans l'armée entre 1915 et 1918 ont métamorphosé le jeune Rank : il a vaincu ses inhibitions sexuelles, il est un homme plus affirmé, il se marie en 1918 et commence à voir des patients (envoyés par Freud) en 1920 (ce qui fait de lui, qui n'est pas médecin, le premier praticien de l'analyse profane). C'est à ce moment-là qu'il se lie d'amitié avec Ferenczi et qu'ensemble ils commencent à développer une autre idée de la cure psychanalytique fondée sur la « thérapie active », dont les thèses sont présentées dans le livre qu'ils ont co-écrit, *Perspectives de la psychanalyse*[2].

Contrairement aux ruptures avec les premiers dissidents (Adler puis Jung), la rupture avec Rank semble plus progressive. Dans un premier temps, en effet, Freud accueille avec intérêt les nouvelles idées de Rank sur l'importance du traumatisme de la naissance comme fondement originaire de l'angoisse névrotique, qui donne au rapport à la mère un rôle fondamental dans l'étiologie des névroses. Il « tient cette œuvre pour très importante » et n'y voit « aucun bouleversement, aucune révolution, rien qui contredise nos certitudes ; il s'agit au contraire d'un complément intéressant dont la valeur

---

1. Le livre tiré de cette thèse est publié en français sous le titre O. Rank, *Le mythe de la naissance du héros*, Paris, Payot, 2000.
2. S. Ferenczi et O. Rank, *Perspectives de la psychanalyse*, Paris, Payot, 1994.

devrait être reconnue par tous, chez nous et à l'extérieur »[1]. Il reconnaît dans la découverte de Rank la mise en évidence de l'origine biologique (dans l'événement de la naissance) du complexe d'Œdipe et de la volonté du retour dans le ventre de la mère. Rank, lui-même, ne cesse de souligner sa dette envers Freud et de critiquer les pourfendeurs de la théorie freudienne qui, comme il l'écrit ici, « s'effrayèrent de ses découvertes ». Il insiste aussi sans ironie sur la façon dont Freud a su séparer le bon grain de l'ivraie dans l'œuvre de ses dissidents ; ce que ce dernier ne manquera pas de faire ensuite également avec les travaux de Rank.

Mais rapidement, sous l'influence notamment des gardiens de l'orthodoxie que sont Ernest Jones et Karl Abraham, Freud se rend compte des dangers auxquels la théorie de Rank expose sa vision du rôle structurant du complexe d'Œdipe et de la constitution du psychisme dans la petite enfance, notamment la barrière de l'inceste incarnée par le père. Rank fera en effet du traumatisme de la naissance le prototype de toutes les angoisses ultérieures et de toutes les résistances. Il minimise alors beaucoup trop aux yeux de Freud l'approche phylogénétique promue par le complexe d'Œdipe, fondée sur la structure de la famille et sur ses origines historiques et sociales. Rapporter toute anxiété à une répétition du traumatisme de la naissance reviendrait ainsi à rapporter toute l'étiologie des névroses à ce seul événement biologique. Ce qui est, selon Rank, un avantage, car ceci nous dispense précisément de spéculations quant au caractère héréditaire au sein de l'espèce du « fantasme originaire » de l'Œdipe.

1. S. Freud, lettre à Karl Abraham, 15 février 1924, dans *Correspondance 1907-1926*, Paris, Gallimard, 2006, p. 350-353.

En effet, selon Rank, toute angoisse ultérieure pourrait être rapportée à cette angoisse primitive de la naissance liée à la séparation d'avec la mère et à l'arrachement au lieu de plaisir et de sécurité que représente le ventre de celle-ci. La naissance est véritablement un traumatisme au sens psychologique du terme, car elle « constitue un premier obstacle à la tendance (…) à retrouver la situation de jouissance qui vient d'être perdue, obstacle que nous devons reconnaître comme le refoulement originaire ». Le rôle du refoulement, lié à la « menace de répétition de cette angoisse originaire », est alors d'effacer le souvenir de la jouissance intra-utérine pour entraver « la tendance au retour qui nous rendrait inaptes à la vie ». Par cette théorie, Rank prétend avoir résolu le problème du psycho-physique, de l'articulation entre la dimension biologique de la pulsion (la naissance) et de ses orientations symboliques (issues du traumatisme et de la tendance au retour). D'une certaine façon, toute notre vie inconsciente se trouve consacrée à retrouver dans le monde (qui représente le « symbole origi-naire ») cette situation de jouissance initiale dans le ventre de la mère, ceci au moyen de substituts (l'acte sexuel satisfait pour l'homme, celui de l'enfantement pour la femme et les expressions culturelles et artistiques, dans le meilleur des cas).

Rank donne ainsi à la figure de la mère et des femmes en général le rôle central dans la vie psychique de l'individu. En outre, comme Jung, Rank insiste sur le fait que le traumatisme doit être bien réel et pas seulement fantasmé. Cette posture ne suffit pas, selon Freud, à expliquer l'ambivalence de la relation à la mère. Car, s'il est pris comme une métaphore de l'angoisse de séparation d'avec la mère, le traumatisme de la naissance a bien toute sa place dans la théorie freudienne ; mais s'il doit être pris au sens littéral comme le seul facteur primitif d'angoisse (indépendamment de l'histoire de l'individu), alors il est sans intérêt pour la théorie. Il n'est qu'une tentative d'embrasser au moyen d'un principe unique un ensemble disparate de phénomènes.

D'autre part, Freud n'est pas prêt à accepter les conséquences d'un tel point de vue sur le déroulement de la cure[1]. Rank est, comme on l'a dit, également le promoteur avec son ami Ferenczi d'une diminution de la durée de la cure. Il insistera, en effet, sur le fait que la cure ne peut se produire au moyen d'un pur acte d'intellection consistant à se remémorer les scènes ou les fantasmes traumatiques. Il faut accorder une part plus centrale à l'affectivité dans la cure, ne pas se contenter d'intellectualiser les résistances du moi mais pallier les angoisses fondamentales du patient par une « thérapie active », en s'efforçant notamment de mettre en place une relation réciproque, de confiance mutuelle, d'attachement (de séparation) et de coopération entre l'analyste et l'analysant. Il ne suffit pas de se remémorer le trauma, il faut le revivre pour pouvoir canaliser l'angoisse qui l'accompagne. En termes de transfert, l'analyste se voit davantage dans le rôle de l'accoucheur (plus proche de la catharsis de Breuer) que dans celui du père autoritaire. Le soulagement des liens émotionnels est plus important dans la cure que la reconstruction du passé. Ferenczi ne rompra jamais avec Freud, mais il convaincra celui-ci de rompre avec Rank.

Jones (avec qui Rank était en conflit perpétuel, entre autres pour des questions d'édition) et Abraham contribuèrent également activement, sans doute par jalousie, à ternir les relations entre Freud et Rank, en se faisant les défenseurs de l'orthodoxie, en mettant en avant l'infidélité de ce dernier, son

---

1. Il exposera en partie ses critiques dans « Analyse terminée, analyse interminable », voir *infra*, p. 307-308.

ambivalence grandissante vis-à-vis de la théorie et l'absence de fondement empirique des thèses qu'il avançait. Au moment du *Traumatisme de la naissance*, les conflits sont plus virulents que jamais. Freud vient d'apprendre qu'il a un cancer et songe à l'avenir de la psychanalyse. Rank subit les attaques de Jones et d'Abraham au sein du « Comité » (créé par Freud au moment de la défection de Jung) et veut en exclure Jones. Freud continuera à prendre la défense de Rank, jusqu'à ce que les liens entre les deux hommes se distendent. Rank prendra petit à petit ses distances en se rendant de plus en plus souvent et pour de longues périodes aux États-Unis et à Paris. Il finira, des années plus tard, par railler le conservatisme de la psychanalyse, qu'il juge en opposition avec ses débuts révolutionnaires. Il sera alors banni des cercles psychanalytiques et interdit de publication dans les journaux consacrés.

LE TRAUMATISME DE LA NAISSANCE (1924)

CHAPITRE 10 : LA CONNAISSANCE PSYCHANALYTIQUE[*]

À partir de la situation analytique et de sa représentation dans l'inconscient de l'analysé, nous avons compris la signification fondamentale du traumatisme de la naissance, de son refoulement et de sa réapparition dans la reproduction névrotique, l'adaptation symbolique, la compensation par des attitudes héroïques et morales, l'idéalisation esthétique et la spéculation philosophique. En passant rapidement en revue les réalisations et les développements culturels essentiels, nous pensons avoir montré que ce sont non seulement toutes les créations de grande, voire de très grande valeur, mais aussi la civilisation elle-même qui découlent d'une réaction spécifique au traumatisme de la naissance ; nous avons montré aussi que la prise de connaissance de ce phénomène par la méthode psychanalytique repose sur la levée la plus parfaite qui soit du refoulement originaire grâce au triomphe sur la résistance originaire, à savoir l'angoisse.

[*] O. Rank, « Die psychoanalytische Erkenntnis », *Das Trauma der Geburt und seine Bedeutung für die Psychoanalyse*, Internationaler Psychoanalytischer Verlag, Leipzig, Wien, Zürick, 1924. Traduction par Jeanne-Marie Roux et Sébastien Schick.

Le développement de la connaissance psychanalytique elle-même donne une image instructive du pouvoir de cette résistance originaire et de la performance impressionnante qui permit à Freud de la vaincre. Comme Freud le souligne lui-même sans cesse, ce n'est pas lui qui a réellement découvert la psychanalyse, mais le médecin viennois Joseph Breuer, qui a traité en 1881 le cas d'hystérie (évoqué précédemment) et qui fut conduit par sa patiente à l'idée de *talking cure*, qu'on appelle symboliquement le *chimney sweeping*. Quand Freud avait l'occasion de parler avec ses amis du rôle joué par Breuer dans la psychanalyse, il laissait deviner une profonde compréhension humaine, qu'il évoque aussi dans le plus personnel de ses travaux, « Contribution à l'histoire du mouvement psychanalytique »[1] : il raconte comment Breuer finit par fuir devant les conséquences de sa découverte, comme frappé par un *untoward event*[2], parce qu'il ne voulait pas reconnaître le facteur sexuel. Reconnaître courageusement celui-ci a aidé Freud, bien plus tard, à comprendre la réaction de son maître. En ce qui concerne les mouvements de reniement ultérieurs, qui ont été le fait de partisans de la psychanalyse et ont suscité des constructions théoriques nouvelles fondées non sur l'observation mais sur l'opposition, Freud les a caractérisés, dans ce même texte, comme des « mouvements rétrogrades tendant à s'éloigner de la psychanalyse »[3]. Comme il en avait lui-même fait suffisamment l'expérience, supporter les vérités psychanalytiques, c'est ce pour quoi les hommes semblent être le moins faits ; il exprimait assez souvent l'idée, quand l'un ou

---

1. S. Freud, « Contribution à l'histoire du mouvement psychanalytique », *Œuvres complètes*, XII, Paris, P.U.F., 2005, p. 249-315.

2. « Événement malencontreux », *ibid.*, p. 254 (*NdT*).

3. *Ibid.*, p. 306 (*NdT*).

l'autre lui manquait de fidélité, qu'il n'était pas à la portée de tout le monde de chercher dans les recoins les plus sombres de l'inconscient et de n'apercevoir que de loin en loin la lumière du jour. On ne sait pas ce qu'on doit le plus admirer, le courage de Freud devant sa découverte ou la combativité qui lui permit de défendre avec opiniâtreté ses résultats contre les résistances du monde entier ; il le fit avec une intensité particulière lorsque quelques collaborateurs, qui étaient proches de lui, s'effrayè-rent de ses découvertes et, comme Breuer, prirent leurs distances dans les directions les plus diverses, d'où ils avaient l'espoir de se débarrasser de ces conceptions qui troublaient le sommeil du monde. Ce qu'il y avait de vrai dans ce qu'ils découvrirent lors de leur départ, Freud l'a distingué, avec une admirable objectivité, des déformations et des dénis d'une vérité qu'ils n'avaient fait qu'entrevoir. Mais en même temps, ne le jugeant pas réellement « psychanalytique », il l'a éliminé de son champ de travail.

Avec les exagérations et les incompréhensions des disciples restés fidèles à Freud, qui interprétèrent souvent les enseignements du maître de manière trop littérale, l'histoire du mouvement psychanalytique offre donc la même image instable que tout mouvement intellectuel qui dévoile la vérité sur un point crucial. Ce point crucial fut en réalité la découverte de Breuer, mais Freud fut le premier à être capable d'en tirer les leçons pratiques et théoriques avec une constante cohérence. Si nous tentons ici d'établir un lien direct avec la découverte de Breuer, c'est pour montrer à quel point Freud était lui-même conséquent dans toutes ses idées, mais aussi à quel point la conception soutenue ici complète de façon logique la découverte de Breuer ainsi que la conception et l'élaboration que Freud fit de celle-ci.

Le point de départ de Breuer était le « fait fondamental, [...] que les symptômes des hystériques dépendent des scènes de leur vie qui ont fait sur eux une grande impression, mais qu'ils ont oubliées (traumas), la thérapie fondée là-dessus les amenant à se remémorer et à reproduire sous hypnose ces expériences vécues (catharsis), et le peu de théorie qui en découle, c'est que ces symptômes correspondent à une utilisation anormale de grandeurs d'excitation non liquidées (conversion) » [1]. Si nous intégrons dans cette formulation freudienne du cœur de la découverte originaire de Breuer le traumatisme originaire de la naissance, découvert en fin de compte par la méthode freudienne, c'est-à-dire par la psychanalyse proprement dite, et que nous parvenons à répéter et à résoudre dans la cure, alors le point de départ psychophysiologique de l'analyse que constitue le problème de la « conversion » (Freud) paraît relié au facteur également psychophysiologique du traumatisme de la naissance. Entre les deux se situe la *psychologie de l'inconscient*, établie par Freud seul, c'est-à-dire, au fond, la première psychologie digne de ce nom, dès lors que la psychologie de la conscience, issue de la spéculation philosophique, s'est progressivement installée sur un sol toujours plus médical (physiologie des sens, neurologie, anatomie du cerveau). Nous comprenons mieux maintenant comment la conception « physiologique » de Breuer, à savoir la « théorie des états hypnoïdes », a commencé à se distinguer de la conception purement psychologique de Freud, la « théorie des défenses », qui conduisit à la découverte du refoulement et, par la suite, à l'exploration du refoulé (préconscient-inconscient), pour finir par celle des instances refoulantes du

1. S. Freud, « Contribution à l'histoire du mouvement psychanalytique », *op. cit.*, p. 250-251.

moi (et de ses dérivés : conscience, sentiment de culpabilité, formation de l'idéal, etc.) qui déterminent le refoulement.

Il est intéressant, non seulement du point de vue de l'histoire des sciences mais aussi du point de vue humain, que la séparation de Freud et Breuer se soit effectuée à propos de la frontière entre psychique et physique, du phénomène de « conversion », dont le nom vient certes de Freud, mais dont la conception, comme le dit Freud, « s'est faite pour nous deux en même temps et en commun »[1]. C'est comme s'il avait pesé jusqu'ici un tabou sur la raison de cette dispute, de cette rupture de l'élève avec son maître, car non seulement le problème de la conversion est resté irrésolu jusqu'à aujourd'hui, mais presqu'aucun des disciples n'a osé s'y attaquer[2]. Si nous acceptons les conséquences logiques de la méthode freu-dienne, nous sommes renvoyé à ce problème analytique origi-naire et sommes tout à fait conscient qu'il nous incombe la responsabilité de le résoudre ; nous croyons cependant notre tentative suffisamment justifiée par son importance générale, que nous avons montrée.

Nous avons esquivé à plusieurs reprises au cours de notre présentation la question suivante : pourquoi la tendance de la libido – dont nous savons qu'elle est sa tendance primaire – à retrouver la situation originaire de pleine jouissance dans le ventre de la mère (que nous devons considérer du reste comme l'expression de la jouissance suprême) est-elle liée si solidement à l'angoisse primaire, comme le montrent les

1. *Ibid.*, p. 251.
2. Voir en revanche S. Ferenczi (« Phénomènes de matérialisation hystériques » (1919), *Œuvres complètes*, t. III, Paris, Payot, 1974, p. 60), qui a conçu la conversion en un sens semblable à celui présenté ici, comme « régression à la proto-psyché ».

cauchemars, les symptômes névrotiques, mais aussi tous leurs dérivés psychiques et les formations qui leurs sont apparentées ? Pour le comprendre, nous devons garder en tête que la situation originaire de jouissance est interrompue, de manière désagréable, par le fait de la naissance – et probablement un peu avant à cause des déplacements et des pressions (mouvements de l'enfant) – et que la vie entière consiste ensuite, dès lors qu'il n'est de fait jamais plus accessible, à remplacer ce paradis perdu par les voies détournées extrêmement compliquées du destin libidinal déjà décrites.

Il semble que l'affect originaire d'angoisse à la naissance, qui reste actif toute la vie jusqu'à ce que la mort nous fasse subir une nouvelle séparation – cette fois avec le monde extérieur, devenu peu à peu une seconde mère –, n'est pas, dès le début, la simple expression des préjudices physiologiques du nouveau né (crise d'étouffements, étroitesse, peur) mais que cet affect acquiert immédiatement une qualité « psychique » par suite de la transformation d'une situation d'intense jouissance en une situation de déplaisir extrême. Cette angoisse *ressentie* est ainsi le premier contenu perceptif, le premier acte psychique, et constitue un premier obstacle à la tendance, encore très intense, à retrouver la situation de jouissance qui vient d'être perdue, obstacle que nous devons reconnaître comme le refoulement originaire. La conversion, dont Freud a reconnu les manifestations normales dans l'expression corporelle des émotions, se révèle identique à la formation du psychique à partir de l'innervation corporelle, c'est-à-dire à l'impression consciente de l'angoisse originaire ressentie. Si cette angoisse originaire était purement physiologique, il est vraisemblable qu'elle pourrait être complètement évacuée tôt ou tard ; mais elle est aussi ancrée psychiquement, pour entraver la tendance au retour (libido) qui, dans toutes les situations ultérieures où l'angoisse se développera, se heurtera à la barrière du refoulement originaire. Cela signifie que l'impression d'angoisse originaire, qui a été perçue et fixée psychiquement, efface le souvenir de la situation de plaisir passée et s'oppose ainsi à la tendance au retour qui nous rendrait inaptes à la vie, comme le prouve le suicide « courageux » de qui parvient à surmonter l'angoisse par la régression. Il semble que l'homme ne supporterait pas la séparation douloureuse d'avec l'objet primaire et serait incapable de le remplacer en s'adaptant à la réalité, s'il n'était pas empêché dans sa tendance persistante au retour par la menace de répétition de cette angoisse originaire. Que l'on soit endormi (rêve) ou réveillé (fantasme inconscient), sitôt qu'on veut se rapprocher de cette limite, l'angoisse entre en scène, ce qui explique à la fois le caractère inconsciemment agréable et consciemment déplaisant de tous les symptômes névrotiques. La seule vraie possibilité d'un semblant de rétablissement de la jouissance originaire, c'est l'union sexuelle, le retour partiel purement corporel dans le ventre de la mère. Cependant, cette satisfaction partielle, à laquelle est associée la plus forte sensation de plaisir qui soit, ne suffit pas à tous les individus ; pour le dire mieux, du fait que le traumatisme de la naissance a eu sur eux un effet plus fort (effet dérivant en définitive du plasma germinatif) et que, conséquence inévitable, le refoulement originaire est chez eux également plus fort (réaction), certains individus ne peuvent établir cette relation physique partielle à l'objet que d'une manière plus ou moins insatisfaisante. Au lieu d'effectuer le retour par l'accomplissement de l'acte sexuel et la création d'un nouvel être vivant, avec lequel ils pourraient s'identifier, leur inconscient tend à reproduire le retour intégral, que ce soit par l'identification totale avec l'objet sexuel, comme dans la relation mère-enfant (masturbation, homosexualité[1]) ou par un symptôme névrotique qui est une défense contre cette identification. Ici réside d'ailleurs la différence fondamentale dans le développement psychique global de l'homme et de la femme : cette dernière est capable, par une reproduction tout à fait réelle de la situation originaire, c'est-à-dire par une répétition véritable de la grossesse et de l'accouchement, de se rapprocher le plus qu'il est possible de la satisfaction originaire ; l'homme quant à lui, contraint à l'identification inconsciente, doit se procurer un substitut de reproduction par l'identification avec la « mère » et la création de produits culturels et artistiques qui en découle. Cela explique le rôle moins important que joue la femme dans le développement culturel, dont procède ensuite sa sous-évaluation sociale, alors qu'au fond toute la création culturelle résulte seulement chez l'homme de la surestimation libidinale, supprimée par le refoulement originaire, de l'objet primaire maternel[2]. On pourrait donc dire que l'adaptation sociale normale correspond au large transfert de la libido originaire sur le paternel, le créatif, alors que tout le pathologique – mais aussi le supranormal – repose sur une fixation maternelle trop forte ou sur la réaction de défense contre elle. Entre les deux, se situe la satisfaction sexuelle complète, qui comprend aussi le désir d'enfant, et permet une transformation en retour de l'angoisse originaire en libido originaire ; c'est pourquoi les nombreuses perturbations possibles du mécanisme sexuel, qui

---

1. Martial [poète latin, 40 après J.-C.] dit déjà des homosexuels : « Pars est una partis cetera matris habent ».

2. Ici se trouve, selon Alfred Adler, la motivation la plus profonde de la représentation, qualifiée de *primum movens*, de la « moindre valeur » de la femme, qui se trouve du reste, en tant que conséquence directe du refoulement du traumatisme de la naissance, tout à fait indépendante du sexe.

est si complexe, provoquent tout de suite de l'angoisse, qui est
libérée immédiatement dans le cas des perturbations directes
de la fonction sexuelle (les « névroses actuelles » de Freud),
alors que, dans les psychonévroses ancrées psychiquement,
cette angoisse semble liée à la structure défensive du symptôme, et se décharge par les voies de la reproduction lors des
crises de toutes sortes.

Avec le traumatisme de la naissance et l'état fœtal qui le
précède, nous avons enfin rendu concrète la frontière très
problématique du psycho-physique et pouvons comprendre
sur cette base non seulement l'angoisse, ce symptôme primaire
de l'homme, mais aussi la conversion et l'ensemble de la vie
affective et pulsionnelle, qui sont enracinés dans le psycho-
physique. En réalité, la pulsion n'est rien d'autre que la
première réaction à l'angoisse originaire ancrée psychiquement ; c'est pour ainsi dire de l'instinct modifié par cette
angoisse. Cela se produit de la manière suivante : le moi,
repoussé loin en arrière par la barrière de l'angoisse, est
constamment *poussé* vers l'avant, entraîné à chercher le
paradis non pas dans le passé mais dans le monde modelé à
l'image de la mère et, puisque cela échoue, dans les grandioses
compensations que sont la religion, l'art et la philosophie. Car
en réalité un seul type d'homme réussit d'emblée cette performance colossale d'adaptation : créateur de valeur réelle, c'est
celui qui a traversé l'histoire de l'humanité sous le nom de
héros, et nous voudrions le désigner comme un « artiste » au
sens le plus large du mot[1], s'il s'agit d'un créateur de valeurs
idéales, de ces superstructures imaginaires créées à partir des
restes de la libido originaire qu'on n'a pas satisfaite dans le

---

1. O. Rank, *L'Art et l'artiste*, Paris, Payot, 1998.

réel. L'homme normal naît dans ce monde représentant déjà le symbole originaire et, à son arrivée, trouve à disposition, sous des formes toutes prêtes, les possibilités de satisfaction correspondant à un degré de refoulement moyen, qu'il n'a plus qu'à reconnaître et à réutiliser à partir de son expérience originaire individuelle (« symbolique »).

Il convient maintenant de tirer l'une des conséquences théoriques les plus importantes de cette conception, qui se révèle être dans tous les cas un prolongement tout à fait direct de l'orientation de recherche indiquée par Freud. Depuis le début, la spécificité du point de vue analytique consistait à mettre de côté toute influence héréditaire et phylogénétique, qui était de toute façon insaisissable en grande partie; la psychanalyse corrigeait l'extrême surestimation de celle-ci en permettant qu'une partie importante et hautement significative du développement individuel, en l'occurrence la petite enfance, soit accessible à la recherche et compréhensible dans une grande mesure comme un facteur déterminant de premier ordre de celui-ci. Mais puisque le développement de la technique analytique nous a permis, au cours de notre expérience, d'observer toujours plus précocement ce stade du développement infantile, et ce jusqu'au stade prénatal, nous pouvons en déduire – en nous appuyant en particulier sur une étude approfondie de la symbolique du rêve – qu'il est possible de se dispenser du point de vue phylogénétique sur les propriétés psychiques héritées, ou plutôt de s'en tenir à la loi fondamentale biogénétique au sens de Haeckel. Tout le symbolique et tous les problèmes qui lui sont associés s'éclairent ainsi d'une manière plus simple et plus satisfaisante que ce n'était le cas avec le point de vue phylogénétique, apporté prématurément dans l'analyse par la tendance spéculative de Jung: celui-ci, qui venait de la psychiatrie et utilisait la mythologie comme point de comparaison, n'avait pas l'expérience de l'analyse des névroses, ici la seule vraiment instructive, qui lui aurait permis de dépasser la pure description et la spéculation qui l'accompagne. Freud a lui aussi rapidement dénoncé la stérilité de la démarche qui consiste à vouloir rendre compréhensibles les phénomènes de la psychologie de l'individu à l'aide du matériel non interprété de la psychologie collective; il s'est engagé dans la seule voie exacte, contraire à cette démarche, et que nous suivons aujourd'hui encore, ce qui nous permet de nous écarter du point de vue phylogénétique.

Nous avons d'ores et déjà rapporté le *fantasme originaire* de castration et la situation œdipienne au traumatisme de la naissance (séparation) ou, pour être plus précis, à son stade antérieur de jouissance parfaite (réunification avec la mère); il nous est donc plus facile, en relation directe avec les observations de Freud, de rapporter fantasme de castration et fantasme œdipien – l'un et l'autre liés à la situation typique qui consiste à épier le coït parental – à leur substrat réel, la situation prénatale. Dès la deuxième édition de *L'interprétation des rêves*[1] (1909), Freud rend compte des rêves typiques, « [qui ont pour base] des fantasmes concernant la vie intra-utérine, le séjour dans le ventre maternel et l'acte de la naissance »[2]; il donne comme exemple le rêve d'un jeune homme « qui, en fantasme, utilise déjà l'occasion intra-utérine pour épier un coït entre les parents »[3]. Ce rêve, de même que celui qui est ensuite raconté

---

1. En français, on trouve dans la 8e édition de cet ouvrage de très utiles annotations relatives notamment aux différentes éditions du texte allemand, voir *L'interprétation du rêve, Œuvres complètes*, vol. IV, Paris, P.U.F., 2003 (*NdT*).

2. *Ibid.*, p. 448 – trad. mod. (*NdT*).

3. *Ibid.* – trad. mod. (*NdT*).

– rêve de naissance d'une patiente qui doit se *séparer* de son analyste – sont, comme Freud l'a d'abord reconnu, des rêves qui font avancer la cure analytique, et dont la régularité a été le point de départ de notre étude. Rapportés à la situation de guérison, ils correspondent bien à des « fantasmes », qui correspondent eux-mêmes au réflexe de reproduction effective de l'acte de naissance avec du matériel authentiquement « remémoré ». Plusieurs années après que ce qu'on appelle « le fantasme du ventre maternel » se soit depuis longtemps et malgré toutes les moqueries des sceptiques, bien établi dans la psychanalyse, Freud a repris ce problème dans son récit classique sur « l'histoire d'une névrose infantile »[1] et a soutenu avec ténacité la réalité, restée malgré tout incompréhensible, de la « scène originaire », non seulement contre les tentatives d'interprétations divergentes d'anciens partisans, mais aussi et surtout contre ses propres doutes scientifiques. À partir des fantasmes analytiques de renaissance du patient, dont les plaintes selon lesquelles « le monde était pour lui enveloppé dans un voile »[2] tenaient au fait qu'il était né « coiffé »[3], Freud est parvenu à la conception que le patient souhaitait revenir dans le ventre de sa mère, pour y être fécondé par son père, par identification avec sa mère, et lui donner un enfant. La première partie du souhait, comme nous pouvons le montrer à partir d'un matériau incontestable, est à prendre en un sens biologique tout à fait réel ; la seconde partie montre toute la mesure du travestissement et de la transformation psychique

1. « A partir de l'histoire d'une névrose infantile », *Œuvres complètes*, vol. XIII, Paris, P.U.F., 2005, p. 5-120.

2. *Ibid.*, p. 72 (*NdT*).

3. On qualifie ainsi les enfants venant au monde avec un morceau de placenta sur la tête (*NdT*).

qu'a subis cette tendance au désir primordial au cours de l'expérience spécifique vécue par ce jeune garçon dans son enfance. Freud lui-même désigne dans une note de bas de page cette question de la capacité de remémoration comme « la plus épineuse de toute la doctrine psychanalytique »[1] et arrive à la conclusion qu'on pourrait « difficilement écarter la conception selon laquelle une sorte de savoir difficilement déterminable, quelque chose comme une préparation à la compréhension, exerce ici chez l'enfant une action concomitante. En quoi ceci peut bien consister, c'est ce qui échappe à toute représentation ; nous ne disposons que de la seule analogie, excellente, avec le vaste savoir instinctuel des animaux »[2]. Dans les rêves du début de l'analyse, qui sont encore exempts de toute influence et correspondent totalement au type général de rêve de la personne en question, on peut déceler, à côté de toutes les situations où la personne épie le coït parental – situations fantasmées à partir des choses entendues et apprises –, des éléments purement biologiques (comme la position des membres, les douleurs particulières au moment de l'enfantement, etc.), dont la mère elle-même ne peut avoir fait l'expérience et qui sont en relation avec les symptômes corporels de la névrose. Grâce à ces éléments, nous pouvons saisir le substrat des fantasmes en question[3]. Nous avons seulement besoin de remonter jusqu'à l'origine le chemin balisé de l'adaptation « symbolique » à la réalité, que nous avons déjà décrit, depuis

1. S. Freud, « À partir de l'histoire d'une névrose infantile », *op. cit.*, p. 101, n. 1 (*NdT*).

2. *Ibid.*, p. 118 (*NdT*).

3. L'élément fantasmatique en cela, la projection en retour de la phase hétérosexuelle, a trouvé un écho dans de nombreuses traditions mythiques, où le héros a déjà un coït dans le ventre de la mère (Osiris), ainsi que dans des plaisanteries obscènes.

la chambre à coucher parentale, dans laquelle la scène est ordinairement transposée, jusqu'à l'image originaire réelle, le ventre maternel. Par cette voie sera rendue compréhensible la nature véritable du « fantasme originaire », à savoir qu'il est indifférent que la scène ait été vécue ou non, tout simplement parce que même le coït observé pourrait aussi bien ne pas avoir d'effet traumatique s'il ne rappelait pas le traumatisme originaire, la première perturbation par le père de la paix de l'esprit. Le complexe d'Œdipe enfantin ultérieur se manifeste donc comme un descendant direct, c'est-à-dire comme l'élaboration psychosexuelle de la situation œdipienne intra-utérine, qui se manifeste donc tout de même comme « le complexe nucléaire des névroses », car cette perturbation paternelle, bien qu'elle ne mérite pas d'être qualifiée de premier « traumatisme », peut être considérée comme son précurseur immédiat [1].

Avec ces conceptions, le substrat réel du « fantasme originaire » devient concret, la réalité originaire, qui le fonde, se montre et la « réalité psychique », que nous devons attribuer d'après Freud à l'inconscient, se laisse ainsi saisir et comprendre comme une réalité biologique. Nous pouvons renoncer provisoirement à l'hypothèse d'une transmission héréditaire du contenu psychique, car *l'inconscient* proprement dit, qui est l'âme primaire, se manifeste comme *ce qui de l'embryon survit sans être altéré dans le moi adulte* [2]. C'est ce que la

---

1. La période de la grossesse jusqu'à laquelle l'échange entre les sexes est poursuivi importe à cet égard. Voir à ce sujet les développements du docteur H. Hug-Hellmuth, *Essais psychanalytiques : destin et écrits d'une pionnière de la psychanalyse d'enfants* (1921), Paris, Payot, 1991, p. 2. On y trouve aussi l'idée que la joie prise au rythme par le petit enfant est en relation de cause à effet avec les sensations de mouvement du fœtus dans le ventre de la mère.

2. Une preuve en est le fait, connu par l'analyse, mais considéré comme une contradiction incompréhensible, que, dans le rêve, les mêmes symboles

psychanalyse a identifié comme l'unité métapsychologique ultime grâce au concept de « ça » neutre sexuellement. Tout ce qui le dépasse, et en particulier tout le sexuel au sens étroit, appartient au préconscient, comme le montre bien la symbolique sexuelle utilisée dans la plaisanterie, le folklore et le mythe ; seuls y relèvent vraiment de l'inconscient les rapports libidinaux de l'embryon avec le ventre maternel.

Tous les caractères qui, d'après le dernier exposé de Freud[1], sont propres au véritable noyau inconscient de notre moi s'éclairent sans peine par cette définition de l'inconscient : en tout premier lieu, notre tendance au désir, toujours constante dans son intensité et que rien ne satisfait, que Freud a saisie dans sa conception biologique comme l'aspiration de la libido au rétablissement d'une situation originaire perdue ; en deuxième lieu, le caractère originaire « narcissique » de cette situation, l'absence totale de différenciation sexuelle par laquelle, à l'origine, chaque objet auquel le moi est confronté prend un caractère maternel ; en troisième lieu, l'intemporalité et le manque de toute négation, qui n'apparaît « que grâce au processus du refoulement »[2] et qui provient de l'expérience psychique du traumatisme de la naissance ; en quatrième lieu, les mécanismes psychiques fondamentaux de l'inconscient tels que la tendance à la

sont utilisés comme représentation de « l'inconscient » et du « ventre de la mère » (des chambres, des bâtiments, des armoires, des puits, des grottes, que Silberer voulait appréhender comme des représentations psychiques de soi qui ne seraient que « fonctionnelles ». Voir son dernier travail à ce sujet dans les comptes-rendus de session du groupe de Vienne (*Internationale Zeitschrift für Psychoanalyse*, 1922, VIII, p. 536).

1. S. Freud, « Le moi et le ça », *Œuvres complètes*, vol. XVI, Paris, P.U.F., 2003, p. 256-302.

2. Voir « À partir de l'histoire d'une névrose infantile », *op. cit.*, p. 79, n. 2.

projection (déterminante pour le développement culturel), qui permet de compenser hors du ventre maternel la situation perdue, ou tels que la mystérieuse tendance à l'identification, qui vise à rétablir l'ancienne unité avec la mère.

Aux caractères essentiels de l'inconscient (qui sont hautement significatifs pour la compréhension du déroulement de la vie en général) appartient aussi l'absence totale de « négation en soi », de représentation de la mort, comme Freud l'a très tôt découvert en étudiant la vie infantile. L'enfant et son représentant psychique, l'inconscient, a seulement connaissance de la situation qui précède sa naissance, et ce par l'expérience, dont le souvenir plein de jouissance continue à agir par le biais de la croyance en l'immortalité, l'idée d'une vie éternelle après la mort. Mais ce qui nous apparaît aussi biologiquement comme une pulsion de mort ne peut tendre à rien d'autre qu'à rétablir la situation déjà vécue avant la naissance, et la « tendance à la répétition »[1] vient du caractère irréalisable de cette aspiration, qui ne cesse de s'exprimer sous de nouvelles formes. D'un point de vue biologique, nous appelons ce parcours « vivre ». Dans ce parcours, l'individu « normal », séparé par le traumatisme de la naissance, réussit malgré les difficultés du développement infantile et en évitant la régression vers la névrose, à s'adapter au monde extérieur comme au « meilleur des mondes », c'est-à-dire comme à un substitut de la mère. On constate cependant que son inconscient s'est tout de même engagé entre-temps, avec une obstination tenace, sur l'inévitable route du retour qui le

1. Voir S. Freud, « Au-delà du principe de plaisir », *Œuvres complètes*, vol. XV, Paris, P.U.F., 2002, p. 278-338. Avec la conception qu'il défend, on recouvre presque entièrement le contenu des conclusions synthétiques de Géza Roheim à la fin de sa série d'articles : *Das Selbst* (*Imago*, 1921, VII, p. 503 *sq.*)

ramène bel et bien, contre la volonté du moi, à son but originaire. Ce parcours, que nous appelons « vieillir », doit, pour que se réalise ce but inconscient, mener l'individu vers la destruction systématique de l'ensemble de son corps, destruction qui le conduit finalement, à travers des maladies de toutes sortes, jusqu'à la mort.[1] Au moment du décès, le corps se sépare de nouveau de son substitut de mère, la « mère nature », dont la façade est peut-être belle et bien faite, mais dont l'envers se révèle laid et terrifiant[2]. Cette séparation paraît alors facile à l'inconscient[3] dès lors qu'il s'agit seulement de renoncer à un substitut pour atteindre la véritable félicité. C'est là que s'enracinent non seulement la représentation populaire de la mort rédemptrice, mais aussi toutes les idées religieuses de rédemption. D'un autre côté, la représentation effrayante de la mort en faucheuse, qui sépare de nouveau l'homme de la vie avec sa lame tranchante est liée à l'angoisse originaire que l'homme éprouve une dernière fois au moment du dernier

---

1. Voir les trois maux bouddhistes : la vieillesse, la maladie et la mort. Socrate disait, lorsqu'il prit le gobelet de poison : « Vivre – cela signifie être malade longtemps : je dois un coq à Esculape le guérisseur » (évidemment, Esculape le guérisseur est du point de vue mythique une divinité de la renaissance, qui fut punie par Zeus d'un éclair mortel, parce qu'il avait réveillé un mort).

2. Voir « la mère nature » de H. Niggemann (*Mitra*, 1914, I (10), p. 279).

3. Christoph W. Hufeland déjà, le grand médecin et observateur des hommes, parle de l'apparente douleur de la mort. Dans un essai, que j'ai eu devant les yeux par hasard au cours de la rédaction de ce travail, Heinz Welten (*Über Land und Meer*, avril 1923) montre « comme il est facile de mourir » à partir des dernières paroles connues de nos grands esprits. L'expression de Goethe devenue célèbre, « plus de lumière », renvoie clairement au fantasme inconscient de la naissance, au souhait d'apercevoir la lumière du monde. L'importance anormale du traumatisme de la naissance de Goethe, qu'il rapporte lui-même, explique ce qu'il y a d'énigmatique dans sa vie et son œuvre.

traumatisme, du dernier souffle de la mort; si bien qu'en ressuscitant ainsi l'angoisse de la naissance, il tire encore de la peur la plus forte, la peur de la mort, le plaisir de la négation de la mort. L'inconscient conçoit la mort comme un retour dans le ventre maternel : en témoignent les rites funéraires de tous les peuples à toutes les époques, qui condamnent ce qui a été la plus grande injustice et le sacrilège le plus abominable, la perturbation du sommeil éternel (par le père).

De même que, d'après le dogme le plus profond des pères de l'église, ce n'est pas avant un stade avancé de la grossesse, lorsque l'enfant est en état de percevoir les premières impressions, que l'âme entre dans l'embryon, de même elle quitte le corps au moment de la mort, pour commencer sa vie immortelle. Au cours de cette séparation de l'âme d'avec le corps, le désir insatiable essaye d'arracher l'immortalité. Ici, nous rencontrons de nouveau le contenu originaire, apparemment fantasmatique mais en vérité tout à fait réel, de la représentation de l'âme qui, d'après les belles explications de Erwin Rohde[1], s'est développée à partir de la représentation de la mort. L'âme est représentée originellement sous un aspect tout à fait réel et corporel comme un double du défunt (le Ka égyptien et ses nombreuses figures[2]) qui doit le remplacer dans la vie tout à fait réelle qui se poursuit après la mort. J'ai essayé d'esquisser dans un autre texte[3] comment, à partir de cette représentation de la mort, les croyances primitives en l'âme,

1. E. Rohde, *Psyché : le culte de l'âme chez les Grecs et leur croyance à l'immortalité*, Paris, Tchou, 1999 (*NdT*).

2. F.S. Krauss, *Sreca, Glück und Schicksal im Volksglauben der Südslaven*, Hölder, Vienne, 1886. Du même auteur, « Der Doppelgängerglaube im alten Ägypten und bei den Südslaven », *Imago*, 1920, VI, p. 387 *sq*. O. Rank, *Don Juan et le double*, Paris, Payot et Rivages, 2001.

3. O. Rank, *Ibid.*

les représentations religieuses et les conceptions philosophiques de celle-ci se sont développées. La recherche psychanalytique, qui a découvert derrière ces représentations un fantasme inconscient, retrouve maintenant le contenu réel de l'âme, celui de l'état embryonnaire, qui revient sans cesse.

Devant toutes ces tentatives considérables, perpétuellement renouvelées, pour obtenir, par les voies les plus diverses, une satisfaction compensant la perte de l'état originaire et pour nier le traumatisme originaire, on pense saisir en un clin d'œil qu'un déterminisme biologique préside au cours hésitant de l'histoire du monde et aux variations apparemment arbitraires de ses phases. Il semble que gouverne ici le même mécanisme qui se manifeste de manière frappante à partir du refoulement originaire. Des temps de grande détresse extérieure, qui rappellent trop fortement à l'inconscient la première détresse de la vie de l'individu, le traumatisme de la naissance, conduisent automatiquement à des tentatives répétées de régression, qui doivent être abandonnées de nouveau, non seulement parce qu'elles ne peuvent jamais conduire au véritable but, mais parce qu'elles se heurtent inévitablement, dès qu'elles en sont trop proches, à l'angoisse originaire, qui monte la garde devant les portes du paradis comme les chérubins avec leur épée dressée. Ainsi, le refoulement originaire, qui protège de la répétition du plus grand déplaisir, c'est-à-dire l'angoisse originaire, agit contre la tendance originaire à retrouver le plaisir extrême qui lui est lié; mais la résistance contre la source de plaisir elle-même, dont on ne veut pas se rappeler parce qu'elle doit rester inaccessible, agit elle aussi simultanément contre cette tendance. C'est dans cette double barrière du refoulement (qui, par l'angoisse de la naissance, éloigne le souvenir du plaisir originaire et provoque, à cause du souvenir de cette expérience de plaisir qui l'a précédée, l'oubli

du traumatisme), en d'autres termes dans l'ambivalence originaire du psychisme, que réside l'énigme du développement de
l'humanité, énigme qui ne peut être résolue qu'en suivant une
voie, celle de la découverte du processus de refoulement par la
psychanalyse.

Wilhelm Reich

LE CARACTÈRE MASOCHISTE (1932)

Présentation

Bien qu'il ait appartenu au cercle psychanalytique de Freud, Wilhelm Reich (1897-1957) n'a jamais été un protégé de Freud. Il a travaillé très jeune à la Polyclinique Psychanalytique de Vienne où il rencontre principalement des patients issus de la classe ouvrière. Il élabore alors l'idée que la névrose naît de mauvaises conditions sociales, comme la pauvreté et le manque d'intimité, de soins et de contrôle des naissances qui l'accompagnent[1]. Il en conclut que l'analyse doit viser à vaincre les répressions sociales. Dès lors, la seule thérapie individuelle ne suffit pas, elle doit être accompagnée de changements politiques et sociétaux. Dans son approche marxiste de la psychanalyse, Reich remet en question la séparation traditionnelle entre le public et le privé des sociétés libérales, en insistant notamment sur le caractère pathogène non seulement des relations intrafamiliales, mais aussi des modèles et des conventions sociétales que celles-ci incarnent.

---

1. E. Zaretski, *Le siècle de Freud*, Paris, Le livre de poche, 2009.

C'est une idée qu'il prétend trouver en germe chez Freud, sans que ce dernier n'ose l'exploiter pleinement[1].

Dans l'*Analyse caractérielle*, Reich distingue les symptômes et le caractère : les symptômes émanent de l'inconscient et sont vécus par les individus comme étrangers à eux-mêmes. Ceux-ci veulent s'en débarrasser. Le caractère est au contraire ce qui constitue la personnalité de l'individu, son identité, son moi, c'est pourquoi il résiste à l'analyse. Pourtant, c'est dans le caractère qu'il faut chercher l'origine du mal être et des symptômes et c'est le caractère qui doit être la cible thérapeutique de l'analyste. Le moi est, pour Reich, l'unique sphère de résistance. Il faut réveiller chez le patient les symptômes afférents au moi pour les dissoudre dans l'analyse. Contrairement à Freud, Reich développe, à l'instar d'autres dissidents comme Adler et Jung, une thérapie davantage centrée sur une psychologie du moi que sur une psychologie de l'inconscient. Il ne conçoit pas le moi comme le lieu d'un conflit entre la sphère consciente et rationnelle et la sphère de résistance, mais comme le lieu des seules résistances émergeant au sein d'une société qui réprime les pulsions et les empêchent de s'exprimer. C'est l'ensemble de ces résistances du moi qui constitue « l'armure caractérielle » à l'origine de la névrose, qui est bien plus difficile à atteindre que les simples symptômes secondaires. Reich voit dans la libération des mœurs, en particulier la libération sexuelle, et dans l'abandon de la propriété privée, un moyen d'éviter la névrose et s'appuie à ce titre sur les recherches ethnologiques de Bronislaw Malinowski chez les Trobriandais[2]. Le modèle

---

1. W. Reich, *Reich parle de Freud*, Paris Payot, 1972.

2. B. Malinowski, *Les argonautes du Pacifique occidental*, Paris, Gallimard, 1989.

matriarcal de ces sociétés mélanésiennes, l'absence de répression de l'activité sexuelle infantile (à l'exclusion de l'inceste), ainsi que de celle des femmes, en faisait un peuple sans névrose ni perversion[1].

Dès 1928, après avoir rejoint le Parti communiste (d'où il sera exclu en 1933 en raison de ses idées sur les rapports entre sexologie et marxisme), il critique la dimension psychologisante du freudisme en faveur d'une psychanalyse comme théorie de la psychologie. Cependant, les thèses de Reich sur l'importance du caractère ont d'abord été accueillies par Freud avec bienveillance. Mais ce sont les origines et les implications politiques de l'alliance entre marxisme et psychanalyse que Reich essaie de mettre en place qui achèveront d'exclure ce dernier du cercle psychanalytique et de la Société Psychanalytique Internationale en 1934 (contrairement à ce que suggère Jones dans sa biographie de Freud).

En particulier, en 1932, Reich publie dans le *Internationale Zeitschrift für Psychoanalyse* un article sur « Le caractère masochiste » à propos duquel Freud dira qu'« il atteint des sommets dans l'absurdité suivante : ce qu'on tient pour la pulsion de mort serait l'action du système capitaliste[2] » et refusera qu'il soit publié sans une note indiquant l'indépendance de la psychanalyse à l'égard de la politique. Finalement, par crainte de représailles avec les communistes, Freud se contentera de publier l'article accompagné d'une réponse critique rédigée par Siegfried Bernfeld.

Cela dit, ce n'est pas faire justice aux thèses de Reich que de dire qu'elles ne sont qu'une lecture idéologique de la

---

1. W. Reich, *L'irruption de la morale sexuelle*, Paris, Payot, 1999.

2. Lettre de Freud à Ferenczi, 24 janvier 1932, dans *Correspondance 1920-1933*, Calmann-Lévy, 2000.

psychanalyse et les extraits du texte sur le caractère masochiste ici retenus le montrent. En effet, en remettant en question la notion de pulsion de mort et de son rôle dans l'économie du masochisme, Reich révise profondément la métapsychologie freudienne.

Le problème fondamental que pose le masochisme est de savoir comment il est possible que « ce qu'une personne normalement constituée ressent comme un déplaisir est ressenti par le masochiste comme un plaisir, ou du moins comme une source de plaisir ». C'est ce paradoxe qui est en jeu dans la dispute avec Freud.

Dès les *Trois essais sur la théorie sexuelle*, ce dernier conçoit le sadisme comme « une composante agressive de la pulsion sexuelle ». Il distingue ainsi un sadisme masculin, pour ainsi dire « normal », comme « attitude (…) active (…) à l'égard de l'objet sexuel », d'un sadisme « pervers » qui désigne alors une attitude « violente » voire « la liaison exclusive de la satisfaction à l'asservissement et à la maltraitance [de l'objet] [1] ». Il montre alors, dans cette première théorie des pulsions, que le masochisme est secondaire, qu'il est une transformation d'une pulsion sadique primaire, un « retournement sur la personne propre » d'une pulsion sadique originaire [2]. L'énigme du plaisir dans la souffrance n'est alors pas pleinement résolue. Elle est simplement expliquée par une sorte d'ambivalence de la douleur ; « on jouit (…) non de la douleur elle-même, mais de l'excitation sexuelle qui l'accompagne ».

1. S. Freud, « Trois essais sur la théorie sexuelle », *Œuvres complètes*, vol. VI, Paris, P.U.F., 2006, p. 91.
2. Voir S. Freud, *Trois essais sur la théorie sexuelle*, *op. cit.* et « Pulsions et destin des pulsions », *Métapsychologie*, dans *Œuvres complètes*, vol. XIII, Paris, P.U.F., 2005, p. 175 ; « Un enfant est battu », dans *Œuvres complètes*, vol. XV, Paris, P.U.F., 2002, p. 116-146.

Dans cette première théorie, la pulsion obéit au principe de plaisir, qui se heurte à une réalité frustrante. La pulsion y est le représentant psychique d'un «processus somatique» et elle cherche nécessairement à être satisfaite, afin de revenir à un état de non-excitation[1].

La façon dont un déplaisir pourrait se métamorphoser en plaisir reste donc relativement inexpliquée et cette domination du principe de plaisir n'explique pas ce que Freud appellera la «contrainte de répétition», qui pousse certains individus à reproduire en rêve ou en pensée des souvenirs traumatiques déplaisants et «se place au-dessus du principe de plaisir[2]». C'est le cas des traumatismes de guerre ou de l'enfant qui ne cesse, par le jeu, de reproduire la scène de séparation d'avec la mère. Freud explique alors, dans sa deuxième théorie des pulsions, cette compulsion de répétition par une pulsion concurrente de la pulsion de vie (qui tend à la reproduction de l'espèce et est gouvernée par le principe de plaisir) : la pulsion de mort (de retour à l'inorganique, à un état antérieur à la vie). Ainsi, le sadisme et le masochisme seraient deux expressions de la pulsion de mort tournées pour l'une vers l'objet, pour l'autre vers le moi. Il y aurait donc un masochisme primaire qui serait le retour à une forme de libido tournée vers le moi ou d'auto-érotisme émanant de la pulsion de mort. Cette pulsion de mort serait «indépendante du principe de plaisir» et «plus originaire». Ainsi la première bipolarité entre pulsions du moi (qui tendent à rétablir l'équilibre énergétique) et pulsions sexuelles se trouve-t-elle remplacée par la bipolarité entre

---

1. S. Freud, «Le problème économique du masochisme» (1924), *Œuvres complètes*, vol. XVII, Paris, P.U.F., 1992, p. 11-23.
2. Freud, «Au-delà du principe de plaisir» (1920), dans *Œuvres complètes*, vol. XV, *op. cit.*, p. 172.

pulsion de mort et pulsion de vie[1]. Mais en faisant reposer la solution à l'énigme du plaisir dans la souffrance sur l'hypo-thèse métaphysique d'une pulsion de mort constitutive, Freud ne fait que reformuler le problème sans vraiment le résoudre. Ce que va tenter de faire Reich en redéfinissant le masochisme et en articulant autrement la souffrance au principe de plaisir des premières théories de la sexualité freudienne.

Pour commencer, Reich va s'opposer à l'hypothèse freudienne de la pulsion de mort non seulement sur la base de son caractère spéculatif et indémontrable, mais aussi en raison des incohérences qu'elle introduit dans la théorie des pulsions, comme celle de faire de nous tous sans exception les objets d'un conflit d'ordre constitutionnel entre pulsion de vie et pulsion de mort. Or, selon Reich, on peut tout à fait envisager un individu sain dont la sexualité serait épanouie et qui ne subirait pas les conflits internes supposés par Freud. En effet, l'avantage de la première théorie freudienne des pulsions est qu'elle engageait seulement un combat entre le principe de plaisir et le principe de réalité, arbitré par le moi. La source pathogène provenait ainsi essentiellement de l'extérieur, de la frustration de certaines pulsions. Par l'hypothèse de la pulsion de mort et d'un conflit interne des pulsions, Freud introduit des facteurs pathogènes innés, au sein même du psychisme. Il faut donc, selon Reich, revenir à la première théorie de Freud d'un conflit entre le principe de plaisir et le principe de réalité et chercher dans « l'ordre social » l'origine des symptômes

1. On trouve un résumé éclairant de l'explication freudienne du masochisme primaire ou originaire (postérieur à la deuxième topique (« Le moi et le ça » (1923), dans *Œuvres complètes*, vol. XVI, Paris, P.U.F., 1991, p. 257-301) dans le texte de Freud sur « Le problème économique du masochisme », art. cit., p. 15-16.

névrotiques, plutôt que de s'appuyer sur une analogie indémontrable avec le biologique (la mort cellulaire) en postulant des tendances humaines autodestructrices innées.

Le choix du premier type d'explication doit nous conduire à une critique de l'ordre social assimilé par les individus et qui réprime ou inhibe les pulsions. Reich va donc rejeter l'hypothèse de la compulsion de répétition puisqu'elle entre en contradiction directe avec le principe de plaisir : on ne peut la comprendre qu'appliquée au principe de plaisir et non comme une pulsion morbide primaire. Pour comprendre la masochisme, il faut s'appuyer sur l'analyse caractérielle en identifiant, au-delà des symptômes névrotiques du patient, des traits caractériels propres au caractère masochiste et avec lesquels l'analyste devra composer dans la cure : « Une sensation subjective permanente de *souffrance* qui se manifeste au plan objectif par une *tendance à la lamentation* : une tendance permanente à *l'autodestruction* et à *l'autohumiliation* ("masochisme moral"), une envie obsessionnelle de *torturer les autres*, étant bien entendu que la souffrance infligée à d'autres est ressentie par le masochiste comme une vive souffrance. Tous les caractères masochistes se caractérisent par une allure gauche et ataxique, qui, dans certains cas, évoque l'allure des débiles mentaux ».

Par l'examen d'un cas clinique, Reich va montrer que l'attitude passive du masochiste est moins le résultat d'une quête de souffrance que d'une quête d'amour par la provocation, « spécifique au masochisme », et qu'on peut résumer par la question : « jusqu'où puis-je aller en continuant à être aimé ? » Or, cette « quête d'amour du masochiste résulte de dommages subis par l'enfant à la suite de notre système d'éducation patriarcal » qui trouble la fonction de plaisir. Dans le cas qui intéresse Reich il résulte des attentes contradictoires des parents et d'un épisode primitif de souffrance vécue comme un soulagement. À partir de l'analyse de ce cas typique du masochisme névrotique, Reich va être amené à redéfinir le masochisme.

Dans *La fonction de l'orgasme*[1], il soutient l'idée que l'énergie déployée dans l'orgasme est du même ordre que celle déployée dans l'angoisse. Autrement dit, il conserve la théorie énergétique qui rassemble tout un ensemble de phénomènes physiologico-psychiques. Le masochisme n'est dès lors pas vraiment un déplaisir qui se transforme en plaisir, mais un dysfonctionnement de la fonction de l'orgasme. La crainte de la décharge orgasmique liée à une sexualité génitale (par « peur d'éclater » ou « de mourir ») fait que l'individu lui substitue, pour canaliser l'angoisse, le geste ou le fantasme masochiste. Mais ce substitut ne peut parvenir à canaliser l'angoisse comme le ferait l'accomplissement de l'orgasme. Donc l'angoisse subsiste et même s'accroit à l'occasion ou à la suite du comportement masochiste. Ce n'est donc pas que l'individu prendrait du plaisir à ce qui procure normalement du déplaisir, mais qu'il préfère ce déplaisir à l'angoisse extrême suscitée par l'abandon au plaisir. Il n'est donc pas vrai que le masochiste « recherche la punition en tant que telle ». L'angoisse ressentie n'est pas le résultat d'un conflit entre la pulsion de vie et la pulsion de mort, elle est le résultat des effets néfastes et inhibiteurs de certaines normes sociales para-doxales inculquées, entre autres, par les parents. En réalité, loin d'être un authentique plaisir dans la douleur, le maso-chisme serait le résultat d'une incapacité à jouir suscitée par les répressions sociales concernant la sexualité et ce qui y a trait. Les fantasmes masochistes naissent d'une inhibition de la

1. W. Reich, *La fonction de l'orgasme*, Paris, L'Arche, 1947.

fonction de l'orgasme, c'est pourquoi ils s'accompagnent d'une profonde angoisse. Le masochisme est en fait une tentative de maîtriser le déplaisir qui vous fait entrer dans un cercle vicieux.

La compulsion de répétition, que l'on observerait aussi, selon Reich, dans les provocations constantes du masochiste à l'égard de son entourage (comme pour susciter la réponse sadique), n'est donc plus liée à une pulsion de mort, mais bien à la recherche du plaisir. Mais cette recherche du plaisir est constamment avortée et aboutit au déplaisir. C'est à l'inhibition du plaisir que doit remédier l'analyse en rétablissant la fonction de l'orgasme. Dans le masochisme, ce n'est donc pas la souffrance ou l'angoisse elles-mêmes qui sont recherchées, mais c'est le plaisir lié à l'angoisse; plaisir qui émane du soulagement ou de la libération de l'angoisse.

LE CARACTÈRE MASOCHISTE (1932) *

1. RÉSUMÉ DES CONCEPTS

Avant Freud, les sexologues pensaient que le masochisme était la manifestation d'une disposition instinctuelle poussant l'individu à puiser une certaine satisfaction dans la souffrance physique et morale subie. Comme la souffrance est par définition une chose désagréable, restait la question de savoir comment on pouvait rechercher le déplaisir ou en retirer une satisfaction. L'invention d'un terme technique n'était évidemment pas une explication; on appelait « algolagnie » une disposition psychologique tendant à retirer du plaisir de la souffrance physique ou morale. Quelques auteurs firent un pas en direction de la vérité en affirmant que se faire frapper n'était pas le but ultime du masochisme, mais seulement un chaînon dans l'expérience plaisante de l'auto-humiliation (Krafft-

---

* Extraits du chapitre 8 de W. Reich, *L'analyse caractérielle*, trad. P. Kamnitzer, Paris, Payot, 1992, p. 200-233, ici reproduits avec l'autorisation des éditions Payot. Texte original, W. Reich, *Charakteranalyse*, 1ʳᵉ édition, Copenhague, Sexpol Verlag, 1933. Le texte est d'abord paru sous le titre « Der masochistische Charakter : Eine sexualökonomische Widerlegung des Todestriebes und des Wiederholungszwanges », *Internationale Zeitschrift für Psychoanalyse*, XVIII, Vienne, 1932. Les passages entre crochets sont des ajouts des éditrices.

Ebing). Il n'en restait pas moins le fait fondamental : *ce qu'une personne normalement constituée ressent comme un déplaisir est ressenti par le masochiste comme un plaisir, ou du moins comme une source de plaisir.*

L'exploration psychanalytique du contenu latent et de la dynamique du masochisme ouvrit des perspectives nouvelles. Freud put mettre en évidence que masochisme et sadisme ne constituent pas des pôles opposés, que l'un ne se rencontre jamais sans l'autre. Le masochisme et le sadisme peuvent même se remplacer mutuellement. Il existe, entre eux, une opposition dialectique déterminée par le changement de l'activité en passivité sans que le contenu représentatif subisse la moindre modification[1]. La théorie de Freud du développement libidinal distingue trois phases principales de la sexualité infantile, la phase orale, la phase anale, la phase génitale. Au début, le sadisme fut associé à la première phase. Mais on découvrit bientôt que chaque phase de l'évolution sexuelle comporte un élément d'agression sadique qui lui est propre. Approfondissant le problème, je me rendis compte que chacune de ces trois formes d'agressivité sadique était une réaction à la pulsion partielle correspondante. D'après cette théorie, le sadisme propre à chaque niveau évolutif provient d'une association de l'impulsion destructive contre la personne frustrante et du désir sexuel correspondant[2]. Nous obtenons le schéma suivant : succion, frustration → tendance destructive, morsure : *sadisme oral* ; plaisir anal,

---

1. S. Freud, « Triebe und Triebschicksale », *Gesammelte Schriften*, t. V, p. 453. [« Pulsion et destin des pulsions » dans *Œuvres complètes*, vol. XIII, Paris, P.U.F., 2005, p. 178-179.]

2. W. Reich, « Über die Quellen der neurotischen Angst », *International Zeitschrift für Psychoanalyse*, 1926, 11, p. 427.

frustration → désir d'écraser, de piétiner, de frapper : *sadisme anal* ; plaisir génital, frustration → désir de perforer : *sadisme phallique*. Ce concept était en accord parfait avec la formulation primitive de Freud que c'est la tendance destructive vers le monde extérieur qui se développe la première (en général à la suite d'une frustration) et se retourne plus tard contre le moi, dès qu'elle se trouve elle-même inhibée par d'autres frustrations et la peur du châtiment. Or, le sadisme retourné contre la personne du moi devient masochisme ; le surmoi en tant que représentant de la personne frustrante, des exigences de la société à l'égard du moi, se transforme en instance de châtiment (conscience). Le sentiment de culpabilité répond à la pulsion destructive en conflit avec l'amour.

Par la suite, Freud abandonna ce concept du masochisme qui en faisait une formation secondaire et le remplaça par un autre, selon lequel le sadisme serait du masochisme tourné vers le monde extérieur ; partant de l'hypothèse d'une *tendance biologique primitive* à l'autodestruction il fit du masochisme une donnée érogène fondamentale. Plus tard ce concept devint la « pulsion de mort » s'opposant à « Éros ». Selon ce concept, le masochisme primitif était considéré comme une émanation de l'instinct de mort biologique, fondé sur le processus de dégradation cellulaire de l'organisme.

Les défenseurs de la théorie des « pulsions de mort » ont essayé à plusieurs reprises de justifier leur thèse en invoquant le processus physiologique de dégradation. Mais leur démonstration est peu convaincante. Une étude récente[1] mérite notre attention parce qu'elle aborde le problème au niveau clinique par des arguments physiologiques qui à

---

1. Th. Benedek, « Todestrieb und Angst », *International Zeitschrift für Psychoanalyse*, 1931, 17.

première vue entraînent l'adhésion du lecteur. Benedek s'appuie sur les découvertes d'Ehrenberg. Ce biologiste prétend avoir découvert des processus antithétiques déjà au niveau des organismes unicellulaires. Il existerait, selon lui, des développements protoplasmiques aboutissant non seulement à l'assimilation de la nourriture mais également à la précipitation de substances précédemment dissoutes. La première formation structurelle de la cellule est irréversible les matières dissoutes se transformant en corps solides. L'assimilation, quant à elle, est assurée par la matière vivante ; mais le résultat de l'assimilation, le changement opéré dans la cellule, la structuration d'un niveau plus élevé, constitue – envisagée d'un certain point de vue si elle prédomine – non plus une matière vivante mais une matière morte. Cette théorie semble plausible, surtout si l'on songe au durcissement des artères du fait du vieillissement. Mais l'argument invoqué est en lui-même une réfutation de la « *tendance de mort* », d'un « *instinct de mort* ». La matière solidifiée et immuable entrave la vie et sa fonction principale, l'alternance entre tension et détente, que ce soit dans le domaine de la nutrition ou dans celui des besoins sexuels. Cette perturbation du processus vital n'a donc aucune des caractéristiques d'un instinct. Toute rigidité entrave l'alternance de tension et de détente qui est le rythme même de la vie. Lui donner le nom d'instinct serait redéfinir nos concepts.

Si l'angoisse doit être définie comme l'expression d'une « pulsion de mort libérée », on peut se demander en quoi pourrait bien consister la « libération » de « structures solides ». Therese Benedek prend soin de spécifier que la structure, autrement dit la matière solidifiée, ne peut être considérée comme un élément hostile que pour autant qu'elle prédomine, qu'elle s'oppose au processus de vie. Notons d'autre part que si les processus de structuration et de solidification sont synonymes de pulsions de mort et si l'angoisse traduit la perception intérieure de cette solidification progressive, du lent cheminement vers la mort, on devrait s'attendre à ce que l'angoisse épargne les enfants et les adolescents et s'attaque de préférence aux vieillards. Or, c'est exactement le contraire qui se produit ! L'angoisse atteint son paroxysme à l'époque du plus grand épanouissement sexuel de l'individu (pour peu que sa sexualité soit inhibée). Si nous faisons nôtre cette théorie de la dégradation physiologique comme base de l'angoisse, les individus sexuellement comblés ne devraient pas y échapper, puisqu'ils sont exposés aux mêmes processus biologiques que les personnes sexuellement frustrées.

En développant la théorie de Freud sur l'angoisse actuelle j'aboutis logiquement à une modification de sa formule primitive selon laquelle l'angoisse serait une transformation de la libido. Il m'apparut, en effet, que l'angoisse était une manifestation de la même excitation vaso-végétative qui, dans le système sensoriel, est ressentie comme plaisir sexuel [1].

L'expérience clinique prouve que l'angoisse n'est autre chose qu'une sensation de constriction (« *angustiae* »), de stase ; la peur (la perception d'un danger) ne devient angoisse que si une telle stase se produit. Si l'on devait découvrir par la suite que la répression sociale de la satisfaction sexuelle accélère le processus de solidification (structuration), c'est-à-dire le processus de la mort, cela ne prouverait nullement que l'angoisse est une conséquence de ce processus ; ce serait simplement une preuve de la nocivité d'une moralité antisexuelle.

1. W. Reich, *Die Funktion des Orgasmus*, 1927, p. 63 *sq.* [*La fonction de l'orgasme*, Paris, L'Arche, 1947, p. 75 *sq.*]

La modification du concept de masochisme entraîna automatiquement une modification de la formule étiologique de la névrose. D'après la thèse initiale de Freud, le développement psychique se situait à l'intérieur du conflit entre les instincts et le monde environnant. La nouvelle théorie revenait à dire que le conflit psychique était le résultat d'un conflit entre Éros (sexualité, libido) et la pulsion de mort (instinct d'auto-destruction, masochisme primitif). Le point de départ clinique de cette hypothèse malencontreuse était le fait que certains malades ne paraissaient pas disposés à renoncer à la souffrance et continuaient à rechercher des situations pénibles. C'était là une attitude contraire au « principe de plaisir ». Les malades semblaient animés de quelque intention secrète de persévérer dans la souffrance et d'en faire l'expérience. Il s'agissait donc de savoir si cette « volonté de souffrance » était une donnée biologique primitive ou une création psychique secondaire. On se trouvait en présence – selon le concept de Freud – d'un besoin de châtiment qui répondait par des mesures d'autopunition à un sentiment inconscient de culpabilité. Après la publication de *Jenseits des Lustprinzips*, plusieurs auteurs, parmi eux Alexander, Reik et Nunberg, changèrent, sans s'en rendre compte, la formule du conflit névrotique[1].

---

1. De nos jours la théorie des pulsions de mort domine la littérature psychanalytique. Freud qualifia cette théorie, il y quelques années, au cours d'une conférence, d'hypothèse dépassant le cadre de l'expérience clinique. Dans *Jenseits des Lustprinzips* [« Au delà du principe de plaisir », *Œuvres complètes*, vol. XV, Paris, P.U.F., 2002, p. 278-338] Freud explique « qu'on doit toujours être prêt à quitter une piste poursuivie pendant quelque temps quand on se rend compte qu'elle ne mène nulle part ». Malgré cet avertissement, l'hypothèse de Freud fut bientôt transformée en « théorie clinique ». Elle ne fut pas abandonnée bien qu'elle n'aboutît nulle part. Beaucoup d'analystes vont jusqu'à prétendre qu'ils ont pu observer directement les pulsions de mort.

En effet, la formule primitive spécifiait que la névrose résultait d'un conflit entre l'instinct et le monde extérieur (libido – peur du châtiment). Soudain on prétendait savoir que la névrose découlait d'un conflit entre les instincts et un besoin de châtiment (libido – désir de châtiment). C'est exactement le contraire ! La nouvelle formule était fondée sur la nouvelle hypothèse d'une opposition entre Éros et Thanatos, reléguant de plus en plus à l'arrière-plan le rôle de la frustration et de la répression exercée par le monde extérieur. À la question sur l'origine de la souffrance on répondait maintenant : « La souffrance a son origine dans la volonté biologique de souffrir, dans la pulsion de mort et dans le besoin de châtiment ». Cette réponse avait supplanté la réponse correcte : « La souffrance a son origine dans le monde extérieur, dans la société répressive ». La nouvelle formule négligeait les incidences sociologiques que la première formule du conflit psychique avait mises en avant ! La théorie des pulsions de mort, de la volonté biologique d'autodestruction conduit vers une philosophie de la civilisation que Freud a définie dans son ouvrage *Das Unbehagen in der Kultur**, philosophie tendant à prouver que la souffrance humaine est inévitable, puisque les tendances autodestructrices de l'individu sont indéracinables. La première formule de Freud par contre conduit à une critique de l'ordre social dans lequel nous évoluons.

En transférant la source de la souffrance du monde extérieur de la société au monde intérieur, on entre en conflit ouvert avec le principe de base de toute la psychologie analytique, le « *principe de plaisir-déplaisir* ». C'est la loi fondamentale de l'appareil psychique aux termes de laquelle

* [S. Freud, « Malaise dans la culture », *Œuvres complètes*, vol. XVIII, Paris, P.U.F., 2002, p. 246-334].

l'homme aspire au plaisir et tente d'échapper au déplaisir. D'après les concepts psychanalytiques primitifs, c'était ce même principe qui déterminait le développement et les réactions psychiques. Le « *principe de réalité* » n'était pas en contradiction avec le principe de plaisir ; il indiquait tout simplement que la nécessité du moment oblige parfois l'individu à remettre à plus tard la réalisation de certains plaisirs. Ces « deux principes de la fonction psychique », comme Freud les appela un jour, ne pouvaient rester en vigueur que pour autant que la première formulation du masochisme gardait force de loi, autrement dit, que le masochisme n'était qu'un sadisme inhibé et retourné contre son propre sujet. C'était là une explication du masochisme conforme au principe de plaisir, mais elle ne répondait pas à la question de savoir comment la souffrance pouvait être une source de plaisir. Il y avait là une contradiction avec la fonction de plaisir. Il était parfaitement concevable qu'un plaisir réprimé et inhibé se change en déplaisir, mais le processus inverse échappait à notre entendement. Aussi, la définition selon laquelle le masochisme consiste à ressentir le déplaisir d'une manière plaisante ne signifie-t-elle strictement rien.

La plupart des psychanalystes considéraient que l'hypothèse d'une « compulsion de répétition » résolvait de manière satisfaisante le problème de la souffrance. Cette hypothèse rentrait parfaitement dans le cadre de la théorie des pulsions de mort et du « besoin du châtiment », mais elle ne reposait hélas sur rien. Pour commencer, elle était en contradiction avec le principe de plaisir. Deuxièmement, elle introduisait dans la théorie du principe de plaisir-déplaisir, dont les fondements cliniques sont solides, un élément nettement métaphysique, une hypothèse non prouvée et impossible à prouver, qui a fait tort à la théorie analytique. L'hypothétique compulsion de répétition consistait dans le besoin psychique irrépressible de répéter une situation déplaisante. L'énoncé d'un « principe de pulsion de répétition » était dépourvu de tout sens, c'était du verbalisme, tandis que le principe de plaisir-déplaisir, se fondait sur la loi physiologique de la tension et de la détente. Tant qu'on entendait par compulsion de répétition la tendance de tout instinct à rétablir l'état de repos, le désir de ressentir une fois de plus un plaisir éprouvé jadis, il n'y avait pas d'objections à formuler. Sous cette forme, l'idée était un élargissement valable de notre concept du mécanisme de tension et de détente. Il restait d'ailleurs à l'intérieur du cadre du principe de plaisir ; mieux, c'est le principe de plaisir qui explique le mécanisme de la compulsion de répétition. En 1923, je définissais moi-même d'une manière un peu maladroite l'instinct comme la particularité du plaisir de tendre à la répétition[1]. On peut donc affirmer que la compulsion de répétition tient un rôle important dans le cadre du principe de plaisir.

Or, on s'avisa un jour d'appliquer la compulsion de répétition à un domaine qui se situait en dehors du principe de plaisir, pour expliquer des phénomènes que – selon d'aucuns – le principe de plaisir était incapable d'élucider. Mais aucune expérience clinique n'a jamais pu établir que la compulsion de répétition peut être considérée comme une *donnée primitive*. Elle était dite expliquer des tas de choses, mais elle ne pouvait être elle-même ni expérimentée ni expliquée. Elle fourvoya quelques analystes jusqu'à les faire énoncer l'hypothèse d'une « anankè » supra-individuelle. L'hypothèse de la « compulsion de répétition » était inutile pour expliquer le désir du rétablissement de l'état de repos, car ce désir trouve son explication dans

---

1. W. Reich, « Zur Triebenergetik ». *Zeitschrift für Sexualwissenschaft*, 1923.

la fonction de détente de la libido. Cette détente n'étant autre chose que le rétablissement de l'état de repos, postulat important de la théorie des pulsions. Notons en passant que l'hypothèse d'une pulsion biologique de mort est tout aussi superflue quand on sait que la dégradation physiologique de l'organisme, sa dépérition progressive débute à l'instant même où l'appareil génital, la source même de la libido commence à décliner. Mourir n'est peut-être pas autre chose que d'assister à la défection progressive de ses organes vitaux.

Il est certainement exact que c'est le problème du masochisme qui a abouti à l'hypothèse malencontreuse d'une pulsion de mort, d'une compulsion de répétition, d'un besoin de châtiment, considérés dorénavant comme les bases du conflit névrotique. Lors d'une controverse avec Alexander[1] qui édifia sur cette hypothèse toute une théorie de la personnalité, je considérais moi-même l'ancienne théorie du masochisme comme la seule valable. Il est certain que la question de savoir comment on pouvait désirer la souffrance, comment la souffrance pouvait se transformer en plaisir, était déjà en l'air, mais je n'avais pas encore de lumières à apporter sur le sujet. L'hypothèse de Sadger d'un masochisme érogène, d'un érotisme fessier et épidermique capable de transformer le déplaisir en plaisir n'était guère convaincante. Pourquoi l'érotisme fessier allié à la douleur serait-il perçu en tant que plaisir ? Et pourquoi le masochiste retira-t-il du plaisir d'une action que d'autres, quand on frappe la même zone érogène, ressentent comme une douleur et un vif déplaisir ? Freud a relevé un bout du voile en découvrant derrière le fantasme « on frappe un

1. W. Reich, « Strafbedürfnis und neurotischer Prozess. Kritische Bemerkungen zu neueren Auffassungen des Neurosenproblems », *International Zeitschrift für Psychoanalyse*, 1927, 13.

enfant»* la situation originaire agréable : «Ce n'est pas moi qu'on frappe mais un rival». Reste à savoir comment des coups reçus peuvent être perçus comme un plaisir. Tous les masochistes affirment qu'ils éprouvent du plaisir à l'idée d'être frappés ou à être frappés réellement et qu'ils sont incapables de ressentir un plaisir ou une excitation sexuelle sans de tels fantasmes.

Des années d'études sur des sujets masochistes ne permirent pas d'élucider la question. Les premières lumières me vinrent lorsque je commençai à mettre en doute l'exactitude des affirmations de mes malades. Je réalisai soudain que des décennies de recherche analytique avaient peu fait avancer notre connaissance de la perception du plaisir. Une analyse rigoureuse de la fonction du plaisir révéla un fait d'abord troublant mais qui expliquait l'économie sexuelle et, par-là même, la base spécifique du masochisme : en effet, l'affirmation que « le masochiste ressent le déplaisir comme un plaisir » était erronée. Il apparut que le mécanisme de plaisir *spécifique* du masochiste le fait désirer le plaisir comme toute autre personne, mais qu'un mécanisme perturbateur contrecarrant ce désir le fait ressentir, à partir d'une certaine intensité, comme déplaisir ce qu'un individu normalement constitué ressent comme un plaisir. Le masochiste, loin d'aspirer à la souffrance, souffre d'une intolérance spécifique à l'égard de certaines tensions psychiques et d'une surproduction de déplaisir qui ne se rencontre pas dans les autres névroses.

Pour approfondir le problème du masochisme, je ne prendrai pas comme point de départ – comme on fait d'habitude – la perversion masochiste, mais sa base de réactions

---

* [S. Freud, « Un enfant est battu », *Œuvres complètes*, vol. XV, Paris, P.U.F., 2002, p. 116-146].

caractérologique. L'histoire d'un malade en traitement pendant plus de quatre ans m'a permis de résoudre d'une manière rétrospective un certain nombre de problèmes qui, jusque-là, avaient gardé leur secret.

2. LA CUIRASSE DU CARACTÈRE MASOCHISTE

Une toute petite minorité de caractères masochistes seulement développent une perversion masochiste. L'économie sexuelle du masochiste ne peut être comprise que par une interprétation judicieuse de ses réactions caractérielles. En exposant les résultats de notre analyse, nous allons parcourir un itinéraire que tout psychanalyste soucieux de rejeter les explications purement théoriques et de rétablir, dans le malade, la primauté génitale et la puissance orgastique, devrait faire sien.

Toute formation caractérielle poursuit deux buts : la mise en place d'une cuirasse du moi contre le monde extérieur et les exigences instinctuelles intérieures ; l'absorption de l'énergie sexuelle excédante conséquence de la stase sexuelle. Ce dernier point revient à dire que la deuxième fonction de la formation caractérielle consiste à empêcher cette énergie de se manifester sous forme d'angoisse. Alors que cette règle générale s'applique à toutes les formations caractérielles, la manière dont ces fonctions sont remplies varie d'une névrose à l'autre. Chaque type de caractère développe ses propres méca-nismes. Il ne suffit pas, évidemment, de connaître les fonctions fondamentales du caractère (défense et lutte contre l'angoisse) d'un malade ; l'analyste doit découvrir de très bonne heure comment un caractère donné s'acquitte de ces tâches. Comme le caractère absorbe la plus grande partie de la libido (et de l'angoisse), comme il incombe à l'analyste de libérer des quantités importantes d'énergie sexuelle de son ancrage permanent dans le caractère et de les mettre à la disposition du mécanisme génital et de la sublimation, l'analyse du caractère nous conduit au cœur même de la fonction de plaisir.

Résumons les traits essentiels du caractère masochiste et notons qu'on les rencontre individuellement dans chaque caractère névrosé. C'est leur conjonction qui constitue le caractère masochiste et nous fournit la clef de sa personnalité et de ses réactions typiques. Les traits typiques du caractère masochiste sont les suivants : une sensation subjective *permanente* de souffrance qui se manifeste au plan objectif par une tendance à la lamentation ; une tendance permanente à l'*autodestruction* et à l'auto-humiliation (« masochisme moral »), une envie obsessionnelle de *torturer les autres*, étant bien entendu que la souffrance infligée à d'autres est ressentie par le masochiste comme une vive souffrance. Tous les caractères masochistes se signalent par une allure gauche et ataxique, qui, dans certains cas, évoque l'allure des débiles mentaux. D'autres traits peuvent s'ajouter à ceux-ci, mais les traits énumérés ci-dessus doivent être considérés comme typiques et spécifiques.

Il est important de noter que ce syndrome caractériel-névrotique peut frapper l'observateur au premier contact, mais que dans certains cas, il peut aussi se cacher sous un masque trompeur. Comme toutes les autres attitudes caractérielles, l'attitude masochiste ne se révèle pas seulement dans les relations avec autrui, mais aussi dans la vie intérieure d'une personne. Les attitudes primitives rapportées à d'autres objets se maintiennent si ceux-ci se trouvent introjectés et forment le surmoi. C'est là un point d'une importance souvent capitale. L'objet extérieur intériorisé doit de nouveau être extériorisé par le transfert analytique : le comportement transférentiel est en effet la répétition des rapports infantiles avec les objets extérieurs.

[…]

4. L'ACCROISSEMENT DE L'EXCITATION SEXUELLE RESSENTIE COMME UN DÉPLAISIR : VOILÀ LA BASE SPÉCIFIQUE DU CARACTÈRE MASOCHISTE

[…]

L'attitude et les rêveries masochistes ont donc pour origine la perception déplaisante d'une sensation de plaisir ; le masochisme est une tentative de maîtriser le déplaisir par une attitude qui, psychologiquement, pourrait se résumer ainsi : « Je suis si malheureux, aime-moi ! » Les fantasmes de bastonnades se présentent nécessairement aussi parce que la quête d'amour renferme aussi une quête génitale, qui ne va pas sans l'angoisse de castration : « Frappe-moi, semble dire le masochiste, mais ne me ravis pas ma virilité ! » Autrement dit, la réaction masochiste est basée sur une stase névrotique spécifique.

Le problème central du masochisme est donc la perturbation spécifique de la fonction du plaisir. Il apparaît en effet, que c'est la peur de la sensation pré-orgastique « de fondre » qui fait préférer au malade les plaisirs d'ordre anal. Est-ce là la conséquence d'une fixation anale ou d'une inhibition génitale ? On dirait que les deux facteurs sont également en jeu, tout comme ils déterminent aussi tous les deux la neurasthénie chronique. L'analité mobilise tout le mécanisme libidinal, sans toutefois apporter la moindre détente. L'inhibition de la génitalité n'est pas seulement un produit de l'angoisse, elle est aussi génératrice d'angoisse ; ainsi s'accroît l'écart entre tension et détente. Reste la question de savoir pourquoi les fantasmes de bastonnades apparaissent ou s'intensifient au moment de la plus grande excitation génésique ?

Il est intéressant de noter par quel moyen le mécanisme psychique s'efforce de réduire l'écart entre la tension et la détente, comment le besoin d'une «décharge» transparaît dans les fantasmes de bastonnades. Notre patient était d'avis que «d'être frappé par la femme revient exactement à se masturber secrètement en sa présence (i.e. de la mère)». C'était en effet la reproduction de son expérience personnelle : enfant et adolescent, il était étendu dans le lit de sa mère pendant qu'il se masturbait de manière masochiste. C'est-à-dire il triturait son pénis tout en empêchant l'éjaculation (de peur de rendre sa mère enceinte); pendant ce temps il s'imaginait que sa mère le frappait. C'est alors que se produisait la perte de sperme. Le malade se souvint parfaitement de la signification de ce phénomène : «Mon pénis m'apparaissait comme s'il avait été bouilli. Au cinquième ou sixième coup, il éclaterait, comme d'ailleurs aussi ma vessie !» Autrement, *la correction était le bon moyen de lui apporter le soulagement qu'autrement il se refusait*. En faisant éclater son pénis et sa vessie, la mère était elle-même responsable de l'éjaculation. Le désir de punition avait donc une signification précise : la correction devait apporter au malade le soulagement désiré et en rejeter en même temps la responsabilité sur le bourreau. Nous voyons donc dans ce processus fondamental, le mécanisme même qui opère également dans la superstructure caractérielle. Ici, il signifie : «Aime-moi pour me débarrasser de mon angoisse !»; là, il voulait dire : «Vous êtes responsable, pas moi !» Le fantasme de bastonnade signifie : «Frappe-moi, ainsi je pourrai me relaxer sans encourir le moindre blâme !» C'est là, me semble-t-il, le sens le plus caché des fantasmes de souffrances subies.

Depuis l'époque où je découvris pour la première fois la fonction profonde du fantasme de la bastonnade subie, j'ai pu vérifier ce même mécanisme dans d'autres malades dont la perversion ne se manifestait pas ouvertement, mais qui la cachaient sous la forme de changements caractériels. Je me contenterai de quelques exemples : un compulsif développa un fantasme de masturbation le plaçant au milieu de sauvages qui le forçaient de pratiquer le coït sans aucune inhibition. Un caractère passif-féminin apparemment dépourvu de toute perversion rêvait de provoquer l'éjaculation par des coups sur le pénis : il se trouvait ligoté et dans l'impossibilité de prendre la fuite. Notons dans ce contexte l'attitude masochiste courante de femmes névrosées que nombre de psychanalystes considèrent comme normales. En réalité, les fantasmes de viol de ces malades ne visent qu'à soulager leurs sentiments de culpabilité. Les femmes névrosées ne conçoivent pas de rapports sexuels sans se sentir coupables, à moins qu'elles ne soient la victime d'un viol réel ou imaginé qui sert à rejeter la responsabilité de l'acte sur l'homme. La résistance simulée de certaines femmes a une signification analogue.

Ceci nous ramène au problème de la « *Angstlust* » (plaisir suscité par l'angoisse) qui joue un très grand rôle dans le masochisme. L'exemple suivant est tiré d'une autre analyse :

Un malade se souvient qu'à l'âge de cinq ans, il avait pris l'habitude de provoquer sciemment des terreurs nocturnes. S'enterrant sous ses couvertures, il se masturbait, se faisait peur à lui-même et s'en débarrassait soudain en rejetant ses draps. Cette manière de faire semble confirmer la théorie de la compulsion de répétition : l'enfant avait connu une terreur nocturne et désirait la reproduire pour ressentir une fois de plus l'angoisse qui l'avait étreint. Mais deux phénomènes s'inscrivent en faux contre une telle hypothèse. Pour commencer, le malade ne voulait pas revivre son angoisse mais son plaisir, indépendamment du fait que ce plaisir n'allait pas sans angoisse. Deuxièmement, la libération de l'angoisse était une source de plaisir. L'essentiel de l'expérience consistait en ceci que l'angoisse résultait de sensations anales et urétrales qui semblaient bien valoir quelques moments d'angoisse. L'angoisse n'est pas plaisante en soi, mais elle donne naissance à une sorte de plaisir. Les enfants retirent souvent dans l'angoisse une sensation de détente qu'ils répriment d'ordinaire par peur d'être punis. Le soulagement que procure une brusque évacuation de fèces ou d'urine dans certaines situations angoissantes suffit parfois pour susciter le désir de les revivre. Mais ce serait une faute grossière d'expliquer ces faits par une dérogation au principe de plaisir. L'angoisse et la douleur sont parfois les seuls moyens d'expérimenter certaines détentes redoutées par ailleurs. Les termes de « *Schmerzlust* » ou « *Angstlust* » * ne sauraient avoir qu'une seule signification : la douleur et l'angoisse peuvent, dans certains cas, provoquer des excitations sexuelles.

Le fait que « l'éclatement du pénis » semble avoir été le but instinctuel de notre malade ne s'inscrit nullement en faux contre notre concept du masochisme ; car il s'agit là d'une représentation exprimant l'angoisse ou la punition ; mais elle marque aussi le désir d'un plaisir final, d'une détente. Cette ambiguïté psychique de l'idée d'éclatement a pour effet que le plaisir final est perçu comme la punition redoutée.

---

* [« Plaisir suscité par la douleur » et « plaisir suscité par l'angoisse »].

SIGMUNG FREUD

ANALYSE TERMINÉE,
ANALYSE INTERMINABLE (1937)

PRÉSENTATION

Le texte qui suit est un article de 1937 centré sur les relations du moi avec les pulsions qui viennent du ça. Si Freud revient sur cette question peu avant sa mort, c'est que le moi est au centre des préoccupations des psychanalystes, d'une part, et que, d'autre part, ceux-ci sont confrontés à des réactions thérapeutiques négatives. Et il semble bien que les deux questions soient liées. Freud avait déjà évoqué le rôle du moi en 1923 dans « Le moi et le ça »[1], et Abraham en 1919 avait présenté les réactions thérapeutiques négatives comme « Une forme particulière de résistance névrotique à la méthode psychanalytique »[2]. Ces limites rencontrées par l'analyse méritent que Freud revienne à la métapsychologie. En 1923, à la fin de son essai, il relevait :

> Il y a des personnes qui, dans le travail analytique, se comportent de façon tout à fait singulière. Lorsqu'on leur

---

1. S. Freud, « Le moi et le ça », *Œuvres complètes*, vol. XVI, Paris, P.U.F., 2010, p. 257-301.

2. K. Abraham, *Œuvres complètes*, t. II, Paris, Payot, 1966, p. 83-89.

donne espoir et qu'on leur montre qu'on est content de la situation du traitement, elles semblent insatisfaites et aggravent régulièrement leur état. Au début on tient ceci pour un défi et un effort pour témoigner au médecin de leur supériorité. Plus tard on en arrive à une conception plus profonde et plus juste. On ne se convainc pas seulement de ce que ces personnes ne supportent ni louange ni reconnaissance, mais aussi qu'elles réagissent à l'envers aux progrès de la cure. Chaque résolution partielle, qui devrait avoir pour conséquence, et a de fait pour conséquence chez d'autres, une amélioration ou une rémission temporaire des symptômes, suscite chez elles un renforcement momentané de leur souffrance, elles vont plus mal pendant le traitement au lieu d'aller mieux. Elles montrent ce qu'on nomme la *réaction thérapeutique négative*.

Pas de doute, chez elles quelque chose s'oppose à la guérison, son approche est redoutée comme un danger. On dit que chez ces personnes, ce n'est pas la volonté de guérison, mais le besoin de maladie qui a le dessus. Si on analyse cette résistance de la façon habituelle, si on en soustrait la position de défi envers le médecin, la fixation aux formes du bénéfice de la maladie, il en subsiste néanmoins la plus grande part, et celle-ci se révèle être l'obstacle le plus fort au rétablissement, plus fort que les obstacles déjà connus de nous, ceux de l'inaccessibilité narcissique, de la position négative envers le médecin et de l'adhérence au bénéfice de la maladie [1].

Cette « inaccessibilité narcissique », Freud en 1914 la présentait déjà comme résultant d'un déplacement de la libido d'objets (présente antérieurement) vers le moi lui-même. Mais ce problème métapsychologique difficile et l'explication qu'il en donne vont revenir sur le devant de la scène. Le moi

---

1. S. Freud, « Le moi et le ça », *op. cit.*, p. 292.

devient une question délicate et brulante pour le mouvement analytique (les travaux de Reich sur les liens entre le moi et le caractère qui en serait une partie suscitent la polémique), il faut faire sur ce problème des progrès théoriques pour lever ce qui apparaît bien comme un obstacle à la guérison : alors qu'il était l'allié décisif de l'analyste parce qu'il était assez raisonnable pour vouloir guérir, voilà le moi qui charrie lui aussi du refoulé, c'est-à-dire de l'inconscient, de la pulsion de mort, et qui s'oppose au traitement. Il n'y met pas du sien et l'analyse devient interminable.

La question de la durée de l'analyse, c'est-à-dire de son prolongement au-delà du temps habituel, donc des échecs de la cure, s'est posée très tôt dans l'histoire de la psychanalyse ; mais elle devient aigüe lorsque le nombre et la variété des patients augmentent et qu'aux Etats-Unis en particulier, où la psychanalyse est mieux implantée que partout ailleurs, le coût du traitement devient un élément de son appréciation. En 1937, dans l'article que nous publions, Freud connaît ce problème d'ordre pratique et revient aux motifs théoriques de ces échecs.

La question est simple : l'analyse peut-elle en fait réellement prendre fin ? On entend si souvent, dans le milieu psychanalytique, qu'untel n'a pas été suffisamment analysé (allusion à Ferenczi sans doute) qu'il y aurait donc une fin à atteindre. La normalité peut-elle être cette fin ? Tous les refoulements peuvent-ils être levés ? Pour Freud, l'analyse ne peut réaliser son meilleur effet que lorsque les causes traumatiques des troubles sont plus importantes que les modifications du moi, entendues comme dislocation ou restriction ; ces modifications sont au centre du texte nous avons choisi. Quand se produisent-elles ? Quand une pulsion constitutionnelle acquiert une puissance excessive et que le moi normal ne peut l'intégrer.

Ce que Freud développe en 1937 contribue, autant que le livre[1] de sa fille Anna publié l'année précédente, à insister sur le moi, instance que les psychanalystes avaient négligée au profit du ça. Cet intérêt aura des conséquences importantes pour l'évolution de la psychanalyse, dont Freud ne sera pas le témoin : on va voir apparaître des tableaux cliniques précis d'une pathologie qui semble prendre racine dans la toute petite enfance, les « *borderline* ». Il est donc nécessaire de se pencher (enfin, dirait-on) sur le développement psychique des petits enfants. L'École anglaise de psychanalyse, avec Mélanie Klein ou Donald Winnicott, va développer cette étude.

C'est aussi en 1937 qu'Adolph Stern fait une description saisissante, devant la Société Psychanalytique de New York[2], de cas qui semblent mettre l'analyse en échec inévitable : les « cas limites », ou *borderline*. Il relève que des patients sont difficiles à prendre en charge dans le dispositif habituel de la psychanalyse, parce que le transfert attendu ne se produit pas ; une fois qu'on a analysé les traits névrotiques de ces patients, il y a un reste qui ne semble pas tenir à des problèmes concernant l'objet libidinal mais à leur « caractère », à leur « personnalité » comme on le dira par la suite, c'est-à-dire à ce qu'ils étaient déjà *avant* leur développement libidinal, au moment donc de leur développement narcissique. Si transfert il y a, il se manifeste sur le mode d'infantilismes, d'une dépendance extrême à l'analyste qui rappelle celle du bébé. C'est un transfert sans affect. Des années plus tard, un analyste comme André Green qualifiera cette pathologie de « folie privée » ou de « psychose

---

1. A. Freud, *Le moi et les mécanismes de défense*, Paris, P.U.F., 1993.
2. A. Stern, « Investigation psychanalytique sur le groupe borderline des névroses. Quelle thérapie engager ? », *Revue française de psychanalyse*, 2011, 75, p. 331-348.

blanche », et reviendra sur la mise en échec du dispositif analytique. Dès lors on peut se demander si une pathologie du lien est soluble dans la psychanalyse, qui suppose l'établissement d'un lien.

Dès 1937 aussi, la psychanalyse américaine se tourne vers le moi, l'ego, proche de la conscience, pour infléchir son orientation et donner naissance à l'*ego psychology* : c'est Heinz Hartmann qui, le premier, devant la Société psychanalytique de Vienne, insiste sur la vocation adaptative du moi, qu'il peut assurer grâce à sa force[1], thèse qu'il va importer Outre-Atlantique. Le moi de cette psychologie est caractérisé par l'autonomie à laquelle il parvient en contrôlant des pulsions primitives, et qui garantit ses possibilités d'épanouissement. Pour cela, l'analyse doit concerner au premier chef les mécanismes de défense du moi. C'est ce qui donne à la psychanalyse américaine une coloration plus optimiste de la vie psychique, alors que celle de Freud repose sur un fond de conflictualité. Mais les gardiens de l'orthodoxie freudienne n'auront de cesse d'affirmer que cette dissidence est un dévoiement de la « vraie » psychanalyse.

---

1. H. Hartmann, *La psychologie du moi et le problème de l'adaptation*, Paris, P.U.F., 1968.

ANALYSE TERMINÉE,
ANALYSE INTERMINABLE (1937) *

I

L'expérience m'a appris que la thérapie psychanalytique, qui libère un individu de ses symptômes névrotiques, de ses inhibitions, de ses anomalies de caractère, prend beaucoup de temps. Et c'est pourquoi, depuis le début, on s'est employé à raccourcir la durée du traitement. Ces tentatives n'ont pas à être justifiées : elles sont fondées sur des raisons incontestables et légitimes. Pourtant, il se peut bien qu'elles portent encore en elles un reste de l'impatience méprisante avec laquelle, auparavant, le corps médical regardait la névrose comme conséquence négligeable de blessures invisibles. Et s'il faut maintenant admettre qu'il est nécessaire de s'en préoccuper, au moins que cela se fasse aussi vite que possible. Otto Rank, à la suite de son livre sur *Le traumatisme de la naissance* (1924), s'est livré de manière particulièrement énergique à ce genre de tentative : il a émis l'hypothèse que la véritable source de la névrose était la naissance, parce qu'elle implique pour

* S. Freud, « Die endliche und die unendliche Psychoanalyse », *International Zeitschrift für Psychoanalyse*, 1937, 23(2), p. 209-240. Traduction par Valérie Aucouturier.

l'enfant une « fixation primaire » à sa mère, fixation qui ne serait pas surmontée mais se poursuivrait comme « refoulement primaire ». Rank avait l'espoir que, si l'on traitait ce trauma initial par une brève analyse, on viendrait en fait à bout de toute la névrose, et qu'on ferait ainsi l'économie de tout le reste du travail analytique ; il suffirait de quelques mois pour y parvenir. On ne peut pas reprocher à Rank de manquer d'audace et d'ingéniosité ; mais son affirmation ne résiste pas à un examen critique. La thèse de Rank reflétait bien son époque, le contraste entre l'Europe miséreuse de l'Après-guerre et l'Amérique prospère, et elle entendait ajuster le temps de la thérapie analytique à l'urgence de la vie américaine. On n'a pas lu grand-chose sur l'effet du programme de Rank sur des patients ; il n'a sûrement pas eu plus d'effet qu'une brigade de pompiers qui, devant une maison où le feu a pris à cause d'une lampe à pétrole, se contenteraient d'enlever cette lampe de là où elle s'est renversée. Il ne fait aucun doute que l'action des pompiers s'en trouverait considérablement raccourcie. La théorie de Rank et sa pratique font maintenant partie du passé, et la « prospérité » américaine aussi.

J'ai choisi, dès avant la guerre, un autre chemin pour que les traitements analytiques soient moins longs. J'avais pris en charge un jeune Russe, un homme gâté par la richesse, qui était arrivé à Vienne dans un état de grand désarroi accompagné de son médecin personnel et d'un garde malade[1]. Au cours des années qui suivirent, je suis parvenu à lui redonner une grande

---

1. Voir mon article publié en 1918 avec le consentement de ce patient, « À partir d'une histoire de névrose infantile » (*Œuvres complètes*, vol. XIII, Paris, P.U.F., 2005, p. 5-120). Il relate la maladie de ce jeune homme, sans tous les détails mais avec des indications pour comprendre le lien de celle-ci avec sa névrose infantile.

part d'indépendance, à éveiller son goût de vivre, à rendre plus faciles ses relations avec ceux qui étaient pour lui les plus importants. Mais le progrès s'arrêta là. Nous ne pouvions plus avancer vers l'élucidation de sa névrose infantile, sur laquelle s'était construite sa maladie ultérieure, et le patient trouvait de toute évidence sa situation suffisamment confortable pour ne pas souhaiter aller vers la fin de la cure. C'était une inhibition du traitement par le traitement lui-même : il risquait d'échouer à cause de son succès (partiel). Pour sortir de cette impasse, je recourus à une mesure héroïque : fixer la limite de l'analyse. Au début d'une reprise annuelle des séances, j'annonçai au patient que l'année qui venait serait la dernière, et ce quels que soient les progrès qu'il aurait réalisés dans le temps qui lui restait. D'abord, il ne me crut pas, mais dès qu'il eut la conviction que ma décision était irrévocable, le changement que j'attendais se produisit : ses résistances s'évanouirent, et au cours des mois qui restaient il retrouva tous ses souvenirs, découvrit les liens entre sa névrose précoce et sa névrose d'adulte, et surmonta celle-ci. Quand il me quitta au milieu de l'été 1914, comme nous tous, sans pressentir les événements qui allaient se précipiter, il était persuadé que le traitement avait été radical et définitif.

En 1923 j'ajoutai une note sur ce cas pour reconnaître que je m'étais à l'époque trompé. Vers la fin de la guerre, quand ce patient était venu se réfugier sans ressource à Vienne, j'avais essayé de l'aider à liquider une part du transfert qui ne l'avait pas été. Cela ne prit que quelques mois, et je fus donc en mesure de terminer cette note en écrivant que « depuis lors le patient à qui la guerre avait ravi patrie, fortune et toutes relations familiales, s'est senti normal et s'est conduit de manière irréprochable »[1]. Quinze ans ont passé sans démentir ce jugement, mais certaines réserves deviennent maintenant nécessaires : ce patient est resté à Vienne et il a pris sa place dans la société, même si elle est modeste. Mais à plusieurs reprises durant cette période, sa bonne santé a été ponctuée de crises qui ne pouvaient s'expliquer que par la persistance de sa névrose. Grâce à l'habileté de l'une de mes élèves, le docteur Ruth Mack Brunswick, un traitement bref permit à chaque fois de mettre fin aux crises. J'espère que cette élève présentera très bientôt un exposé sur ces épisodes. Certaines de ces crises avaient encore trait à des restes du transfert ; et, parce qu'il en allait ainsi, aussi brèves soient-elles, ces crises prenaient un caractère clairement paranoïaque. Mais lors d'autres crises, le matériel pathogène était constitué d'éléments de l'histoire infantile du patient, qui n'étaient pas apparus quand il était en analyse avec moi et qui revenaient alors – et la comparaison est inévitable – comme des fils de suture qui se détachent après une opération, ou comme des petits morceaux d'os nécrosé. Je trouve l'histoire de la guérison de ce patient tout aussi intéressante que celle de sa maladie.

J'ai eu recours par la suite, dans d'autres cas, à cette fixation d'un terme à l'analyse, et j'ai aussi tiré des leçons de l'expérience d'autres analystes. Un verdict s'impose quant à l'usage de ce chantage : il est efficace s'il vient au bon moment. Mais rien ne garantit qu'il suffise à la tâche ; on peut au contraire être bien assuré que, même si une partie du matériel devient accessible sous la pression de cette menace, il en restera encore une partie qui sera comme ensevelie, et donc perdue pour la thérapie. Et cela parce qu'une fois que

---

1. S. Freud, « À partir d'une histoire de névrose infantile », *op. cit.*, p. 19, n. 1.

l'analyste a fixé le terme, il ne pourra pas aller au-delà; s'il le faisait, le patient ne lui ferait plus confiance. L'issue évidente pour le patient serait d'aller trouver un autre analyste pour continuer son traitement, mais nous savons bien que ce changement signifierait une nouvelle perte de temps et le renoncement aux fruits du travail accompli avant. Comme il n'y a pas non plus de règle générale quant au moment qui convient pour recourir à ce procédé technique brutal, la décision doit en être laissée au savoir faire de l'analyste. On ne peut pas annuler une erreur d'estimation : comme on dit, « Le lion ne bondit qu'une fois ».

II

Le débat sur ce qu'il faut faire, sur le plan technique, pour corriger la lenteur des progrès d'une analyse nous confronte à une autre question, bien plus intéressante : existe-t-il quelque chose comme la fin d'une analyse ? Celle-ci peut-elle vraiment avoir un terme ? Si l'on en croit les propos habituels des analystes, il semble que oui : ne les entend-on pas souvent dire, quand ils déplorent ou excusent les imperfections d'un de leurs frères mortels : « Son analyse n'est pas finie » ou « Il n'a jamais été analysé jusqu'au bout ».

Encore faudrait-il que nous puissions nous entendre sur ce que signifie cette expression ambiguë : « la fin d'une analyse ». D'un point de vue pratique, c'est simple : une analyse est finie quand l'analyste et le patient cessent de se voir pour une séance d'analyse. Et pour en arriver là, il faut que deux conditions soient à peu près remplies : d'abord que le patient ne souffre plus de ses symptômes et surmonte ses angoisses et ses inhibitions; ensuite que l'analyste estime que tout le matériel refoulé a été rendu conscient, que tout ce qui n'était pas compréhensible a été expliqué et que toute la résistance interne a été vaincue, et il faut aussi qu'il n'ait plus de raison de craindre une répétition des processus pathologiques. Si l'on n'a pas pu, à cause de quelque difficulté externe, atteindre ce but, il vaut mieux dire que l'analyse est *incomplète* que de dire qu'elle n'est *pas finie*.

Il y a un autre sens à cette « fin » de l'analyse, autrement plus ambitieux : ce qui est alors en jeu, c'est de savoir si l'analyste a eu une influence si profonde sur son patient qu'aucun autre changement ne pourrait se dérouler si l'analyse était poursuivie. C'est comme s'il était possible, au moyen de l'analyse, d'atteindre un niveau de normalité psychique absolue, et un niveau dont, qui plus est, on penserait qu'il va demeurer stable, comme si on avait réussi à lever chacun des refoulements du patient, et à combler toutes les lacunes de sa mémoire. Interrogeons-nous d'abord pour savoir si, d'après notre expérience, une telle chose se produit vraiment, et ensuite, d'après notre théorie, s'il y a une possibilité quelconque pour qu'elle se produise.

Chaque analyste a traité quelques cas qui se sont terminés de cette manière si heureuse : il a supprimé le trouble névrotique qui n'est pas revenu et aucun autre trouble n'a pris sa place. Nous ne sommes pas sans avoir quelque lumière sur les raisons de ce succès. Le moi du patient n'a pas été notablement modifié et son problème était d'origine principalement traumatique. C'est vrai que l'étiologie de tout trouble névrotique est mélangée : soit les pulsions étaient excessivement fortes, donc indomptables par le moi, soit les effets des traumas précoces n'ont pas pu être maîtrisés par le moi immature. Il y a toujours une combinaison de ces deux facteurs, constitutionnel et accidentel. Plus le facteur constitutionnel est puissant, plus le trauma aura tendance à mener à une fixation et à laisser derrière lui un trouble du développement ; plus le trauma aura été grave, plus ses effets préjudiciables se manifesteront, même si les pulsions sont à un niveau normal. Il ne fait aucun doute que ce sont les troubles d'origine traumatique qui offrent à l'analyse les plus grandes chances de succès. Ce n'est que lorsqu'un cas est surtout traumatique que l'analyse donne le meilleur d'elle-même et qu'elle réussit, grâce au renforcement du moi du patient, à remplacer une mauvaise décision prise dans l'enfance par une liquidation correcte. Ce n'est qu'alors qu'on peut parler d'analyse définitivement terminée. Là, l'analyse a fait tout ce qu'elle doit faire et n'a pas besoin de se poursuivre. Il est vrai que si le patient ainsi rétabli ne produit jamais d'autre pathologie nécessitant une analyse, on ne peut pas savoir dans quelle mesure sa guérison n'est pas due à une sorte de destin, qui lui aura épargné des épreuves trop pénibles.

Ce qui compromet l'efficacité d'une analyse et qui la rend interminable, c'est, d'une part, la force constitutionnelle de la pulsion et d'autre part une modification du moi qui résulte d'une lutte défensive qui le disloque et le restreint. On pourrait être tenté de considérer le premier facteur (la force pulsion-nelle) comme responsable du second (la modification du moi) ; mais celui-ci a sa propre étiologie. Et il nous faut bien recon-naître que ce que nous savons de ces facteurs est encore insuf-fisant ; ils sont en train de devenir des objets d'étude analyti-que. Mais l'intérêt que leur portent les analystes ne me semble pas bien orienté : au lieu de se demander comment une cure analytique peut être menée à bien (ce qui me paraît avoir été déjà suffisamment élucidé), il faudrait s'interroger sur les obstacles qui se dressent sur son chemin.

J'en arrive à deux problèmes qui naissent directement de la pratique analytique, comme je vais essayer de le montrer par les exemples suivants : un homme, qui a lui-même pratiqué la psychanalyse avec un vrai succès, en vient à conclure que ses relations avec les hommes comme avec les femmes (les hommes qui sont ses rivaux et la femme qu'il aime) ne sont pas exemptes d'éléments névrotiques, en conséquence de quoi il se soumet lui-même à une analyse par quelqu'un d'autre qu'il considère comme meilleur que lui. Cette mise en lumière critique de sa personne remporte un succès complet ; il épouse la femme qu'il aime, et devient l'ami et le maître de ses rivaux supposés. Les années passent durant lesquelles ses relations avec son analyste d'autrefois restent sans nuage. Mais, pour une raison extérieure inconnue, la pathologie survient. Cet homme, qui avait été analysé, devient un opposant à son analyste et lui reproche de ne pas avoir réussi à mener avec lui une analyse complète. L'analyste, dit-il, aurait dû savoir et aurait dû prendre en considération que la relation de transfert ne peut jamais être seulement positive ; il aurait dû s'intéresser à un transfert négatif possible. L'analyste se défend en affirmant qu'à l'époque de l'analyse, rien ne pouvait laisser supposer l'existence d'un transfert négatif. Et quand bien même il n'aurait pas perçu les signes très discrets d'un tel transfert (ce qui était tout à fait possible quand l'horizon de l'analyse, à ses débuts, était moins étendu), il n'est pas sûr qu'il aurait eu le pouvoir, par le simple énoncé d'une thématique (ou ce qu'on appelle un « complexe »), de l'activer tant qu'elle n'était pas active chez le patient lui-même à ce moment-là. Pour activer ce complexe, il aurait sans aucun doute fallu en réalité que l'analyste déclenche un moment assez peu amical. Et qui plus est, quand un patient reste en bons termes avec son analyste pendant et après l'analyse, il ne s'agit pas nécessairement d'un transfert : certaines relations amicales sont fondées sur la réalité et se révèlent durables.

J'en viens à mon second exemple, qui soulève le même problème. Une femme célibataire, plus très jeune, mène depuis sa puberté une vie solitaire en raison de son incapacité de marcher, due à des douleurs sévères dans les jambes. Son état est de toute évidence de nature hystérique, et il a résisté à des tas de traitements. Une analyse pendant trois trimestres fait disparaître le trouble et redonne à cette femme, superbe et respectable, le droit de prendre part à la vie. Mais au cours des années qui ont suivi son rétablissement, elle n'a pas eu de chance : elle a connu des catastrophes dans sa famille, des revers financiers et, avec l'âge, elle a vu s'évanouir tout espoir de bonheur amoureux et de mariage. Mais, devenue invalide, elle affrontait vaillamment ces malheurs et se révélait d'un grand soutien pour sa famille dans les temps difficiles. Je ne sais plus si c'est douze ou quatorze ans après la fin de son analyse que des saignements abondants l'obligent à se faire examiner par un gynécologue. On découvre alors un myome de l'utérus et on lui conseille une hystérectomie. À partir du moment de l'opération, la patiente retombe malade. Elle est amoureuse de son chirurgien, se complaît dans des fantasmes masochistes sur les modifications effrayantes de son intériorité (fantasmes avec lesquels elle travestit son idylle) et se refuse à toute nouvelle analyse. Elle est restée malade jusqu'à sa mort. Le succès du traitement analytique s'était déroulé il y a si longtemps qu'on ne pouvait en attendre trop : c'était dans les premières années où je pratiquais des analyses. Il ne fait aucun doute que la seconde période de maladie de cette patiente devait avoir la même source que la première, qui avait connu une issue heureuse : il se peut qu'elle ait été la manifestation des mêmes motions refoulées, que l'analyse n'avait pas complètement liquidées. Mais j'ai tendance à penser que, s'il n'y avait pas eu un nouveau traumatisme, il n'y aurait pas eu une rechute dans la névrose.

Ces deux exemples, que j'ai choisis à dessein parmi un très grand nombre de cas similaires, suffiront à entamer la discussion sur ces questions. Le sceptique, l'optimiste et l'ambitieux auront des points de vue différents : le premier affirmera qu'on sait maintenant que même un traitement analytique réussi n'est pas une garantie pour le patient qui, traité à un certain moment, redevient malade d'une autre névrose – ou même d'une névrose dérivée des mêmes racines pulsionnelles, c'est-à-dire d'une rechute de sa pathologie antérieure. Les autres trouveront que ce n'est pas prouvé ; ils objecteront que ces deux exemples datent des premiers temps de la psychanalyse, il y a vingt et trente ans, et que depuis nous avons acquis une meilleure compréhension, un savoir plus étendu, que notre technique s'est adaptée à nos nouvelles découvertes. Ils diront qu'aujourd'hui on peut demander à la psychanalyse et attendre d'elle qu'elle apporte une guérison durable ; en tout cas que si le patient retombe malade, on peut attendre que sa nouvelle pathologie ne se révèle pas être un retour, sous une nouvelle forme, de sa perturbation pulsionnelle antérieure. Ils diront que notre expérience ne nous oblige nullement à réviser à la baisse ce qu'on est en droit d'attendre de notre méthode thérapeutique.

Or, c'est justement parce que ces deux exemples nous ramènent loin en arrière que je les ai choisis : il est évident que plus le succès d'une analyse est récent, moins on peut s'en servir dans notre discussion puisque nous n'avons alors aucun moyen de prévoir l'évolution ultérieure du rétablissement du patient. Les attentes de l'optimiste présupposent tout un ensemble de choses qui ne sont justement pas évidentes en elles-mêmes : d'abord qu'il serait possible de venir vraiment à bout d'un conflit pulsionnel (ou plus exactement d'un conflit entre le moi et une pulsion) ; ensuite que pendant qu'on traite un patient pour un conflit pulsionnel, on peut en quelque sorte le vacciner contre d'autres conflits de ce genre ; enfin, qu'on a le pouvoir, et cela à titre préventif, de réveiller un autre conflit pulsionnel qui ne s'est pas encore trahi par le moindre indice, et que ce serait une bonne idée. Je n'apporte pas pour l'instant de réponse à tous ces problèmes que je soulève. Peut-être qu'il n'est même pas possible de leur donner quelque réponse que ce soit.

Ce sont sans doute des considérations théoriques qui nous apporteront quelque lumière à leur propos. Mais une chose encore doit être claire : si nous voulons satisfaire les attentes les plus exigeantes envers la thérapie analytique, nous n'y parviendrons pas en prenant le chemin d'une réduction du temps de l'analyse.

III

Mon expérience d'analyste, qui s'étend aujourd'hui sur plusieurs décennies, et un changement survenu dans la nature et les modalités de mes activités m'encouragent à tenter de répondre à la question que nous nous posons. Au début, je traitais un nombre assez considérable de patients qui souhaitaient, comme c'est compréhensible, en finir au plus vite. Pendant ces dernières années, je me suis surtout investi dans des analyses didactiques et je n'ai gardé en traitement qu'un nombre assez réduit de cas sévères, demeurés avec moi en thérapie continue, entrecoupée cependant d'intervalles plus ou moins longs. Avec eux, le but de la thérapie n'était plus le même, et il n'était pas question de raccourcir le traitement : mon ambition était seulement de prévenir toute éventualité de maladie et de parvenir à changer en profondeur leur personnalité.

Parmi les trois facteurs que nous pensons décisifs pour le succès du traitement analytique (l'influence du trauma, la force constitutionnelle des pulsions et les modifications du moi), seul le deuxième est ici en cause. À y réfléchir un peu, on se demande si l'usage ici de l'adjectif « constitutionnel » (ou « congénital ») est essentiel. Il est vrai que le facteur constitutionnel est déterminant au tout début de la vie, mais on peut quand même penser qu'un renforcement des pulsions plus tard dans l'existence peut avoir les mêmes effets. Nous devrions alors modifier notre formulation et dire « la force *actuelle* des pulsions » et non « la force *constitutionnelle* des pulsions ». La première de nos questions était : « La thérapie analytique permet-elle de liquider, de manière durable et définitive, un conflit entre une pulsion et le moi, ou une revendication pulsionnelle pathogène adressée au moi ? ». Pour prévenir tout contresens, il n'est peut-être pas inutile d'expliquer plus précisément ce que signifie « liquider de manière durable une revendication pulsionnelle » : cela ne signifie évidemment pas « déterminer la disparition de la demande de manière à ne plus en entendre parler », ce qui est en général impossible, et n'est d'ailleurs pas souhaitable. Non, nous voulons dire par là quelque chose d'autre, qu'on peut schématiquement décrire comme « dompter » une pulsion, ce qui suppose que la pulsion devient alors en complète harmonie avec le moi, qu'elle devient perméable aux influences des autres tendances du moi sans chercher plus longtemps sa satisfaction de manière indépendante. Il est délicat de décrire ce que sont les méthodes et les moyens d'y parvenir ; on peut seulement dire « Il faut donc bien que la sorcière s'en mêle ! », la sorcière Métapsychologie. Sans spéculation ou théorisation métapsychologique (je dirais presque sans « fantasmatisation ») on ne peut pas aller plus loin. Malheureusement, ici comme dans d'autres cas, ce que nous révèle notre sorcière n'est pas non plus très clair et très précis : nous n'avons qu'un point de repère, et de la plus grande valeur : l'opposition entre processus primaires et secondaires vers laquelle je vais maintenant me tourner.

En revenant à notre question de départ, on constate que notre nouvelle approche du problème nous mène inévitablement à une certaine conclusion. La question était de savoir s'il est possible de liquider durablement et définitivement un conflit pulsionnel – c'est-à-dire de «dompter» une revendication pulsionnelle. Formulée de cette manière, la question n'évoque pas du tout la force de la pulsion et pourtant c'est précisément d'elle que dépend le résultat. Admettons que ce que l'analyse permet au névrosé n'est rien de plus que ce à quoi la personne normale parvient sans l'aide de quiconque. L'expérience quotidienne nous apprend cependant que, chez cette personne, toute solution d'un conflit pulsionnel n'est possible que si celui-ci n'est pas trop intense, ou plus exactement que s'il existe un certain rapport entre la force de la pulsion et celle du moi[1] : si la force du moi diminue, que ce soit en raison d'une maladie ou d'un épuisement ou de toute cause similaire, toutes les pulsions qui auront auparavant été domptées avec succès peuvent faire valoir leurs exigences et attendent une satisfaction substitutive de manière anormale[2].

---

1. Pour être très précis, pour une certaine variation de ce rapport entre les deux.

2. C'est en cela qu'est justifiée l'affirmation de l'importance étiologique de facteurs non-spécifiques comme le surmenage, un choc, etc. On l'a toujours admis, mais la psychanalyse justement a toujours laissé ces facteurs à l'arrière plan. Il est impossible de définir la santé autrement qu'en termes métapsychologiques, c'est-à-dire en renvoyant aux relations dynamiques entre les instances de l'appareil psychique que nous avons reconnues, ou si l'on préfère inférées ou supposées.

On en a une preuve irréfutable avec nos rêves nocturnes : ils réagissent à l'attitude du moi qui dort par un réveil des demandes pulsionnelles.

Mais, à côté du facteur « constitutionnel », les autres facteurs révèlent aussi sans ambigüité leur influence. À deux reprises dans le développement d'un individu, certaines pulsions se renforcent considérablement : à la puberté, et chez les femmes à la ménopause. Nous ne sommes pas surpris le moins du monde quand quelqu'un qui n'était absolument pas névrosé le devient à ces moments là. Quand ses pulsions n'étaient pas aussi puissantes, il parvenait à les dompter ; maintenant qu'elles ont pris de l'ampleur, il n'y parvient plus. Le refoulement est comme une digue devant la pression de l'eau. Et les effets que produisent ces deux périodes physiologiques de renforcement des pulsions peuvent être déclenchés par des causes accidentelles, de manière imprévisible, à d'autres moments de la vie. Il s'agit alors de renforcements de la pulsion par des traumatismes, des contraintes frustrantes ou des influences collatérales des pulsions entre elles. Le résultat est toujours le même, qui met en évidence le pouvoir incontournable du facteur quantitatif dans le déterminisme des pathologies.

J'ai la sensation que je devrais avoir honte de ces développements si lourds, alors que ce que je dis est bien connu depuis longtemps et va de soi. De fait, nous avons toujours fait comme si nous savions très bien tout cela ; mais, en grande partie, nos conceptions théoriques n'ont pas accordé au point de vue *économique* autant d'importance qu'aux points de vue *dynamique* et *topologique*. Ma seule excuse est que je veux attirer l'attention sur cette négligence.

Avant que nous n'arrêtions une réponse à cette question, il nous faut évoquer une objection dont la force vient de ce qu'en fait nous sommes tout à fait prêt à l'accueillir : on dit que tous nos arguments reposent sur des processus spontanés qui mettent en relation le moi et les pulsions ; qu'ils présupposent que la thérapie analytique ne fait rien advenir d'autre que ce qui adviendrait de soi-même dans des conditions favorables et normales. Est-ce bien vrai ? Notre théorie n'affirme-t-elle pas précisément que l'analyse produit un état qui ne survient jamais spontanément dans le moi, et que ce nouvel état qu'elle crée constitue la différence essentielle entre quelqu'un qui a été analysé et quelqu'un qui ne l'a pas été ? Réfléchissons à ce qui fonde cette affirmation : tous les refoulements se mettent en place dans la petite enfance ; ce sont des mesures primaires de défense prises par un moi immature et faible. Dans les années suivantes, aucun nouveau refoulement n'est mis en place, mais les anciens persistent et le moi continue de s'en servir pour maîtriser ses pulsions. De nouveaux conflits sont liquidés par ce que nous appelons « refoulement après-coup ». On peut appliquer à ces refoulements infantiles ce que nous avons en général établi : le refoulement repose absolument et entièrement sur la puissance relative des forces en présence et ne peut pas tenir devant une augmentation de la puissance des pulsions. Mais l'analyse permet au moi, qui a atteint plus de maturité et de force, de réviser ses anciens refoulements : quelques-uns sont démolis, les autres sont acceptés mais reconstruits avec des matériaux plus solides. Et la solidité de ces nouvelles digues n'a rien à voir avec celle des précédentes : on peut penser avec confiance qu'elles ne céderont pas aussi facilement devant les forces de la marée pulsionnelle. Ce que fait vraiment la thérapie analytique, c'est donc qu'elle corrige après coup le processus de refoulement originaire, correction qui met fin à la domination du facteur quantitatif.

Voilà où mène notre théorie, à laquelle nous ne pouvons renoncer sans une raison irrécusable. Mais que peut dire notre *expérience*? Peut-être n'est-elle pas encore assez grande pour nous permettre une conclusion certaine. Elle confirme nos attentes assez souvent, mais pas toujours. On a l'impression qu'il ne faudrait pas être surpris s'il se révélait que la différence entre ceux qui n'ont pas été analysés et ceux qui l'ont été n'est pas aussi grande que nous le souhaitons, que nous l'attendons et que nous le défendons. Si c'était le cas, cela signifierait que l'analyse réussit *quelquefois* à éliminer l'influence d'un afflux pulsionnel, mais pas toujours ; ou que l'effet de l'analyse se limite à renforcer le pouvoir de résistance des inhibitions, de telle sorte que celles-ci soient aptes à mieux affronter des exigences pulsionnelles fortes qu'avant l'analyse ou sans analyse du tout. Je ne peux vraiment pas trancher cette question, et je ne sais d'ailleurs pas si c'est faisable pour l'instant.

Cependant, un autre angle d'approche de cette variabilité de l'effet de l'analyse nous permettra de comprendre le problème : on sait que la première étape pour parvenir à maîtriser intellectuellement notre environnement est de découvrir des généralisations, des règles, des lois qui mettent de l'ordre dans le chaos. Pour cela, nous simplifions le monde des phénomènes : mais nous ne pouvons éviter de le falsifier, en particulier quand il s'agit des processus de développement et de modification. Ce qui est important ici, c'est de discerner un changement *qualitatif*, et ce faisant, nous négligeons régulièrement, en tout cas au début, le facteur *quantitatif*. Or dans le monde réel, on trouve bien plus souvent des transitions et des états intermédiaires que des états clairement distincts et différents. Quand nous étudions les développements et les changements, nous ne sommes attentifs qu'à leurs résultats ; nous avons tendance à négliger que ces processus sont habituellement plus ou moins incomplets, c'est-à-dire qu'ils ne sont en fait que des changements partiels. L'auteur satyrique de la vieille Autriche, Johann Nestroy, a dit un jour : « Chaque pas en avant n'est en fait qu'à moitié aussi grand qu'il a d'abord semblé ». Il est vraiment tentant de généraliser cette formule pleine de malice. Il y a presque toujours des manifestations résiduelles, qui n'ont pas évolué. Quand celui qui est un généreux mécène nous surprend par sa soudaine pingrerie, quand celui dont la bonté n'est jamais en défaut s'autorise à être soudain agressif, ces « phénomènes résiduels » sont pleins d'enseignement pour la recherche sur le développement : ils nous révèlent que ces louables et précieuses vertus résultent en fait de compensations et de surcompensations qui, comme il faut s'y attendre, ne sont pas absolument et totalement efficaces. Dans notre premier exposé du développement de la libido, nous disions qu'une phase orale originelle était suivie par une phase sadique-anale à laquelle succédait une phase phallique-génitale. Les travaux ultérieurs n'ont pas contredit cette thèse mais l'ont corrigée en ajoutant que ces remplacements ne se réalisent pas d'un coup, mais graduellement, et que par conséquent, des morceaux de l'organisation antérieure persistent toujours dans l'organisation ultérieure et aussi que, même dans le développement normal, la transformation n'est jamais complète, que des résidus des fixations libidinales anciennes peuvent encore se retrouver dans la configuration finale. On peut voir ces mêmes processus à l'œuvre dans des domaines tout à fait différents : parmi toutes les croyances fausses et les superstitions de l'humanité, qui sont censées avoir été abandonnées, il n'y en a pas une dont les résidus ne survivent aujourd'hui chez nous, dans les couches les plus basses des peuples civilisés et même dans les couches supérieures. Ce qui a une fois reçu la vie s'accroche fermement à l'existence. On se demande quelquefois si tous les dragons préhistoriques ont vraiment disparu.

Si l'on applique ces remarques à ce dont nous traitons, il semble que la réponse à la question de l'explication des résultats contrastés de la thérapie analytique pourrait bien être que nous ne parvenons pas toujours complètement à remplacer les refoulements instables par une maîtrise fiable et conforme au moi, que nous n'allons pas assez loin. La transformation s'est faite, mais souvent partiellement : des parties des anciens mécanismes sont demeurées inaccessibles au travail de l'analyse. Il n'est pas facile de montrer qu'il en va vraiment ainsi, car, pour savoir ce qui se passe, nous ne disposons que du résultat que nous tentons d'expliquer. Pourtant, pendant le travail analytique, nos impressions ne contredisent pas cette thèse, elles semblent plutôt la confirmer. Mais nous ne devons pas mesurer ce que nous produisons chez le patient à l'aune de la clarté de notre propre compréhension. Sa propre façon de voir peut manquer de « profondeur » ; et il s'agit là encore du facteur quantitatif, qu'on néglige si facilement. Si c'est la bonne réponse à notre question, on peut donc dire que l'analyse, qui assure guérir les névroses en permettant de contrôler les pulsions, a toujours raison en théorie, mais pas en pratique : elle ne parvient pas toujours à assurer suffisamment les fondements du contrôle des pulsions. Les raisons de cet échec partiel ne sont pas difficiles à comprendre : le facteur quantitatif des forces pulsionnelles s'était opposé, à un certain moment, aux efforts défensifs du moi, et c'est pourquoi on a fait appel au travail analytique ; et voilà maintenant que ce même facteur vient limiter l'efficacité de ce nouvel effort. Si la force pulsionnelle est trop grande, le moi qui a mûri, aidé par l'analyse, ne parvient pas à accomplir sa tâche, tout comme le moi sans défense auparavant. Il domine mieux ses pulsions, mais pas complètement parce que la transformation de son mécanisme de défense reste imparfaite. Il n'y a là rien de surprenant puisque le pouvoir des outils avec lesquels l'analyse opère n'est pas illimité, mais restreint, et que le résultat final dépend toujours des rapports de force entre les instances psychiques qui luttent les unes contre les autres.

Il est sans aucun doute souhaitable de raccourcir la durée du traitement analytique, mais nous ne pouvons atteindre notre but thérapeutique qu'en aidant toujours davantage le moi. L'influence dans l'hypnose a semblé être un excellent outil pour y parvenir, mais on connaît bien les raisons pour lesquelles nous l'avons abandonnée. On n'a encore trouvé aucun substitut de l'hypnose. De ce point de vue, on peut comprendre qu'un maître de l'analyse comme Ferenczi en soit venu à consacrer les dernières années de sa vie à des expérimentations thérapeutiques qui, malheureusement, se sont révélées vaines.

IV

Deux autres questions se posent : d'une part, peut-on, pendant le traitement d'un conflit pulsionnel, éviter au patient des conflits ultérieurs ? D'autre part, peut-on et doit-on, à des fins préventives, éveiller un conflit pulsionnel qui ne se manifeste pas ? En fait, ces deux questions doivent être abordées ensemble puisqu'en effet, on ne peut éviter des conflits à venir qu'en les rendant manifestes et en les soumettant alors à un traitement. Cette nouvelle manière de poser le problème de la durée n'est au fond qu'un prolongement de la précédente : là où nous nous demandions comment prévenir un retour du même conflit, nous nous demandons maintenant comment prévenir son *remplacement* par un autre conflit. Ce projet ne manque certes pas d'ambition, mais tout ce que nous essayons de faire, c'est de clarifier ce qui limite l'efficacité de la thérapie analytique.

Mais si notre ambition thérapeutique de surmonter de tels problèmes est très séduisante, il faut admettre que l'expérience s'y oppose catégoriquement : si un conflit pulsionnel n'est pas actif, ne se manifeste pas, on ne peut pas agir dessus, même par l'analyse. On dit qu'il ne faut pas réveiller un chien qui dort, et on nous l'a souvent rappelé devant nos efforts pour explorer le monde psychique souterrain, mais en ce qui concerne la vie mentale, rien ne pourrait être plus faux : les pulsions causent des pathologies, c'est bien la preuve que les chiens ne dorment pas et que s'ils semblent dormir, nous n'avons pas le pouvoir de les réveiller. Encore que cette dernière affirmation demande à être discutée en détail. Considérons les moyens qui sont à notre disposition pour transformer un conflit pulsionnel latent en un conflit actif. Il y a clairement deux choses qu'on peut faire : on peut mener à des situations où le conflit ne manquera pas de devenir actif, ou se contenter d'en parler au cours de l'analyse et de souligner qu'il pourrait se manifester. On peut aménager des situations propices de deux façons, dans la réalité ou dans le transfert, et dans l'un comme dans l'autre en confrontant le patient à une frustration relativement importante et à un afflux important de libido. Il est vrai que nous recourons déjà à cette technique dans la pratique analytique ordinaire ; que voudrait dire sinon la règle selon laquelle l'analyse doit avoir lieu « dans un état de frustration » ? Mais c'est une technique que nous utilisons pour traiter un conflit qui est déjà actif. Nous cherchons à exacerber ce conflit, à le mener à son maximum pour accroître la force pulsionnelle qui convient pour le résoudre. L'expérience analytique nous a appris que le mieux est toujours l'ennemi du bien et qu'à chaque étape du rétablissement du patient nous devons lutter contre son inertie, qui est toute disposée à se satisfaire d'une liquidation inachevée.

Mais si nous cherchons à traiter, de manière préventive, des conflits pulsionnels qui ne sont que potentiels, il ne suffit pas de contrôler la souffrance déjà présente et qui est inévitable : il faut nous préparer à provoquer de nouvelles souffrances, ce que nous avons jusque là avec raison abandonné aux aléas de la vie. De toutes parts, on nous reprocherait d'avoir l'audace de rivaliser avec le destin en soumettant de pauvres créatures à de si cruelles expérimentations. Et de quelles expérimentations pourrait-il s'agir ? Pourrions-nous, à ces fins préventives, prendre la responsabilité de détruire un mariage satisfaisant, d'engager un patient à renoncer à un travail dont son existence dépend ? Heureusement, nous ne nous sommes jamais trouvé en situation de nous demander si de telles interventions sur la vie d'un patient sont justifiées : nous n'avons pas les pleins pouvoirs qu'il faudrait, et le sujet de ce type d'expérimentation thérapeutique refuserait sûrement de s'y prêter. Ce genre de procédure est donc exclu dans la pratique ; dans la théorie, on peut aussi lui faire des objections. Le travail analytique se déroule mieux si les expériences pathogènes vécues par le patient appartiennent au passé, de sorte que le moi puisse s'en tenir à distance. Devant des crises aigües, l'analyse est à tous égards impuissante. Le moi est entièrement tourné vers la réalité douloureuse et se retire de l'analyse, qui voudrait aller au-delà de la surface et découvrir les déterminismes passés. Créer un nouveau conflit ne ferait ainsi que prolonger le travail analytique et le rendre plus difficile.

On nous opposera que ces remarques n'étaient pas nécessaires. Personne n'aurait l'idée de déclencher volontairement une nouvelle souffrance pour pouvoir traiter un conflit pulsionnel latent. Il n'y aurait pas de quoi se vanter d'une telle ambition prophylactique. On sait par exemple qu'un malade qui a guéri de la scarlatine est immunisé contre cette maladie ; mais aucun médecin n'inoculerait la scarlatine à un individu en parfaite santé pour qu'il soit immunisé contre cette maladie. La mesure de protection contre une maladie ne doit pas exposer au même danger que celui auquel expose la maladie elle-même, mais seulement à un danger bien moindre, comme l'est la vaccination contre la variole ou d'autres du même genre. Dans la prévention analytique des conflits pulsionnels, les seules méthodes à prendre en considération sont donc celles que nous avons évoquées : la production artificielle dans le transfert de nouveaux conflits (qui manquent à vrai dire de réalité) et l'éveil de ces conflits dans l'imagination des patients en leur en parlant et en les habituant à leur éventualité.

Je ne sais pas si l'on peut vraiment appliquer la première de ces deux méthodes plus douces en analyse. Aucune expérimentation n'a réellement été menée dans cette direction. Mais on voit bien que surgiraient des difficultés qui laissent redouter que cette entreprise ne tienne pas ses promesses. En premier lieu, on sait que le choix de situations à produire dans le transfert est limité. Les patients ne peuvent pas eux-mêmes donner une place à tous leurs conflits dans ce transfert, et à partir de celui-ci l'analyste ne peut pas lui non plus éveiller tous les conflits possibles. Il peut rendre les patients jaloux, leur faire connaître le dépit amoureux, mais aucun artifice technique n'est nécessaire pour faire ce qui, dans la plupart des analyses, se produit spontanément. En second lieu, on ne peut perdre de vue que tous les procédés de ce type obligeraient l'analyste à une attitude inamicale envers son patient, ce qui serait préjudiciable au transfert positif, à l'attachement du patient, qui est la raison la plus puissante de son engagement dans le travail analytique partagé. On ne devrait donc pas attendre trop de ces techniques.

Il ne nous reste qu'une méthode, et c'est la seule qui s'offre à nous depuis le début : on explique au patient que d'autres conflits pulsionnels sont possibles, et qu'il doit s'attendre à ce qu'ils apparaissent. On souhaite que cette information, cette mise en garde, ait pour effet d'activer chez lui l'un des conflits dont nous avons évoqué la possible apparition, et qu'il sera modérément puissant mais assez pour qu'on le traite. Mais cette fois, l'expérience nous parle d'une voix assurée : le souhait ne sera pas exaucé. Le patient entend le message, mais n'y répond pas. Il pense peut-être : « C'est tout à fait intéressant, mais je ne ressens rien de tel ». Nous avons amélioré sa connaissance, mais nous n'avons rien changé en lui. C'est exactement la même chose quand les gens lisent des livres de psychanalyse : le lecteur ne se sent concerné que par les passages qui semblent s'appliquer à son propre cas, c'est-à-dire qui abordent les conflits qui sont actifs chez lui à ce moment-là. Le reste le laisse froid. Et je pense que c'est aussi la même chose quand on donne aux enfants des informations sur la sexualité : je ne dis pas que c'est préjudiciable ou inutile, mais il est évident que l'effet préventif de cette attitude libérale a été très surestimé. Les enfants en savent plus après qu'avant, mais ce qu'on leur a appris ne leur est d'aucune utilité. On finit par comprendre qu'ils ne sont pas prêts à sacrifier à tout éclairage nouveau les théories sexuelles, qu'on peut décrire comme naturelles, qu'ils ont construites en harmonie avec leur organisation libidinale imparfaite, dans lesquelles les cigognes, la nature de la relation sexuelle et la façon dont les enfants viennent au monde ont leur rôle à jouer. Longtemps après qu'on les ait ainsi instruits, ils se comportent comme les

primitifs qu'on a voulu évangéliser et qui continuent d'adorer
en secret leurs idoles.

V

Nous avons commencé en nous demandant comment
éviter l'inconvénient d'une durée trop longue de traitement et,
en gardant cette question à l'esprit, nous en sommes venus à
nous interroger sur la possibilité de parvenir à une guérison
durable ou d'éviter même une maladie future par un traitement
préventif. En chemin, nous avons découvert que les facteurs
décisifs pour le succès de nos efforts thérapeutiques étaient
le rôle de l'étiologie traumatique, la puissance relative des
pulsions qui doivent être contrôlées et ce que nous avons
appelé une modification du moi. Nous n'avons discuté en
détails que du deuxième de ces facteurs, ce qui nous a donné
l'occasion de reconnaître l'importance décisive du facteur
quantitatif et de souligner la nécessité, pour n'importe quelle
tentative d'explication, de ne pas oublier la légitimité de
l'approche métapsychologique.

Du troisième facteur, la modification du moi, nous n'avons
encore rien dit. Quand on y prête attention, on a d'abord
l'impression qu'il se pose là beaucoup de questions et qu'on a
beaucoup de réponses, et que ce que nous aurons à dire à son
sujet se révèlera tout à fait inadapté. Cette première impression
est confirmée dès qu'on s'approche du problème. Comme on
le sait très bien, dans la cure analytique, nous passons une
alliance avec le moi de la personne en traitement, de manière à
maîtriser les parties de son ça qui sont incontrôlées – ce qui
signifie les intégrer dans la synthèse du moi. Le fait que cette
coopération échoue habituellement dans le cas des psychotiques constitue un premier argument solide en faveur de notre
thèse. Pour que nous passions une telle alliance avec le moi, il

faut que nous ayons affaire à un moi normal. Mais un moi normal est une fiction, tout comme la normalité. Malheureusement le moi anormal, dont nous ne pouvons nous servir, n'est pas une fiction. Toute personne normale ne l'est en fait qu'en moyenne; son moi s'approche en partie de celui du psychotique à certains égards, et de manière plus ou moins accentuée. Sa distance avec l'une des extrémités du continuum et sa proximité avec l'autre nous donne une mesure provisoire de ce que nous n'avons que trop vaguement qualifié de « modification du moi ».

Si nous nous demandons quelle est la source de la grande variété de cette modification et de son étendue, nous sommes contraint de considérer que ces modifications sont soit innées, soit acquises. Et de ces deux possibilités, seule la seconde est plus facile à aborder. Si elles sont acquises, cela s'est certainement produit au cours du développement, dès les premières années de vie. Car le moi doit tenter dès le début de remplir sa fonction en conciliant, au service du principe de plaisir, le ça avec le monde extérieur, et il doit également protéger le ça des dangers de celui-ci. Si dans cet effort le moi apprend à adopter une attitude défensive à l'égard de son ça et à traiter les demandes pulsionnelles de celui-ci comme des dangers extérieurs, c'est au moins en partie parce qu'il comprend que la satisfaction d'une pulsion mènerait à un conflit avec le monde extérieur. Il en résulte que, sous l'influence de l'éducation, le moi s'habitue à déplacer la scène du combat : d'extérieure, elle devient intérieure, ce qui lui permet de maîtriser un danger *interne* avant qu'il ne devienne un danger *externe*. Et il a probablement raison de le faire. Au cours de ce combat sur deux fronts (il y en aura plus tard un troisième), le moi recourt à des procédures variées pour remplir sa fonction, à savoir en général éviter les dangers, l'angoisse et le déplaisir. Nous appelons ces procédures « *mécanismes de défense* ». Nous ne les connaissons pas encore très bien. Le livre d'Anna Freud (1936) nous a donné un premier aperçu de leur grand nombre et de leurs multiples significations.

C'est l'analyse de l'un de ces mécanismes, le refoulement, qui a été le point de départ de l'étude des processus névrotiques en général. Personne n'a jamais mis en doute que le refoulement n'est pas le seul procédé qu'emploie le moi pour se défendre. Mais ce procédé est tout à fait singulier, plus étroitement séparé des autres mécanismes que ceux-ci ne le sont entre eux. Je voudrais éclairer la relation du refoulement avec les autres mécanismes par une analogie, bien que je sache qu'en ces matières, les analogies ne nous mènent pas très loin. Imaginons ce qui aurait pu arriver à un livre à une époque où les livres n'étaient pas imprimés et édités mais écrits un par un. Supposons que ce livre contienne des affirmations qui seront ultérieurement considérées comme indésirables : comme les écrits de Flavius Josèphe qui, selon Robert Eisler (1929)[1], contenaient des passages sur Jésus-Christ qui se révélèrent par la suite insupportables pour la chrétienté. De nos jours, la censure officielle procèderait, à titre de mécanisme de défense, à la confiscation et à la destruction de chaque exemplaire édité. Mais à l'époque on pouvait utiliser d'autres méthodes pour rendre ce livre inoffensif : on noircissait des passages pour les rendre illisibles, de telle manière qu'ils ne pouvaient être transcrits et que les copistes suivants produisaient un texte irréprochable mais où manquaient des passages, ce qui pouvaient rendre ce texte incompréhensible ; quand cette méthode n'avait pas l'aval des autorités parce qu'elles ne

1. R. Eisler, *Jesus Basileus, Religionswissenschaftliche Bibliothek*, Heidelberg, Carl Winter, 1929.

souhaitaient pas qu'on détecte que des passages avaient été rayés, on déformait le texte en supprimant un mot, en remplaçant un mot par un autre, ou on insérait une phrase; mais le mieux, c'était d'effacer tout le passage et de le remplacer par un autre, disant exactement le contraire, de telle sorte que le copiste suivant produise un texte qui n'éveillerait aucun soupçon, mais qui aurait été falsifié puisqu'il ne contiendrait plus ce que l'auteur avait voulu exprimer. Évidemment ces corrections de textes n'avaient pas pour but de progresser vers la vérité.

Sans pousser trop loin l'analogie, on peut considérer que le refoulement a, avec les autres mécanismes de défense, la même relation que les omissions avec les déformations du texte; et l'on peut mettre en parallèle ces différentes formes de falsification avec la variété des modes de modification du moi. On pourrait opposer que cette analogie ne fonctionne pas à cause d'un point essentiel: la déformation du texte est l'œuvre de la censure, qui est tendancieuse, et ce n'est pas le cas dans le développement du moi. Mais ce n'est pas vrai: le caractère tendancieux de la censure se retrouve en grande partie dans la forte contrainte qu'exerce le principe de plaisir. L'appareil psychique ne tolère aucun déplaisir; il doit s'en défendre à tout prix, et si le réel perçu entraîne un déplaisir, ce réel (la vérité en fait) doit être sacrifié. Devant un danger externe, on peut se sauver en courant et éviter ce danger pendant un bon moment, et ensuite être capable de lever la menace en agissant pour changer le réel. Mais on ne peut s'échapper à soi-même: contre un danger interne rien ne sert de s'enfuir. C'est pourquoi les mécanismes de défense du moi sont condamnés à falsifier la perception intérieure et à ne permettre qu'une connaissance imparfaite et déformée du ça. Dans ses relations avec le ça, le moi est paralysé par ces limites et aveuglé par ses erreurs; et le résultat, dans la sphère psychique, évoque immanquablement ce qui se passe quand on fait une randonnée dans un endroit qu'on ne connaît pas et qu'on n'est pas un bon marcheur.

La fonction des mécanismes de défense est d'écarter les dangers. On ne peut contester qu'ils y parviennent, et il est peu probable que le moi puisse s'en passer au cours de son développement. Mais il est certain aussi qu'ils peuvent devenir en eux-mêmes des dangers. Il arrive parfois que le moi a payé un prix trop élevé pour les services qui lui ont été rendus. La dynamique des ressources nécessaires pour maintenir ces mécanismes, les limitations du moi qu'ils entraînent inévitablement, se révèlent lourdes pour l'économie psychique. Qui plus est, ces mécanismes demeurent actifs après avoir rendu service au moi pendant les années difficiles de son développement. Personne, bien sûr, n'utilise tous les mécanismes de défense possibles ; chacun n'en utilise qu'une partie, mais ils se fixent dans le moi. Ils deviennent des types de réaction habituels, répétés tout au long de la vie chaque fois que se présente une situation similaire à la situation originelle. Et c'est ce qui en fait des infantilismes ; ils partagent alors le destin de nombre d'institutions qui tentent de se maintenir alors même qu'est révolu le temps où elles étaient utiles. « La raison devient non-sens, le bienfait calamité »[1] comme s'en lamente le poète. Le moi renforcé de l'adulte continue de se défendre contre des dangers qui n'existent plus dans la réalité ; en fait il est contraint de rechercher des situations réelles qui peuvent lui servir de substitut approximatif du danger d'origine, de manière à justifier qu'en face d'elles il maintient ses façons habituelles de réagir. On peut donc facilement comprendre comment les mécanismes de défense, par une

1. J. W. v. Goethe, *Premier Faust.*

emprise de plus en plus puissante du monde extérieur et un affaiblissement permanent du moi, préparent et favorisent l'irruption de la névrose.

Mais pour l'instant nous ne nous intéressons pas au rôle pathogène des mécanismes de défense. Ce que nous essayons de découvrir, c'est l'influence que la modification du moi qui leur correspond a sur nos efforts thérapeutiques. C'est dans le volume d'Anna Freud, que j'ai déjà évoqué, que nous pouvons trouver le matériel qui permet de répondre à cette question. Le point crucial est que le patient répète ces modes de réaction pendant le cours même de l'analyse, qu'il les reproduit sous nous yeux ; c'est d'ailleurs le seul moyen par lequel nous en prenons connaissance. Ce qui ne signifie pas qu'ils rendent l'analyse impossible ; ils constituent au contraire une moitié de notre tâche analytique, l'autre étant la mise au jour de ce qui est caché dans le ça, à laquelle nous nous attaquons d'abord au début du travail analytique. Pendant la cure, notre effort thérapeutique oscille perpétuellement entre un morceau d'analyse du ça et un morceau d'analyse du moi. Dans le premier cas, nous voulons rendre consciente une partie du ça, dans le second nous voulons corriger quelque chose du moi. Ce qui est décisif, c'est que les mécanismes de défense dirigés contre un danger ancien reviennent dans la cure comme résistance à la guérison. Et le moi considère alors la guérison elle-même comme un danger nouveau.

L'effet thérapeutique dépend de la prise de conscience de ce qui est refoulé, au sens large, dans le ça. Nous préparons le terrain pour cette prise de conscience par des interprétations et des constructions, mais nous n'interprétons que pour nous-mêmes et non pour le patient tant que le moi tient à ses défenses anciennes et que ne se lèvent pas ses résistances. Bien qu'elles appartiennent au moi, ces résistances n'en sont pas moins inconscientes et sont, en un certain sens, mises à part dans le moi. L'analyste les reconnaît plus facilement que le matériel caché dans le ça. On pourrait penser qu'il suffirait de les traiter comme des parties du ça et, en les rendant conscientes, de les mettre en relation avec les autres parties du moi. De cette manière, on pourrait supposer qu'on a accompli la moitié de la tâche de l'analyse et qu'on ne devrait pas s'attendre à rencontrer à nouveau une résistance à la découverte d'autres résistances. Mais voilà ce qui se produit en fait : pendant qu'on travaille sur les résistances, le moi se dégage (avec plus ou moins de conséquences graves) de l'accord sur lequel est fondée toute situation analytique. Le moi cesse de soutenir nos efforts pour découvrir le ça ; il s'y oppose, désobéit à la règle fondamentale de l'analyse et ne permet plus au refoulé de revenir de quelque manière que ce soit. Nous ne pouvons nous attendre à ce que le patient soit convaincu du pouvoir thérapeutique de son analyse. Il peut certes avoir au départ une certaine confiance dans son analyste, qui serait renforcée de manière efficace par les éléments de transfert positif que celui-ci aurait suscités. Mais à cause de l'influence qu'exercent les motions déplaisantes, considérées comme provoquées par l'activation récente de conflits défensifs, le transfert négatif parvient alors à prendre le dessus et à annuler la situation analytique. Le patient regarde maintenant l'analyste comme rien de plus qu'un étranger qui formule des exigences déplaisantes ; il se comporte avec lui exactement comme un enfant qui n'aime pas cet étranger et ne croit plus rien de ce qu'il dit. Si l'analyste tente d'expliquer au patient l'une des déformations qui servent ses mécanismes de défense et de la corriger, il est considéré comme incapable de comprendre et imperméable à de bons arguments. Nous sommes donc là en présence d'une résistance à la mise au jour des résistances, et les mécanismes de défense méritent bien le nom que nous leur avons donné au début, avant de les avoir examinés de plus près. Ils ne résistent pas seulement à la prise de conscience des contenus du ça, mais aussi à l'analyse elle-même et donc à la guérison.

L'effet produit par les défenses du moi peut être à juste titre considéré comme une « modification du moi », si l'on entend par là un écart au moi normal fictif qui se comporterait comme l'allié inébranlable du travail de l'analyse. On peut donc facilement admettre que, comme nous le montre l'expérience quotidienne, le résultat de la cure analytique dépend avant tout de la solidité et de la profondeur des résistances propres à la modification du moi. Là encore, nous sommes confronté à l'importance du facteur quantitatif, et là encore nous devons nous souvenir que l'analyse ne peut faire appel qu'à une quantité définie et limitée d'énergie qui doit se mesurer aux forces hostiles. Et il semble que la victoire en fait revient la plupart du temps aux bataillons les plus forts.

VI

Venons-en maintenant à la question de savoir si toute modification du moi au sens où nous l'entendons est acquise lors de ses luttes défensives des premières années. La réponse ne fait aucun doute : il n'y a aucune raison de contester l'existence et l'importance des diverses caractéristiques origi-naires innées du moi. Chaque individu peut en effet choisir parmi les mécanismes de défense possibles et ne se sert jamais en fait que d'un petit nombre d'entre eux, et toujours des mêmes ; cela semble indiquer que chaque moi est dès le départ doté de dispositions et de tendances individuelles, même s'il est vrai que nous ne savons rien de leur nature et de ce qui les détermine. Par ailleurs, nous savons bien qu'il n'est pas nécessaire d'exagérer jusqu'à en faire une antithèse la différence entre ce qui est inné et ce qui est acquis : ce qui a été acquis par nos ancêtres est probablement une part importante aujourd'hui de ce qui est inné pour nous. Quand on parle d'« héritage archaïque », on n'entend généralement par là que le ça, et on pense que, à la naissance de l'individu, le moi n'existe pas encore. Mais il ne faut pas oublier qu'à l'origine le ça et le moi ne font qu'un. Ce n'est pas surestimer de façon plus ou moins mystique le rôle de l'hérédité que de trouver crédible que, même avant que le moi existe, les lignes de développement, les tendances et les réactions qui se manifesteront par la suite lui sont déjà assignées. Les traits psychologiques spécifiques d'une famille, d'une race ou d'une nation, y compris dans leur attitude à l'égard de l'analyse, ne peuvent s'expliquer autrement. De plus, l'expérience analytique a démontré que même des contenus psychiques particuliers, comme la symbolique, n'ont d'autre source que la transmission héréditaire ; et la recherche dans divers domaines de la psychologie des peuples permet de faire l'hypothèse que d'autres résidus tout aussi spécialisés issus du développement de notre espèce sont présents aussi dans cet héritage archaïque.

Dès lors qu'on admet que les propriétés du moi, qu'on rencontre sous la forme de résistances, peuvent être tout autant déterminées par l'hérédité qu'acquises au cours des luttes défensives, la distinction topique entre ce qu'est le moi et ce qu'est le ça perd une bonne part de son utilité pour nos recherches. Et quand nous progressons dans notre expérience analytique, nous parvenons à des résistances d'un autre ordre, qu'on ne peut plus localiser et qui semblent dépendre d'états profonds de l'appareil psychique. Je ne peux donner que quelques exemples de ce type de résistances, puisque le champ à étudier est encore étrangement inextricable et insuffisamment exploré. Nous sommes par exemple confronté

à des individus auxquels nous attribuerions volontiers une
« viscosité spéciale de la libido ». Les processus que le traitement déclenche chez eux sont beaucoup plus lents que chez les
autres patients parce qu'ils ne peuvent se résoudre à détacher
les investissements libidinaux d'un objet pour les déplacer sur
un autre, sans que nous puissions comprendre cette loyauté
des investissements. Nous pouvons aussi rencontrer le type
opposé, dans lequel la libido semble très mobile et est prête à
s'engager dans les investissements suggérés par l'analyse,
abandonnant en échange les précédents. L'opposition entre ces
deux types est du même ordre que celle que ressent un sculpteur entre la pierre dure et l'argile molle. Malheureusement,
dans le second type, les résultats de l'analyse se révèlent très
instables : les nouveaux investissements sont vite abandonnés
une fois encore et on a l'impression de ne pas avoir travaillé
l'argile mais d'avoir écrit sur l'eau. Comme le dit le proverbe,
« sitôt gagné, sitôt perdu ».

Nous sommes surpris, dans d'autres cas, par une attitude
du patient qui peut être ramenée à une diminution de la
plasticité à laquelle nous nous attendons, de la capacité de
changer et de se développer. Nous sommes bien sûr préparé, en
analyse, à une certaine inertie psychique ; quand par le travail
analytique nous avons ouvert de nouvelles voies à la motion
pulsionnelle, nous observons presque invariablement que la
motion ne les emprunte pas sans une certaine hésitation. Nous
avons appelé, peut-être improprement, ce phénomène « résistance du ça ». Mais avec ces patients-là, tous les processus
mentaux, toutes les relations et les distributions de force sont
immuables, fixés, rigides. On trouve le même genre de choses
chez les personnes très âgées, et on l'explique alors par ce
qu'on appelle la « force de l'habitude », ou par un épuisement
de la réceptivité, une sorte d'entropie psychique. Mais il s'agit

ici de personnes encore jeunes, et nos connaissances théoriques ne nous permettent pas d'expliquer ces cas de manière satisfaisante. Peut-être des caractéristiques temporelles sontelles en jeu, des altérations d'un rythme de développement de la vie psychique que nous n'avons pas encore mises en lumière.

Il existe aussi un groupe de patients dans lequel les caractéristiques distinctives du moi, c'est-à-dire les sources mêmes de la résistance contre le traitement analytique, qui font obstacle à la réussite de ce traitement, doivent jaillir de fonds différents plus inaccessibles encore. Nous sommes alors en présence de la dernière chose que la recherche psychologique peut espérer apprendre : le comportement des deux pulsions primaires, leur distribution, leur mélange et leur séparation, dont on ne peut penser qu'elles sont confinées à une seule province de l'appareil psychique, au ça, au moi ou au surmoi. Pendant le travail analytique, on ne peut ressentir de résistance plus puissante que celle de cette force qui se défend par tous les moyens possibles contre la guérison et qui est absolument attachée à la maladie et à la souffrance. Nous avons reconnu une partie de cette puissance, et à bon droit sans doute, dans le sentiment de culpabilité et le besoin de punition, localisés dans la relation du moi au surmoi. Mais ce n'est qu'une partie de cette force, celle qui est liée psychiquement au surmoi, et qu'on peut donc connaître ; d'autres parties de cette même force, liées ou libres, peuvent être à l'œuvre ici ou là. Si nous prenons en considération le tableau général que présente le masochisme, présent chez tant d'individus, la réaction thérapeutique négative et le sentiment de culpabilité de tant de névrosés, nous ne pouvons plus maintenir que les événements mentaux ne sont gouvernés que par la recherche du plaisir. Tous ces phénomènes témoignent, de manière incontestable, de la présence d'une force dans la vie mentale que nous appelons la pulsion d'agression ou de destruction, qui sert ces buts et qui provient de la pulsion de mort originelle de toute la matière vivante. Il ne s'agit pas d'opposer une théorie de la vie optimiste à une théorie pessimiste. Ce n'est que par le concours ou l'opposition de deux pulsions primaires, Eros et la pulsion de mort, et pas par l'une ou l'autre prise isolément, qu'on peut expliquer les multiples phénomènes de la vie.

Comment les éléments de ces deux types de pulsion se combinent pour remplir les diverses fonctions vitales, dans quelles conditions ces combinaisons perdent leur puissance ou disparaissent, à quelles perturbations correspondent ces changements et avec quelles sensations leur répond la gamme des perceptions du principe de plaisir, voilà les problèmes dont l'élucidation serait le succès le plus gratifiant de la recherche en psychologie. Il faut pour le moment s'incliner devant la supériorité des forces face auxquelles nous constatons que nos efforts sont vains. Nous sommes déjà mis à rude épreuve quand nous exerçons une influence psychique sur le seul masochisme.

Mais pour étudier les phénomènes qui témoignent de l'activité de la pulsion de destruction, nous ne nous limitons pas à l'observation des pathologies. Bien des événements de la vie mentale normale peuvent s'expliquer par cette pulsion, et plus notre regard va s'affiner, plus nous allons en observer de nombreux. Le sujet est trop nouveau et trop important pour que je l'aborde en passant dans la discussion. Je me contenterai donc de choisir quelques exemples.

Voilà un exemple : on sait qu'à toutes les époques il y a eu et il y a encore des individus qui peuvent prendre pour objets sexuels des individus de leur propre sexe aussi bien que des membres de l'autre sexe, sans que l'une de ces tendances interfère avec l'autre. Nous les appelons bisexuels, et nous ne sommes pas très surpris qu'ils existent. Mais nous avons appris que tout être humain est bisexuel au sens où sa libido est distribuée, de manière manifeste ou latente, sur des objets des deux sexes. Nous sommes pourtant frappés de constater que, dans le premier cas, celui de la bisexualité, ces deux tendances s'accordent sans problème ; dans le second, qui est le plus fréquent, quand on ne choisit qu'un seul objet, les deux tendances sont dans un conflit insurmontable. L'hétérosexualité d'un homme exclut son homosexualité, et vice versa. Si la première est la plus forte, elle maintient la seconde à l'état latent et lui barre tous les chemins vers sa satisfaction dans la réalité. D'un autre côté, il n'y a pas de plus grand danger pour le fonctionnement d'un homme hétérosexuel que d'être perturbé par son homosexualité latente. Pour expliquer ce phénomène, on peut considérer que chaque individu dispose d'une certaine quantité de libido, et que les deux tendances rivales doivent se faire la guerre. Mais on ne sait pas très bien pourquoi elles ne se partagent pas cette quantité de libido, en proportion de leurs forces relatives, puisque cela se produit dans plusieurs autres cas. On doit donc en conclure que la tendance au conflit est spéciale, que c'est un élément nouveau qui doit être ajouté à la situation, sans considération de la quantité de libido. Cette tendance, qui émerge de manière indépendante, ne peut guère être attribuée à autre chose qu'à l'action d'un élément d'agressivité libre.

Si l'on admet qu'on peut interpréter ce phénomène comme une pulsion de destruction ou d'agression, surgissent aussitôt la question de savoir s'il ne faut pas étendre cette thèse à d'autres exemples de conflit et la question de la révision, à partir d'un autre point de vue, de ce que nous savons sur le conflit psychique. Nous affirmons de fait qu'au cours de son développement depuis un état primitif jusqu'à un état civilisé, l'agressivité de l'homme a été très largement internalisée, retournée vers l'intériorité ; s'il en va ainsi, ses conflits internes sont probablement l'équivalent exact des luttes externes qui ont cessé. Je sais très bien que la théorie dualiste selon laquelle une pulsion de mort, de destruction ou d'agression est la partenaire affirmée d'Eros qui se manifeste dans la libido, n'a pas été bien accueillie et n'a même pas été vraiment acceptée par les psychanalystes. J'ai été vraiment heureux quand, il y a peu de temps, j'ai retrouvée ma théorie dans les travaux d'un des grands spécialistes de la Grèce ancienne. Je suis tout prêt à renoncer au prestige de l'originalité au profit d'une telle confirmation, en particulier parce que je ne suis jamais sûr, en raison de mes lectures très diverses quand j'étais jeune, de savoir si ce que je prends pour une véritable invention de ma part n'est pas l'effet de la cryptomnésie.

Empédocle d'Agrigente [1], né vers 495 avant J.-C., est l'une des figures les plus imposantes et les plus remarquables de l'histoire de la civilisation grecque. Sa personnalité, faite de facettes différentes, se manifesta dans les domaines les plus variés. C'était un chercheur et un penseur, un prophète et un mage, un politicien, un philanthrope et un médecin qui connaissait la science de la nature. On raconte qu'il a libéré Sélinonte de la malaria, et ses contemporains le révéraient comme un dieu. Il semble qu'en son esprit les contrastes les plus frappants coïncidaient : il était précis et réservé dans ses recherches médicales et physiologiques mais il ne répugnait pas aux obscurités du mysticisme et échafauda des spéculations cosmiques d'une incroyable audace, pleines

---

1. Je me suis fondé, pour ce qui suit, sur un travail de Wilhelm Capelle, *Die Vorsokratic [Les présocratiques]*, Leipzig, A. Kröner, 1935.

d'imagination. Capelle le compare au Dr Faust « à qui plus d'un mystère fut révélé »[1]. Né à une époque où le royaume de la science n'était pas divisé en tant de provinces, il n'est pas surprenant que certaines de ses théories nous semblent primaires. Il explique la variété du cosmos par la combinaison de quatre éléments, la terre, l'éther[2], le feu et l'eau, soutient que toute la nature est animée et croit à la transmigration des âmes. Mais il inclut aussi, dans sa construction théorique, des idées très modernes, comme l'évolution graduelle des êtres vivants, la survie du plus aptes et reconnaît le rôle joué par le hasard (τύχη) dans cette évolution.

Mais, dans la conception d'Empédocle, ce qui retient notre intérêt c'est ce qui est si proche de la théorie psychanalytique des pulsions qu'on serait tenté de considérer que les deux théories sont identiques, à ceci près que celle du philosophe grec est le fruit de l'imagination sur le cosmos, alors que la nôtre revendique sa validité biologique. Mais comme Empédocle attribue également à l'univers la même nature animée qu'aux organismes individuels, cela relativise l'importance de cette différence.

Pour le philosophe, deux principes gouvernent ce qui se déroule dans la vie de l'univers comme dans celle de l'esprit, et ces principes sont perpétuellement en guerre l'un contre l'autre. Il les nommait φιλία (amour) et νεῖκος (haine)[3] et les concevait au fond comme « des forces de la nature qui agissent

---

1. Il s'agit d'une allusion à un passage de *Faust* (I), dans lequel Faust confesse s'être adonné à la magie parce qu'il est pauvre (et c'était une source de revenus) et se lamente : « Oh, si par la force de l'esprit et de la parole, certains mystères m'étaient révélés ! », Paris, Dutertre, 1847, p. 104 (*NdT*).

2. C'est-à-dire l'air; voir Empédocle, Fragments 17, dans P. Tannery, *Pour l'Histoire de la science hellène*, Paris, Gauthiers-Villars, 1930 (*NdT*).

3. *Ibid.* (*NdT*).

à la manière des pulsions et ne sont absolument pas des intelligences conscientes de leur fins »[1]. Des deux principes, le premier tend à réunir en une seule unité les particules primaires des quatre éléments, alors que le second œuvre à défaire toutes ces fusions pour séparer au contraire les particules primaires des éléments. Empédocle considérait que ce processus de l'univers est continu, qu'alternent perpétuellement des périodes au cours desquelles l'un puis l'autre de ces principes prend le dessus, de sorte que c'est tantôt l'amour, tantôt la haine qui atteint pleinement son but et domine l'univers, après quoi l'autre principe, vaincu, agit à son tour pour terrasser son opposé.

Les deux principes fondamentaux d'Empédocle, φιλία et νεῖκος, sont les équivalents, tant par leur nom que par leur fonction, de nos deux pulsions primaires, *Eros* et la *pulsion de mort*, la première s'efforçant de réunir ce qui existe en unités toujours plus étendues, la seconde de dissoudre ces réunions et de détruire les structures auxquelles elles ont donné naissance. Nous ne devons pas être surpris néanmoins que, lorsqu'on y revient après deux millénaires et demi, cette théorie subisse quelques modifications. Outre que nous nous limitons au champ biopsychique, nos éléments de base ne sont plus ceux d'Empédocle ; ce qui vit a été étroitement distingué de ce qui ne vit pas ; nous ne pensons pas en termes de mélange et de séparation des particules d'une substance mais d'union et de désunion des composantes pulsionnelles. Qui plus est, nous avons mis en évidence une sorte de base biologique du principe de « haine » en renvoyant notre pulsion de destruction à la pulsion de mort, à la poussée du vivant à retourner à l'inanimé. Ce qui ne revient pas à nier qu'une pulsion analogue existait

1. W. Capelle, *Die Vorsokratic*, *op. cit.*, p. 186.

déjà avant, ni bien sûr à affirmer qu'une telle pulsion n'a existé qu'avec l'émergence de la vie. Et nul ne peut prévoir comment et sous quelle forme le noyau de vérité que recèle la théorie d'Empédocle sera ultérieurement compris.

VII

En 1927, Ferenczi a donné une conférence intéressante sur le problème de la fin d'une analyse; il l'a conclue, avec une assurance réconfortante, en disant que « l'analyse n'est pas un processus sans fin, mais [qu']elle peut être conduite à un terme naturel, si l'analyste possède les connaissances et la patience suffisante » [1]. Mais l'ensemble de sa conférence m'a cependant donné l'impression d'exhorter non à raccourcir mais à approfondir l'analyse. Ferenczi ajoute une remarque importante, à savoir que le succès dépend très largement des enseignements nombreux que l'analyste a tirés de ses propres «erreurs et fautes » et de sa capacité à dominer « les faiblesses de sa propre personnalité ». Voilà qui apporte un complément important à ce qui nous occupe. Parmi les facteurs qui déterminent l'issue du traitement analytique et lui ajoutent le même genre de difficulté que la résistance, il faut inclure non seulement la nature du moi du patient mais aussi les traits personnels de l'analyste.

On ne peut nier que les analystes n'ont pas tous atteint, dans leur propre personnalité, le niveau de normalité psychique auquel ils voudraient faire parvenir leurs patients. Les adversaires de l'analyse le soulignent souvent avec mépris et l'utilisent pour convaincre de la vanité des efforts de l'analyse.

---

1. S. Ferenczi, « Le problème de la fin de l'analyse » (1928), *Psychanalyse, Œuvres complètes*, t. 4, Paris, Payot, 1982, p. 52.

On pourrait répondre à cette critique qu'elle demande l'impossible : les analystes ont appris à exercer un art particulier mais ont aussi le droit d'être comme tout le monde. Après tout, personne ne soutient qu'un médecin est incapable de traiter une maladie interne si ses propres organes ne sont pas en bonne santé, et l'on pourrait au contraire arguer qu'il y a certains avantages à ce que quelqu'un qui est lui-même atteint de tuberculose se spécialise dans le traitement de ceux qui souffrent de cette maladie. Mais ce n'est pas la même chose : tant qu'il est capable de pratiquer, un médecin malade des poumons ou du cœur continue à pouvoir faire un diagnostic et traiter les maux internes ; mais l'analyse est une pratique spéciale puisqu'elle provoque l'interférence entre les problèmes personnels de l'analyste et sa compréhension de l'état de son patient, de l'efficacité de ses réactions. Voilà pourquoi il faut attendre de l'analyste, comme partie intégrante de sa qualification, un niveau considérable de normalité et de rectitude psychiques. Il doit de plus avoir une forme de supériorité pour pouvoir, dans certaines situations analytiques, agir comme un modèle pour son patient, dans d'autres comme un professeur. Il ne faut pas oublier enfin que la relation analytique est fondée sur l'amour de la vérité, c'est-à-dire sur la reconnaissance de la réalité, et qu'elle exclut toute forme de honte ou de tromperie.

Arrêtons-nous un moment pour assurer aux analystes, qui doivent répondre à des demandes exigeantes dans l'exercice de leur travail, qu'ils ont notre sincère sympathie. C'est presque comme si la psychanalyse était le troisième des métiers « impossibles » dans lesquels on sait à l'avance qu'on n'obtiendra qu'un résultat insatisfaisant. Les deux autres, connus depuis bien plus longtemps, sont l'enseignement et le gouvernement. Il est évident qu'on ne peut pas exiger que le futur analyste soit un être parfait avant qu'il n'entreprenne une analyse, autrement dit que seuls ceux qui ont atteint un niveau élevé et rare de perfection puissent entrer dans la profession. Mais où et comment ce pauvre diable pourrait-il acquérir les qualifications idéales dont il va avoir besoin dans son métier ? La réponse est : en faisant une analyse lui-même, avec laquelle commence sa préparation à son activité à venir. Pour des raisons pratiques, cette analyse ne peut qu'être brève et incomplète, et sa fonction est de permettre au maître de savoir si le candidat peut continuer à se former à l'analyse. Et cette fonction est remplie si elle apporte au candidat la ferme conviction de l'existence de l'inconscient, si elle le rend capable, lorsque le matériel réprimé émerge, de percevoir en lui-même ce qu'il aurait autrement refusé de croire, et si elle lui montre un premier exemple de la technique qui s'est révélée être la seule efficace dans le travail analytique. À soi seul, cela ne suffirait pas à sa formation : nous espérons que, grâce à son analyse, ce qu'il aura compris restera efficace, que les processus de remaniement du moi se poursuivront spontanément et, grace à ces acquis, qu'il tirera profit de ses expériences ultérieures. C'est d'ailleurs bien ce qui se passe, et c'est pour cela qu'un sujet analysé peut être lui-même analyste.

Mais il se passe malheureusement aussi autre chose, qu'on ne peut décrire que par des impressions : l'hostilité d'un côté et la partialité de l'autre créent une atmosphère peu propice à la recherche objective. Il semble que beaucoup d'analystes apprennent à faire usage des mécanismes de défense qui leur permettent de détourner d'eux-mêmes certaines implications et demandes de l'analyse (probablement en les redirigeant vers d'autres), de manière à demeurer tels qu'ils sont ; ils sont ainsi en position de se protéger de l'influence critique et rectificatrice de l'analyse. C'est ce qui peut justifier les mots d'un écrivain[1] qui rappelle que si l'on confère à quelqu'un du pouvoir, il lui est difficile de ne pas en faire mauvais usage. Quand nous essayons de comprendre pourquoi, nous sommes quelquefois amené à une bien désagréable analogie avec l'effet des rayons X sur ceux qui les manipulent sans prendre de précaution. Il ne serait pas surprenant que, sous l'effet de son attention constante à tout le matériel réprimé qui dans le psychisme humain lutte pour se libérer, se réveillent chez l'analyste des revendications pulsionnelles qu'il parvient d'habitude à réprimer. Ce sont aussi les « dangers de l'analyse », qui ne menacent pas le partenaire passif dans la situation analytique, mais celui qui est actif. Et l'on ne devrait pas éviter d'y être confronté. Il n'y a aucun doute sur la manière de le faire : chaque analyste devrait, périodiquement, à intervalle de cinq ans environ, se soumettre à nouveau à une analyse, et cela sans en avoir honte. Ce qui signifierait alors que ce n'est pas seulement l'analyse thérapeutique de ses patients mais aussi la propre analyse de l'analyste qui cesserait d'être un travail terminé pour devenir un travail interminable.

Nous devons ici mettre en garde contre un malentendu : je n'essaie pas de dire que l'analyse est fondamentalement un travail sans fin. Quelle que soit l'attitude théorique qu'on adopte, la question de la fin d'une analyse est à mon avis d'ordre pratique. Chaque analyste expérimenté pourra énoncer de nombreux cas dans lesquels il a dit un adieu définitif au patient, *rebus bene gestis*[2]. Dans les cas de ce qu'on appelle l'analyse de caractère, la distance est bien moins importance entre théorie et pratique, et il n'est pas simple de prévoir une fin

---

1. A. France, *La révolte des anges*, Paris, Calmann-Lévy, 1914.

2. Les choses étant bien faites (*NdT*).

naturelle, même si l'on se garde de toute attente excessive et d'ambitions trop grandes pour l'analyse. Le but ne sera pas d'effacer toutes les particularités d'une personnalité pour parvenir à une « normalité » approximative, ni de demander à celui qui a été « analysé à fond » de ne plus ressentir de passions ou développer de conflits internes. Le travail de l'analyste consiste à assurer les états psychologiques les plus favorables aux fonctions du moi ; s'il y parvient, il a réussi.

VIII

Dans les analyses thérapeutiques et dans les analyses de caractère, on remarque que deux thèmes prennent une importance particulière et confrontent l'analyste à de nombreux problèmes. Il semble en effet vite évident qu'un principe général est ici à l'œuvre. Les deux thèmes sont liés à la différence des sexes : l'un est caractéristique des hommes, l'autre des femmes. Mais en dépit de leurs différences de contenu, il y a une forme de correspondance entre eux. Ce que les deux sexes ont en commun a été contraint, à cause de la différence des sexes, de s'exprimer de manière différente.

Ces deux thèmes différents sont chez la femme l'*envie de pénis*, la volonté positive d'avoir un organe génital mâle, et chez l'homme une lutte contre une attitude passive ou féminine à l'égard d'un autre homme. Ce que les deux thèmes ont en commun a été très tôt mis en évidence dans le vocabulaire de la psychanalyse comme une attitude à l'égard du complexe de castration. Alfred Adler a fait entrer dans l'usage l'expression de « protestation masculine », qui est parfaitement adaptée pour les hommes ; mais il me semble que, dès le début, l'expression « refus de la féminité » aurait été la description la plus correcte de ce trait tout à fait particulier de la vie psychique humaine.

Pour tenter d'introduire ce facteur dans notre construction théorique, il ne faut pas perdre de vue qu'il ne peut, à cause de sa nature même, tenir la même place chez les deux sexes. Chez l'homme, la volonté d'être viril est dès le départ totalement conforme au moi : l'attitude passive, qui présuppose l'acceptation de la castration, est refoulée avec la plus grande énergie et ne trahit souvent son existence que par une surcompensation exagérée. Chez la femme, la volonté d'être masculine est là aussi, à une certaine période, conforme au moi : pendant la phase phallique, avant que n'ait commencé le développement de la féminité. Mais elle est ensuite soumise au processus décisif de refoulement dont le résultat, comme on l'a souvent démontré, détermine le destin de la féminité de la femme. Tout dépend alors de l'ampleur de ce qui, de son complexe de masculinité, échappe au refoulement et continue d'exercer son influence sur son caractère. Normalement, ce complexe est en grande partie transformé et il contribue alors à la construction de sa féminité : le désir inassouvi d'avoir un pénis est destiné à être converti en souhait d'avoir un enfant et d'avoir un mari, qui a un pénis. Il est toutefois étonnant de trouver si souvent que le désir de masculinité est resté dans l'inconscient et, tout en étant refoulé, exerce son influence perturbante.

Comme on le voit d'après ce qui précède, c'est dans les deux cas la marque spécifique du sexe opposé qui est l'objet du refoulement. J'ai déjà écrit ailleurs[1] que c'est Wilhelm Fliess qui a attiré mon attention sur ce phénomène. Fliess avait tendance à considérer l'antithèse entre les sexes comme la véritable cause et le motif primaire du refoulement. Je redis seulement ce qui fondait mon désaccord à l'époque, lorsque je

---

1. S. Freud, « Un enfant est battu », *Œuvres complètes*, vol. XV, 2002, p. 119-146.

refusais de sexualiser de cette façon le refoulement, c'est-à-dire de l'expliquer par des fondements biologiques et non purement psychologiques.

L'extrême importance de ces deux thèmes, chez les femmes l'envie de pénis, chez les hommes la lutte contre la passivité, n'a pas échappé à l'attention de Ferenczi; dans sa conférence de 1927, il en tire même une exigence selon laquelle, dans chaque analyse réussie, ces deux complexes doivent avoir été maîtrisés. J'aimerais ajouter, sur la base de mon expérience, que Ferenczi demande ici beaucoup. Dans un travail analytique, on ne souffre jamais autant du sentiment oppressant que tous ces efforts constants ont été vains, de l'impression qu'on a prêché dans le désert, que lorsqu'on essaie de convaincre une femme de renoncer à son désir de pénis parce qu'il est irréalisable ou lorsqu'on cherche à convaincre un homme qu'une attitude passive face aux hommes ne signifie pas toujours la castration mais est indispensable dans la vie relationnelle. La surcompensation que le sujet masculin met en œuvre pour se rebeller génère l'une des résistances de transfert les plus puissantes : il refuse de se soumettre à un substitut du père ou de se sentir reconnaissant envers lui de quoi que ce soit et en conséquence d'accepter de lui sa guérison. De l'envie de pénis de la femme ne naît pas un transfert de ce type, mais elle est à l'origine d'accès dépressifs graves déclenchés par la certitude intérieure que l'analyse ne sera d'aucune utilité et qu'on ne peut rien faire pour la malade. Et l'on ne peut alors que reconnaître que celle-ci a raison lorsqu'on apprend que sa raison la plus forte de venir en thérapie était l'espoir qu'après tout, elle pourrait obtenir cet organe masculin dont l'absence lui cause tant de souffrances.

Mais tout ceci nous apprend aussi que peu importe la forme sous laquelle se manifeste la résistance, que ce soit sous forme de transfert ou non. Ce qui reste décisif, c'est que la résistance empêche tout changement et maintient les choses en l'état. On a souvent l'impression qu'avec ce désir d'avoir un pénis ou la protestation masculine, nous sommes passés à travers les couches du psychisme et avons atteint son noyau dur, que notre travail s'arrête donc. Cette impression est sans doute fondée puisque le domaine biologique joue en fait pour le champ psychique le rôle de noyau dur. Le refus de la féminité ne peut être autre chose qu'un fait biologique, un élément du grand mystère de la sexualité[1]. Il est bien difficile de dire, dans une cure analytique, quand et à quelle occasion nous avons réussi à maîtriser ce facteur. Notre seule consolation, c'est la certitude que nous avons encouragé l'analysant autant que possible à réexaminer son attitude et à la changer.

---

1. L'expression « protestation masculine » ne doit pas mener à supposer que ce que l'homme refuse c'est son attitude passive, ce qui pourrait être considéré comme l'aspect social de sa féminité. Une telle conception est contredite par un fait facile à vérifier, en l'occurrence que ces hommes prennent souvent avec les femmes une attitude masochiste, et en réalité de soumission. Ce n'est pas la passivité en général qu'ils rejettent, mais la passivité envers les hommes. En d'autres termes, la « protestation masculine » n'est en fait rien d'autre que l'angoisse de castration.

INDEX THÉMATIQUE

INDEX DES NOMS PROPRES

TABLE DES MATIÈRES

TROISIÈME PARTIE

LA DEUXIÈME TOPIQUE : RÉGRESSION, PULSION DE MORT ET ANALYSE INTERMINABLE

Achevé d'imprimer par Corlet, Imprimeur, S.A. - 14110 Condé-sur-Noireau
N° d'Imprimeur : 167029 - Dépôt légal : septembre 2014 - *Imprimé en France*